光明社科文库
GUANGMING DAILY PRESS:
A SOCIAL SCIENCE SERIES

·法律与社会书系·

明清法律、社会与文化研究

王学深 | 主编

光明日报出版社

图书在版编目（CIP）数据

明清法律、社会与文化研究 / 王学深主编 . -- 北京：
光明日报出版社，2023.2
ISBN 978 - 7 - 5194 - 7147 - 7

Ⅰ．①明… Ⅱ．①王… Ⅲ．①司法制度—法制史—研
究—中国—明清时代 ②社会变迁—研究—中国—明清时代
③文化史—研究—中国—明清时代 Ⅳ．①D929.44
②K248.07 ③K248.03

中国国家版本馆 CIP 数据核字（2023）第 065964 号

明清法律、社会与文化研究

MINGQING FALÜ SHEHUI YU WENHUA YANJIU

主　　编：王学深

责任编辑：梁永春　　　　　　　责任校对：乔宇佳
封面设计：中联华文　　　　　　责任印制：曹　净

出版发行：光明日报出版社
地　　址：北京市西城区永安路 106 号，100050
电　　话：010 - 63169890（咨询），010 - 63131930（邮购）
传　　真：010 - 63131930
网　　址：http://book.gmw.cn
E - mail：gmrbcbs@gmw.cn
法律顾问：北京市兰台律师事务所龚柳方律师
印　　刷：三河市华东印刷有限公司
装　　订：三河市华东印刷有限公司
本书如有破损、缺页、装订错误，请与本社联系调换，电话：010-63131930
开　　本：170mm×240mm
字　　数：270 千字　　　　　　印　　张：16
版　　次：2023 年 2 月第 1 版　　印　　次：2023 年 2 月第 1 次印刷
书　　号：ISBN 978 - 7 - 5194 - 7147 - 7
定　　价：95.00 元

前 言

近年来，随着各种原始档案的出版与史学数据库的应用，明清史研究呈现出蓬勃发展的态势，佳作不断涌现。与此同时，政治史、法律史、社会史、文化史等不同研究领域的多元交融与互鉴成为当下历史学研究的一大趋势。有鉴于此，为了促进史学界各领域学者的交流，2020年10月17日，中国政法大学人文学院历史研究所主办了"第四届近代法律与社会转型学术研讨会"，诚邀来自中国政法大学、中国人民大学、中山大学、中央民族大学、中国社会科学院、北京市社会科学院、北京科技大学、山东大学、湖南大学、四川外国语大学、四川师范大学、重庆大学、福建师范大学、绍兴文理学院、《学术研究》编辑部和《湖北大学学报》编辑部等15所高校和科研机构的三十位学者参加了本次学术研讨会。与会学者探讨的主题鲜明，题目新颖，分别从法制史、区域社会史、地方档案与历史研究、近代法制改革与文化变迁等不同角度阐释了明清以来中国政治、法律、文化与社会转型议题。学者们的研究大多从小处着手，却展现出各位学者广泛的学术关怀，选题具有很强的创新性和前沿性。

本论文集共收录了14篇学术专论，一部分选自本次参会学者的文章，另一部分则是围绕本论文集主题"明清社会与文化研究"新征集的学者佳作。我们将收录的论文分编成"法治文化与传统中国社会""明清政治制度与史事考论""明清区域社会与科举文化"和"近代中国社会与文化变迁"四大版块，按照专题形式将文章分类，呈献给读者。在这些文章中，既有如杜家骥教授结合《大清律例》对清代法律中姻亲与宗亲服制关系的思考，也有如林乾教授以包世臣"书三案始末"为例阐释嘉道时期的司法危机，引申出法判与权判的讨论，既涵盖对明清卫所裁并、科举策论和宗藩群体的论述，又包括了对清代救灾法律文献、晚清船难防救法律章程与版权诉讼案的研究，既囊括了考论式的史事探研，又结合了史观上的思考辨析。这14篇论文充分体现了当下史学研究视野开阔、观点新颖、领域多元和交叉互融等特点。本论文集的出版工作得到了许多领导、师友和同人的大力支持与帮助。同时，学术会议的顺利召开还得益于研究生肖玥与何真的会议组织工作。光明日报出版社的编审老师对本书的出版给予了极大支持，在此一并表示诚挚的谢意。

王学深

2022 年 4 月 6 日

目 录
CONTENTS

第一章　法治文化与传统中国社会………………………………………（1）

清代法律中的姻亲与宗亲服制关系比较及相关问题………………杜家骥（2）

法判抑或权判？

——包世臣"书三案始末"之江苏铜山段李氏案辨析………………林　乾（25）

清代救灾法律文献的内容及特点………………………………………赵晓华（40）

第二章　明清政治制度与史事考论………………………………………（59）

陈鹏年案中康熙帝与曹寅心迹探微……………………………………刘文远（60）

康熙朝奏折中的经世官员及其典范化…………………………………姜金顺（79）

清代朱批记载补论………………………………………………………刘文华（91）

清前期《品级考》与官员的升转秩序…………………………………王敬雅（102）

第三章　明清区域社会与科举文化………………………………………（115）

"忠义亲藩"：历史书写下的明代大同宗室与国家……………………吕　双（116）

清代卫所裁并与地方社会资源的再分配

——以蔚州卫为中心……………………………………………………邓庆平（137）

八股取士？

——明代科举考试后场论、策地位考辨………………………………耿　勇（155）

清代孔氏"科举家族"探研

——以进士功名为中心…………………………………………………王学深（172）

第四章　近代中国社会与文化变迁 ······················（201）

晚清中国船难防救法律章程整理 ················ 赵国辉（202）

京官与外任：吴大澂家书简释 ················ 李文君（220）

晚清重庆城的中英"版权"诉讼案浅析

　——以巴县档案为中心 ················ 惠　科（236）

第一章 法治文化与传统中国社会

清代法律中的姻亲与宗亲服制关系比较及相关问题

杜家骥①

中国古代的亲属分为本宗、外姻两大部分。本宗亲属是父系家族成员，为叙述简洁，称为"宗亲"。因结姻形成的本宗以外的亲戚，为外姻亲属，也称"姻亲"。外姻有三种：1. 母系亲属，古代称"外亲"；2. 妻子方面的亲属，称妻亲；3. 本宗族女性出嫁外姓家族所形成的亲属。从男女两方的角度划分，宗亲可称为男性方面的亲属，姻亲是女性方面的亲属。从形式、成员上而言，双方对等。因而，姻亲关系应是亲属关系中的重要方面。

古代亲属之间的远近亲疏关系，还以服制做标志区分。所谓服制，是中国古代的丧服制度，丧服有轻重等级，由重到轻之次序为：斩衰、齐衰、大功、小功、缌麻，此为"五服"，五服之外为"袒免服"，即所谓"出五服"。一般而言，亲属主要指五服之内者。以五服标志的亲属关系，服越重，越亲近，反之则越疏远。历史发展到今天，宗亲与姻亲在亲等（关系等次）上已大致趋同，但在中国古代以男性父系为中心的家族宗法体制下，二者的亲等却相差悬殊，姻亲明显低于宗亲，服制范围也小。瞿同祖先生谓："中国的家族是父系的，亲属关系只从父系方面来计算，母亲方面的亲属是被忽略的，她的亲属我们称之为外亲，以别于本宗。他们和我们的关系极疏薄，仅推及一世"②，这还仅是从母系的亲属而言，姻亲的其他方面，如妻子一方的亲属、本宗女出嫁而形成的家庭之亲属，同样存在这类情况，本文对所有姻亲做综合考察。正因为姻亲服制与本宗有上述差别，并据此制定刑法制度，在今天看来有很多不合理之处。那么这些不合理之处究竟有哪些方面？有怎样的体现？这些不合理的方面及体现，正是亲属关系及与其相关的法

---

① 杜家骥，男，南开大学历史学院教授。
② 瞿同祖. 中国法律与中国社会 ［M］. 北京：中华书局：2005：1.

律发展到近现代应改变的重要内容与原因。本文在这方面做初步探讨。

一、清代法律中亲属服制的几点分析

清代法律中的亲属服制，集中记载在《大清律例》的诸"服制图"及一整卷的《服制》中。本节先列举几个最能直观体现亲属服制的图表，并结合《大清律例》的《服制》进行分析。所述内容，主要以服制图中的"己身"叙述亲属服制关系。

本宗九族五服正服之图

侧旁说明文字：

- （右上）凡嫡孙，父卒，为祖父母承重，服亦同。高祖父母承重，服斩衰三年，若为曾……
- （左上）凡姑、姊妹、女及孙女在室，或已嫁被出而归，服并与男子同。出嫁而无夫与子者，为兄弟姊妹及侄，皆族……不杖期。
- （右下）凡男为人后者，为本生亲属孝服皆降一等，父母报服同。生父母亦降服不杖期，本……
- （左下）凡同五世祖，族属在缌麻绝服之外，亲，过袒免则服素服，尺布缠头，皆为祖免。

服制图各代亲属及其服制（以"己身"为中心，自上而下）：

世代	左（女系，由近及远）	正中（直系）	右（男系，由近及远）
高祖		高祖父母　齐衰三月	
曾祖	曾祖姑（在室缌麻／出嫁无服）	曾祖父母　齐衰五月	曾伯叔祖父母　缌
祖	族祖姑（在室缌麻／出嫁无服）；祖姑（在室缌麻／出嫁无服）	祖父母　齐衰不杖期	伯叔祖父母　小功；族伯叔祖父母　缌
父	堂姑（在室小功／出嫁缌麻）；姑（在室大功／出嫁小功）	父母　斩衰三年	伯叔父母　年期；堂伯叔父母　小功；族伯叔父母　缌
己身	族姊妹（在室缌麻／出嫁无服）；再从姊妹（在室小功／出嫁缌麻）；堂姊妹（在室大功／出嫁小功）；姊妹（在室期年／出嫁大功）	己身	兄弟（年期）、兄弟妻（小功）；堂兄弟（大功）、堂兄弟妻（缌）；再从兄弟（小功）、再从兄弟妻（无服）；族兄弟（缌）、族兄弟妻（无服）
子	堂侄女（在室小功／出嫁缌麻）；侄女（在室期年／出嫁大功）	众子（期年）、众子妇（大功）；长子（期年）、长子妇（期年）	侄（期年）、侄妇（大功）；堂侄（小功）、堂侄妇（缌）；再从侄（缌）、再从侄妇（无服）
孙	侄孙女（在室小功／出嫁缌麻）	众孙（小功）、众孙女；嫡孙（大功）、嫡孙妇	侄孙（小功）、侄孙妇（缌）；堂侄孙（缌）
曾孙	侄曾孙女（在室缌麻／出嫁无服）	曾孙（缌）、曾孙妇（缌）	曾侄孙（缌）、曾侄孙妇（缌）
玄孙		玄孙（缌）、玄孙妇（缌）	

图1-1　宗亲五服图（《本宗九族五服正服之图》）

		外 亲 服 图		
		母祖父母 无服		
	母之姊妹 小功	外祖父母 小功	母之兄弟 小服	
堂姨之子 服无	两姨之子 缌麻	己身	舅之子 缌麻	堂舅之子 服无
	姨之孙 服无	姑之子 缌麻	舅之孙 服无	
		姑之孙 服无		

图2　母系外亲服图

	妻 亲 服 图		
	妻祖父母 无服		
妻姑 服无	妻父母 缌麻	妻伯叔 服无	
妻之姊妹 无服	己身 缌麻 为婿	妻兄弟及女 无服	妻外祖父母 无服
妻姊妹子 无服	女之子 缌麻 外孙	妻兄弟子 无服	
	女之孙 服无		

图3　妻亲服图

根据以上几个服制图，并结合《大清律例·服制》①，归纳为以下几点。

（一）有血缘关系者，服制轻重依血缘关系远近而定。这是最基本的依据。无血缘关系而有服者，带有特殊性，<u>依亲缘关系远近及尊卑而定</u>。

以血缘关系之远近，定服制等次高低，普遍适用于本宗、姻亲，不同之处是，本宗之有血缘而有服者，比姻亲范围大得多。

服制的五等服：斩衰、齐衰、大功、小功、缌麻。其中齐衰服又分为四等：齐衰杖期、齐衰不杖期、齐衰五月、齐衰三月。这里的"杖"，是指服齐衰同时拄丧杖，期（音"基"jī），指一年时期。齐衰杖期，是服齐衰并拄丧杖一年；

---

① 见乾隆五年《大清律例》卷2《本宗九族五服正服之图》、卷3《服制》。田涛，郑秦点校本. 大清律例［M］. 北京：法律出版社，1998.《大明律》之《本宗九族五服正服之图》与此同。怀效锋点校. 大明律［M］. 北京：法律出版社，1998. 以下所引《大清律例》《大明律》皆出自此版本，不另注。

齐衰不杖期，是服齐衰不拄丧杖一年；齐衰五月、三月，是服齐衰时间分别为五月、三月。

1. 本宗服制

因为五等服就是为男性父系家族制定的，所以五服由高到低遍布在本宗成员中。

（1）有血缘关系者

直系亲属中，以己身为中心（下同），长辈、晚辈皆为四世有服。长辈有父母、祖父母、曾祖父母、高祖父母。与父母血缘最近，为最重的斩衰，以下血缘关系按辈依次远者，服制递减，至高祖父母，为齐衰三月。晚辈是子、孙、曾孙、玄孙（康熙以后作"元孙"），为自己的子女服齐衰不杖期，以下血缘关系按辈依次远者之孙、曾孙、玄孙，服制递减，至玄孙为缌麻。

旁系亲属中，同辈者，旁及四重（chóng）有服，由近到远依次是：亲兄弟、姐妹（在室者），是齐衰不杖期。以下血缘远者，如（同祖）堂兄弟姐妹、（同曾祖）再从兄弟姐妹、（同高祖）三从兄弟姐妹，服制递减（具体服制从略）；父辈、子辈旁系亲属者，旁及三重有服（皆减去最远之一重，下同）。祖辈、孙辈的旁系亲属，旁及二重有服；曾祖辈、曾孙辈的旁系亲属，旁及一重有服，其服等也最低，为缌麻服。

（2）无血缘关系者

本宗中的无血缘关系而与己身有服者，有两种：

A. 三父：同居继父、不同居继父、同继母改嫁之继父。①

B. 嫁入本宗且亲缘较近之女性。计有：a. 妻妾；b. 旁系中的亲缘近者，如伯母婶母、堂伯母堂婶母、族伯母叔母、伯祖母叔祖母、族伯祖母族叔祖母、曾伯祖母曾叔祖母、兄弟妻、堂兄弟妻、儿媳、侄媳、堂侄媳，孙媳、侄孙媳；c. 六母：非生母之嫡母、庶母、继母、养母（过继本宗被养而称）、慈母（生母死，由父之妾抚养而称）、乳母（父妾做奶母曾乳哺者）。②

以上本宗有服者之范围，显著大于以下之外姻，服等也明显高于外姻之亲缘同等者，如为父之兄弟（伯、叔）是齐衰不杖期，为母之兄弟（舅舅）是

---

① 乾隆五年《大清律例》卷2《三父八母服图》。
② 乾隆五年《大清律例》卷2《三父八母服图》。其"八母"，除文中所引"六母"外，还有二母：生身母之"嫁母"（父死而改嫁）、"出母"（被休出），因均与己身有血缘关系，且已不属本家族，未计入内，此处只列无血缘的六母。

小功。

2. 外姻服制

外姻之服是以己身的本宗为中心，根据血缘之远近而定。<u>无血缘关系而有服者，同样依亲缘关系及尊卑而定</u>，这均属个别特殊情况。外姻之服如下。

（1）母系，只有母亲的父母、母亲的兄弟姐妹、母亲的兄弟姐妹之子女有服，是最低的两等——小功、缌麻。

外祖父母；母亲的兄弟（即舅舅），又称作"母舅"、舅父；母亲的姊妹，又称<u>两姨</u>，习称姨母、姨妈，文献上还有"从母"之称。均为小功服。

舅舅之子、两姨之子，都是自己的表兄弟，均为缌麻服。与自己同辈的女性——表姐妹的服制，图2及《大清律例·服制》缺载，据具体刑案判处可知，也是缌麻服①。图2中的"姑之子"即自己的姑表兄弟，本文归之于外姻中的另一种——与出嫁女所形成的家庭成员之服制。

其他有血缘而血缘关系稍远者，如母亲的祖父母，堂舅、堂姨，堂舅之子女、堂姨之子女等，皆无服。

母系外亲中，无血缘而有服者的个别特殊情况是，本宗中一夫多妻家庭，庶出子与非生母之嫡母的母系姻亲，虽无血缘关系而有服制，乾隆四十二年，又将无血缘关系的所后母、继母的外亲也划入有服之列②。

（2）妻亲，皆无血缘，因而也没有因血缘而定为有服者。

其无血缘关系而有服者，是与自己的长辈尊属——岳父岳母，为五服中最低等的缌麻服。

其他无血缘关系而亲缘较近者，如妻之兄弟即自己的郎舅（俗称大舅子、小舅子）、郎舅之妻（俗称大妗子、小妗子）、妻之姐妹（俗称大姨子、小姨子），皆无服。

---

① 祝庆祺等《刑案汇览》卷52《亲属相奸·奸出嫁缌麻表妹》，记载：乾隆五十五年，奉天府有个名叫吴宗顺者，与姨表妹鄂陈氏通奸，奉天府尹也是按表兄吴宗顺与姨表妹陈氏为缌麻服，陈氏出嫁后降等判处。此案上报时，乾隆帝阅后认为，女子虽出嫁，其亲情关系依旧，若降其服等而轻判，乃"非笃伦饬纪之道"，因而谕令仍"依奸缌麻亲例"判处。参见史春风等标点本.刑案汇览第三册［M］.北京：北京古籍出版社，2004：1965-1966. 此后，表姐妹无论出嫁与否，若与表兄弟发生奸情，均按缌麻服判处，嘉庆二十一年四川张启文《奸出嫁缌麻堂妹》一案，便按未出嫁的缌麻服制论处，而且明确说明是依上例乾隆五十五年奉天省吴宗顺"奸出嫁缌麻表妹"一案判处。参见史春风等标点本.刑案汇览：第三册［M］.北京：北京古籍出版社，2004：1966.
② 光绪大清会典事例：卷811《刑部·刑律斗殴·殴大功以下尊长》。

　　妻亲图中的"女之子，缌麻"是为自己的女儿之子（即外孙）所服，本文不将其归入"妻亲"，而归入外姻中的另一种——与出嫁女所形成的家庭成员之服制。

　　以上服制，清承明制，是明清时期的情况，大部分又是沿袭以前的制度。值得注意的是，其无血缘者为何有服？现做初步分析。

　　从本宗讲，无血缘而有服者：与继父有服，缘于父为子纲及其尊卑关系，主要部分是嫁入之外来女性，这些人虽与本宗无血缘关系而有服（中表婚另当别论），是因为只有这些嫁入女性与本宗男性结合，才能为男性父系家族繁衍后代，延续血脉，这是她们与本宗人有服制关系的关键所在，其他因素，如共同生活之亲情，尚在其次。在外姻中，这种情况则大相径庭，外姻之舅母，与本宗之伯母婶母，都是外嫁女性，与自己也都无血缘，亲缘也对等而同等。舅母是母亲兄弟之妻，伯母婶母是父亲兄弟之妻，但伯母婶母为本宗繁衍血脉，因而有服，而舅母是为母系家族繁衍血脉，在这方面与本宗无关，所以与己身无服。外姻中与本宗亲缘对等的诸多无血缘者而无服，皆与此有关。

　　本宗中一夫多妻的特别家庭，庶出子与非生母之嫡母、所后母、继母无血缘，而划入有服之列，主要是父为子纲的间接推衍，子为生母服斩衰（明代以后），为嫡母、所后母、继母所服与生母之斩衰同，凡此母子，与父子纲常类同，并进一步，推衍而及于此三母之外亲有服（见前述）。

　　外姻中无血缘者而有服，如翁婿间无血缘而有服制，当是缘于三纲之一的父为子纲这一重大纲常的类比推衍及尊卑关系。殆因婿为岳父之"半子"而类比父子，有尊卑关系，不能与生父服制相差太大，且双方同有儿女与父亲之父子关系，是对等之亲，儿媳为公公服斩衰，如果婿为岳父无服，则于情有悖，因而定为有服，但属于最轻的缌麻服，又体现了男女两系亲属的明显差别。

　　（二）对《大清律例》的服制图、《服制》记载内容之分析

　　《大清律例》的服制图及《服制》，由于以男性父系家族为中心，以及男尊女卑之伦常，造成不少姻亲成员记载上的散乱与缺略，有些记载在当时可能有其考虑或道理，给今天的研究带来麻烦，有必要对此做分析并归纳。

　　1. 姻亲亲属中，缺少本宗出嫁女所形成的家庭成员的独立系统

　　本宗出嫁女，如自己的姑姑、姐妹、女儿出嫁后，在外姓中所形成的家庭成员，其服制情况又如何？这些亲属对于本宗而言，是在本宗之外新组成的家庭，如姑姑、姑父及其子女、姑姑的公婆、姑父之兄弟姐妹等，他们形成独立

的家庭系统，又是实际的带有系统性的本宗外的"姻亲"。而且《大清律例》的有关条文，也把出嫁女与其子女称为"外姻"，如乾隆五年《大清律例》卷46的《斩监候·刑律》之下所记"卑幼殴本宗缌麻及外姻缌麻、小功、大功、兄姊尊属至死者，判斩监候"，这里的"外姻缌麻、小功、大功、兄姊尊属"，其中的"外姻……大功、兄姊尊属"主要是出嫁女，因为外姻中的母系外亲、妻亲中都没有大功服，最高只是小功服，只有与出嫁的姑姑、姐妹等才是大功服，这里的大功姊，是出嫁的姐姐。而其中的"外姻缌麻兄姊"，既有舅舅、姨的子女，也包括姑姑的子女，即姑表兄、姑表姐，是出嫁女所生子女。可见《大清律例》又把出嫁女及其子女划入外姻。同样，卷41《杖八十·刑律》所记"骂内外大功尊属者，判杖八十"，这其中的"外大功尊属"也是指出嫁女姑姑，称为"外"，即外姻。但《大清律例》的外姻服制图中，却没有为这一系统的姻亲专作的图表，而有《出嫁女为本宗降服之图》，这是强调与突出男性父系宗族为"本宗"中心这一原则造成的，但《出嫁女为本宗降服之图》仍是出嫁女与原来本宗之人的服制关系，而不是出嫁后她们与丈夫、子女组成的家庭成员与本宗的属于"姻亲"关系的服制。

2. 造成某些姻亲成员在服制上记载的混乱或缺载

如姑姑的丈夫（即自己的姑夫），姐妹的丈夫（即自己的姐夫、妹夫），这些关系甚近的姻亲，因无服，便无外姻服制图可以列入，《大清律例》的《服制》也无载；女儿的丈夫即（自己的女婿），服制图中无载，在《大清律例》的《妻亲服图》中列有妻父母（即岳父母）与己身互为缌麻，但这是妻子方面的服制图，而不是本宗女儿出嫁所组成的姻亲服制图；再看本宗出嫁女与丈夫的子女：姑姑家庭中的重要成员——姑姑之子（即自己的姑表兄弟），被列在了母系外亲的《外亲服图》中；女儿出嫁后所生子，即自己的外孙，则被列在了《妻亲服图》中；而姑姑之女即自己的姑表姐妹、自己的姊妹之女即外甥女，则《大清律例》无论是"服制图"还是《服制》，均无列述。

再者，如此作图表，还造成辈分的混乱，如《外亲服图》中，外祖父母与舅舅、姨本为父子关系，而列在同一行，这是为迁就他们同属小功服；舅表兄弟、姨表兄弟与自己同辈而列同一行，与其同辈的姑表兄弟却列己身之下的子辈一行，比自己及舅表兄弟、姨表兄弟低一辈。《妻亲服图》中，女之子即自己的外孙，是列在了比自己低一格的子辈一行中。虽说这些"服图"为《丧服图》，从丧服之类的角度列图，但作为法律典籍的《大清律例》，毕竟是将辈分之尊卑作为量刑的重要因素的，如此顾此失彼，于刑法方面是否合适？

还有，《大清律例》无论是诸服制图，还是《服制》，由于重男轻女，而对姻亲中的女性记载有简略缺载之处，尤其是同辈、晚辈的女性姻亲。前举两个姻亲服制图及《大清律例·服制》，对姻亲中的同辈、晚辈，都只简单地记作某某"子"，如舅之子、姨之子、姑之子，那么这里的"子"是否包括女性？虽然"子"有"子女"，即儿子、女儿的含义，但《大清律例·服制》中，却不见对女儿的记载，如对姨之子的记述，就只有姨的儿子，仅记为"两姨兄弟"，即自己的姨表兄弟，为缌麻服，而没有姨之女儿即自己的姨表姐妹服制的记述。同样，姑之子、舅之子也只有男性而无女性服制。而在包括刑事在内的社会生活中，又不可避免地涉及姨之女、姑之女、舅之女等女性，从判案实例得知，她们是按照表姐妹与表兄弟同样的亲情关系，等同于男性的表兄弟而同为缌麻服（见前述，姑表兄弟姐妹服制见后述）。《大清律例》对此记载缺略，是沿袭以前王朝的传统内容，因《大明律》就是如此。①

以上诸方面中较为重要的，是不能因姑姑、姐妹或女儿仅仅一人原属男性父系本宗，而无视乃至否定她们出嫁后形成的家庭成员已经组为外姻的一种整体性、系统性。如果忽视这一带系统性的外姻亲戚的实际情况，不仅不符合实际情况，姻亲中缺少一个系统性方面，而且在论述上也会有诸多不便。有鉴于此，本文根据实际情况，将姑姑、姐妹、女儿出嫁后在外姓中所形成的家庭成员，集中归为外姻亲戚中的一类，在下一小节进行归纳。

（三）姻亲中的重要方面——本宗出嫁女之家庭成员服制关系的归纳

姻亲中的母系外亲服制、妻亲服制，已见前文列述，本小节对《大清律例》的"服制图"及《服制》不做姻亲独立系统的重要方面——本宗出嫁女之家庭成员服制关系进行归纳。这方面的记载，散见于《大清律例》的"服制图"及《服制》，因其记述的角度，是从本宗出嫁女性与本宗服制方面叙述，而不是作为"外姻"，所以其服制需要转换为外姻之服。这两种资料缺载者，以实际刑案判处有依据的资料做补充。这一外姻系统的服制如下。

以本宗之男性己身为坐标者。

---

① 《大清律例》卷2《诸图·外姻服图》、卷3《服制·缌麻三月》。《大清律例》以上诸服制图，是照录《大明律》而来，所以这两部法律文献的用语完全相同。见《大明律》的《附图·服制》。

为出嫁的姑姑、出嫁的姊妹、出嫁的女儿、出嫁的侄女，为大功服①；

为出嫁的堂姊妹，为小功服②；

为出嫁的祖姑、堂姑、再从姊妹、堂侄女、侄孙女，及姑姑之子女、姊妹之子女、女儿之子，均为缌麻服③。

与出嫁女方面的其他姻亲成员，均无服。

补充说明。

以上，与姑姑之子女的缌麻服，其中，与姑之子，即与自己的姑表兄弟的缌麻服，《大清律例》是列入母系《外亲服图》的"姑之子"中，见前图2的《外亲服图》；与姑姑之女，即与自己的姑表姐妹（在室者）的缌麻服，《大清律例》的服制图、《服制》皆缺载，据以下案例。乾隆四十四年，江苏沛县陈三奸表妹耿氏一案，江苏巡抚便按"陈三与耿氏系姑表兄妹，服属缌麻"判处。上报中央后，刑部以耿氏已经出嫁，应按降一等服制处理，改判陈三减轻刑罚④。就是说，姑表姐妹如果未出嫁而在姑姑之家（称为"在室"），表兄是与其为缌麻服，出嫁后为另一宗族之人了，与表兄的服制是降一等。乾隆五十五年，乾隆帝命仍为缌麻服（见前述其他表姐妹服制的页下注）。

与女儿之子女，即与自己的外孙、外孙女为缌麻服。《大清律例》将女之子即外孙列入《妻亲服图》中，而没有自己女儿之女即外孙女之服，在其《服制·缌麻三月》中有记述："为外孙，男女同，即女之子女"，可见与自己的外孙女也是缌麻服。

附：出嫁女与娘家本宗服制（主要以出嫁女为己身，旁及其他情况）。

由于服制以父亲家族为中心，女子一旦嫁入外宗，便与本宗人降服。共四等：齐衰不杖期、大功、小功、缌麻。

出嫁女为父母⑤，以及虽嫁人而无夫与子者，为其兄弟姊妹及侄与侄女在

---

① 《大清律例·服制·大功九月》："为姑及姊妹之已出嫁者。姑，即父之姊妹，姊妹，即己之亲姊妹也"。

② 《大清律例·服制·小功五月》："为同堂姊妹出嫁者"。

③ 《大清律例·服制·缌麻三月》："为祖姑及堂姑及己之再从姊妹出嫁者（祖姑，即祖之亲姊妹，堂姑，即父之堂姊妹）。为同堂兄弟之女出嫁者。为兄弟之孙女出嫁者"。

④ ［清］全士潮、张道源等纂辑《驳案汇编》卷18《刑律·人命》之《图奸出嫁姑表妹致氏自缢》。何勤华、张伯元、陈重业等. 驳案汇编：卷18［M］. 北京：法律出版社，2009：360.

⑤ 已嫁女休回娘家，与女未出嫁在室者服制相同，为斩衰三年。因已不属原出嫁之家庭成员，不计。

室者，为齐衰不杖期。

出嫁女为本宗伯叔父母，为本宗兄弟及兄弟之子，为本宗姑、姊妹及兄弟之女在室者，为大功服。另外，父母为其出嫁女、伯叔父母为出嫁之侄女，也是大功服。

出嫁女为本宗堂兄弟、堂姊妹之在室者，为小功服。

出嫁女为本宗伯叔祖父母及祖姑在室者，为本宗同堂伯叔父母及堂姑在室者，为本宗堂兄弟之子女，为缌麻服。另外，妇为丈夫的同堂兄弟之女出嫁者、丈夫兄弟之孙女出嫁者，也是缌麻服。

二、姻亲与宗亲亲缘相同而服制相差在刑案量刑上的体现

中国古代亲属服制，由于是以男性父系家族为中心，造成很多亲属中亲缘同等而服制相差甚至无服，而与实际亲情并不相符的情况，姻亲中相当多的亲情甚近的亲属，被划入了疏远的无服之列。其中值得注意的有以下姻亲及相互关系。

母系外亲中，与舅舅、舅表兄弟姐妹有服，而与舅母无服；与姨母、姨表兄弟姐妹有服，而与姨夫无服。

妻亲系列中，己身与妻之父母即岳父岳母有服，而与妻之兄弟即自己的郎舅无服，与妻之姐妹（即俗称的大小姨子）无服。

本宗出嫁女性所形成的姻亲家庭成员中，己身与姑姑、姑表兄弟姐妹有服，而与姑夫无服。

姻亲中同一家庭成员，竟存在有服与无服这种人为划分的亲、疏差别。这种差别，也为官方法律沿用，作为量刑轻重的依据，这在命案的判处上体现得尤为突出。谳案，是法律的实践，下面就以清代命案之谳断所存留下来的档案为例，揭示法律上循从的服制与亲情背离的实际情况。

需要做前提说明的是，以下刑事案情中的所谓"殴毙"，法律用词称为"<u>斗殴杀人</u>"，简称"斗杀""殴杀"，是指一般打斗，并无意杀人，因冲突不断激烈致对方伤重而亡，很多情况又是因医疗条件、水平差或救治不及时而殒命。

斗杀，是命案中最多的一般性刑案①，因而以下所举案件，也是一般性的，而非特殊刑案的特殊判处。

1. 侄与姑姑家庭成员的法律关系

先看殴毙姑姑的判处。河南淮宁县人朱妮子，埋怨姑母不应改嫁，二人吵骂并殴打，朱妮子以铁枪抵挡致伤姑姑身亡。法司谳断："朱妮子扎伤出嫁亲姑艾朱氏身死……合依卑幼殴本宗大功尊属死者斩律，拟斩立决。"② 刑事性质是以卑犯尊，而且触犯的是"大功"服的尊属。

再看殴毙姑夫之判处。四川庆符县，蔡停选向姑夫刘光珍索要前欠钱文。刘光珍斥责其不应该多次逼索，蔡停选争辩致互相混骂打斗。刘光珍被伤身死。法司谳断："蔡停选合依斗殴杀人者，不问手足、他物、金刃，并绞律，应拟绞监候，秋后处决。"③ 因为内侄与姑夫没有服制关系，所以判词中不提"服制"这种与加减刑有关的因素。上述判词，也是无特别量刑因素而作为依"凡论"处的固定性标准用语，以下刑案所引这一判词，同为依"凡论"处，判词之有的做说明"并无服制，应同凡论"，有的因无服制而当然以"凡论"，而不做注明，本文对此也不再做特别说明。

以上两例，犯罪者与姑姑、姑夫的关系，从亲缘关系上讲，是同等的，都属侄或内侄，但杀死姑姑，是按照大功服之卑幼致死尊属律，判斩立决，而杀死姑夫，是以凡论而判绞监候，相差三等（斩立决之下依次为绞立决、斩监候、绞监候）。而且以"凡论"，实际又是等同于按社会上无亲戚关系的一般人对待。不以姑夫为尊属长辈，姑姑则作为尊属长辈，明显不合亲情伦理，这种情况在母亲外亲中同样存在。

在侄与姑姑、姑夫家庭成员的刑事判处中，还有另一种更不合理的现象，是殴死姑夫的儿子，比殴死姑夫以凡论处的绞监候要重，为斩监候。如云南建水县民车铭，与亲姑母的儿子李钟华因更换佃田事混骂、打斗，伤姑表兄李钟华致其殒命。法司判拟："车铭合依殴外姻缌麻兄死者，斩监候律，拟斩监

---

① 其他杀人形式还有：谋杀，为事先便有杀人计划。故杀，事件发生中因出严重情况而临时起意杀死对方。戏杀，戏闹中失手伤人致死。误杀，斗殴中误伤旁人致死。过失杀，该行为因耳目所不及、意料不到而导致某人伤亡。斗杀是最常见的命案情况。法司量刑时，根据以上诸种不同情况之致死人，而做不同判决。

② 参见清嘉庆朝刑科题本社会史料辑刊：2［M］. 天津：天津古籍出版社，2008：1098. 下引此书版本同，不另注。

③ 清嘉庆朝刑科题本社会史料辑刊，1/484。

候"。① 从伦理关系角度看，判处差别为儿重父轻，与尊、卑之别相违。

2. 外甥与舅舅家庭成员的法律关系

先看外甥殴毙舅舅的判处。四川雅安县民李有林，在父亲与舅舅白添长因田地纠纷引发争斗时，为救护其父打伤了舅舅，致其死亡。法司判拟："李有林合依卑幼殴外姻小功尊属死者，斩监候，秋后处决。"②

外甥殴毙舅母则是轻判处罚。福建崇安县人艾怕仔，承租舅母胡程氏山地，胡程氏嫌租少要求退租，又因艾怕仔不同意而拔毁其田禾，吵骂扭打中胡程氏被踢伤致死。法司判拟："查胡程氏系艾怕仔舅舅之妻，并无服制，应同凡论。艾怕仔合依斗殴杀人者，不问手足、他物、金刃，并绞监候律，拟绞监候，秋后处决。"③

上两例死刑案件，犯罪者与舅舅、舅母的关系，从亲戚关系上而言为同等，都是外甥，但外甥殴毙舅舅，是按照小功服之卑幼殴尊属死，重判为斩监候，而外甥殴毙舅母，因并无服制，是按殴毙社会上一般人对待，即以凡论，而轻判为绞监候。同为死刑，绞监候轻于斩监候。

与前述内侄与姑夫家的情况类同，殴死舅母的儿子，比殴死无服的舅母以凡论处所判的绞监候要重，为斩监候。如安徽寿州人赵忝文与舅表兄俞忝会因租物分割不均揪斗，扎伤俞忝会毙命。三法司判拟："俞忝会系赵忝文舅舅之子……赵忝文合依殴外姻缌麻兄死者斩律，拟斩监候。"④

3. 外甥与姨母家庭成员的法律关系

与前两种外姻情况相同，外甥殴毙有服的姨母、姨表兄，重判，殴毙无服的姨夫则轻判。乾隆二十五年，江苏省，蒋汝才在偷姨母家衣物时被发觉，杀姨母身死。巡抚初判斩监候，是据外甥与姨母为小功服，又属于以卑犯尊，按一般斗杀判处。上报后部驳，以"蒋汝才故杀小功母姨……既窃其衣，复害其命，与窃贼临时杀死事主者同科，罪应斩决"⑤，定为故杀而加重判为斩立决。外甥殴死姨夫虽然也是以卑犯尊，因无服制而以凡论。但殴杀姨表兄，则重判为斩监候，重于杀死姨夫。直隶宣化县民种光林因讨债殴死姨表兄高祥一案，

---

① 清嘉庆朝刑科题本社会史料辑刊，1/443。
② 清嘉庆朝刑科题本社会史料辑刊，1/482。
③ 清嘉庆朝刑科题本社会史料辑刊，1/486。
④ 清嘉庆朝刑科题本社会史料辑刊，1/434-435。
⑤ 清高宗实录：卷612［M］．乾隆二十五年五月乙巳。

便是如此判处："种光林合依卑幼殴外姻缌麻兄姊死者，斩监候，故杀亦斩律，拟斩监候。"①

国家法律对上述姻亲间的刑案做如此不同的判处规定，其所根据、掌握的重要原则，即本文第一节之（一）所述，是看二者血缘关系决定的服制之有无，有无血缘关系，这是原始的最基本依据。外甥与舅舅、舅表兄弟，同有其外祖父（舅舅之父、舅表兄弟之祖父）的血分，有同一血缘，因而有服；而外甥与舅母，则没有血缘关系，也就无服制关系。外甥与姨母、姨表兄弟，同有其外祖父（姨母之父、姨表兄弟之外祖父）的血分，有同一血缘，因而有服；而外甥与姨夫，则没有血缘关系，也就无服制关系。侄与姑姑、姑表兄弟，同有其祖父（姑姑之父、姑表兄弟之外祖父）的血分，有同一血缘，因而有服；而内侄与姑夫，则没有血缘关系，也无服制关系。以上所举有血缘关系者有服，并考虑尊卑关系而判处，卑幼侵犯尊长，重判；无血缘关系者无服，以凡论处，即使卑幼侵犯尊长，也以"凡论"，按社会上一般人之间的刑案对待，因而比前者轻判。

以有无血缘关系划分服制，并据此对姻亲间刑事做轻重量刑，在妻亲及其他亲属中同样存在。与前述亲缘甚近而因无血缘无服制的判处一样，有悖于亲情。

4. 妻亲中，郎舅与姊妹夫之间刑事判处所体现的法律关系

钱大昕《恒言录》述："谚云：至亲莫如郎舅"②，说的是在社会实际生活中，郎舅与姊妹夫的亲属关系是相当亲密的。然而国家法律于二者刑事的判处上，却划为社会上一般人关系的"凡"列，因二者并无血缘（中表婚除外），无服制关系，因而郎舅殴毙姐夫、姊妹夫殴毙郎舅，皆依照"凡论"判处。广西兴安县民李生辉，与姐夫侯受卓因讨索旧债争执，殴伤侯受卓毙命。法司判处："殴姊妹之夫至死者依凡论……李生辉合依斗殴杀人者，不问手足、他物、金刃，绞监候律，拟绞监候。"③ 奉天辽阳州民王忠亮，与妻弟（即郎舅）郭春和因还债事酒醉时争斗，伤郭春和殒命。法司判处：王忠亮应如该州所拟，"合依斗殴杀人者，不问手足、他物、金刃，并绞监候律，拟绞监候"④，这也是依

---

① 清嘉庆朝刑科题本社会史料辑刊，1/444-445。
② 钱大昕《恒言录》卷3《亲属称谓类·称妻之兄弟曰舅》。并见［清］梁章钜. 称谓录：卷7［M］. 北京：中华书局，1996：13.
③ 清嘉庆朝刑科题本社会史料辑刊，1/490-491。
④ 清嘉庆朝刑科题本社会史料辑刊，1/449-450。同类事及依凡判处，见1/469。

凡论处。

5. 儿女亲家之间

两家家长因子女结为夫妻，互称儿女亲（音"庆"）家，亲情关系非同一般，但也因二者无血缘关系而无服，他们之间发生刑事案件，同样依凡论处。湖北京山县民张谷彩，女儿嫁给李进成的儿子为妻，两家因佃种、借钱纠纷斗殴，张谷彩伤李进成殒命。法司的判词是依凡论处的习惯用语：张谷彩"合依斗殴杀人者，不问手足、他物、金刃，并绞监候律，拟绞监候"。①

6. 以血缘之有无定服制，进而作为判处原则，在其他方面的施行

《大清律例·服制》及服制图，有些情况没有纳入，尤其是特殊情况，正是某些特殊情况，表明法律判处的依据，是基于血缘这一原始的根本因素。

山西大同县民赵德成扎死表兄赵诚一案中，赵诚的前母赵氏是赵德成的亲姑母，赵诚的生父即赵德成的姑夫，与内侄赵德成同姓不同宗。赵德成称赵诚为"表兄"，受雇于表兄赵诚为其牧羊，因未看管好而被赵诚训斥，致互相吵骂打斗，赵德成扎伤赵诚身死。法司没有像致死有血缘关系的表兄那样重判为斩刑，而是以凡论，判为绞刑，所依据的律文及所符合的案情是："查赵诚非赵德成姑母亲生之子，并无服制，应同凡论。赵德成合依斗殴杀人者，不问手足、他物、金刃，并绞律，应拟绞监候。"② 赵诚虽是赵德成的表兄，但强调的是"赵诚非赵德成姑母亲生之子"，即亲缘为表兄弟的二者，没有血缘关系，因而才无服制，所以他们之间的刑案以凡论，究其根源，在于没有血缘关系。

以血缘做基本依据，在姻亲之外的亲属刑事判案中也可找到佐证，进而体现它的普遍适用性。如本宗之人入于外姓为义子、随母改嫁入于外姓之人，虽不生活于本宗，在外姓家族中生活，但因与原本宗之人有血缘关系，因而与原本宗人发生刑案，仍按其原血缘关系确定服制，据服制而量刑。如嘉庆九年，山西崞县民刘银贵子已"从幼父故，随母改嫁王姓"，因索还房地，与原刘姓伯父之子刘五小子口角打架，其供词称"因堂弟骂得刻薄，顺用石块打一下，把他人中相连唇吻打伤。堂弟转身去拿家伙，小的又用石块打他脑后一下，堂弟拿了铁剪扑扎，小的一时气极，起意把堂弟打死，就把堂弟按到炕上，又用石块向他头上连打……堂弟刘五小子不多时因伤死了"。法司判处："刘银贵子合

---

① 清嘉庆朝刑科题本社会史料辑刊，1/454-455。同类事及依凡判处，见1/430。
② 清嘉庆朝刑科题本社会史料辑刊，1/420。

依故杀同堂大功弟者绞监候律，拟绞监候，秋后处决。"① 嘉庆十年，浙江奉化县民卢运太勒死堂弟以要挟王春法一案中，此堂弟已随改嫁母入于王姓，为王春法之子。法司仍判："卢运太合依尊长谋杀卑幼已杀者依故杀法，故杀大功堂弟绞监候律，拟绞监候，秋后处决。"②。这类人在所入之外姓家族中虽与该家族人以兄弟等亲缘相论、相称，但因无血缘无服制，双方涉入刑案，却是以凡论。嘉庆年间，奉天府宁远州民安立本戳伤安立仁身死一案中，安立本供："小的家本姓王，是关里民人。小的父亲原名王怀忠，从十六岁过继安朝弼的大儿子安定帼为义子，改名安自成，父亲生了小的们三人，就随着姓安。"因赎房事与安姓族弟安立仁发生纠纷，安立仁酒醉，持刀嚷骂，威胁安立本之父安自成。安立本与其揪斗夺刀，致伤安立仁身死。三法司合议结果是"查安立本之父安自成本名王怀忠，安立本与已死安立仁系属异姓，应同凡论，将安立本依律拟绞监候"③。另一例，嘉庆十年安徽蒙城县民陆建鳌将缌麻堂伯之义子陆建荣致死一案中，陆建荣"本是潘姓的儿子，名叫潘来振"，是陆建鳌缌麻堂伯陆忝桂领作的义子，因过年节期间的正月初八讨债而斥骂打斗，陆建荣被陆建鳌扎伤身死。陆建鳌被判"合依斗殴杀人者，不问手足、他物、金刃，并绞监候律，拟绞监候，秋后处决"④，也是依凡判处。这方面的案例不少，不备举，参见页下注⑤。只有义子与义父及其期亲尊长等小范围亲属内且有某些前提条件如抚养年久等，他们之间的刑案，才不以凡论，这是《大明律》所定的条例，清代沿袭⑥。

在实际生活中，亲属间有无亲情，并不完全取决于有无血缘关系，还要看亲缘关系及实际亲情，所以，无论本宗还是姻亲，其无血缘关系而因亲情关系定有服制，是合理的，可惜这方面在姻亲中所纳入的亲属太少，而且所定服制

---

① 清嘉庆朝刑科题本社会史料辑刊，1/58-59。
② 清嘉庆朝刑科题本社会史料辑刊，1/108-109。
③ 清嘉庆朝刑科题本社会史料辑刊，1/151-152。
④ 清嘉庆朝刑科题本社会史料辑刊，1/85-86。
⑤ 清嘉庆朝刑科题本社会史料辑刊，1/151，1/144，1/341，1/354。
⑥ 原条例为："凡义子过房在十五岁以下，恩养年久，或十六岁以上曾有财产，配有室家，若于义父母，及义父之祖父母、父母，有犯殴骂、侵盗、恐吓、诈欺、诬告等情，即同子孙取问如律。若义父母及义父之祖父母、父母殴杀、故杀（此义子——引者注）者，并以殴、故杀乞养异姓子孙论。若过房虽在十五以下，恩养未久，或在十六以上不曾分有财产、配有室家，及于义父之期亲尊长并外祖父母有违犯者，并以雇工人论"，见《大明律》之附录《问刑条例》，第421页，版本同前。乾隆五年《大清律例》卷28《刑律·斗殴下·殴祖父母父母·条例》第464-465页。版本同前。

的服等也甚低。姻亲中较多的，是因无血缘便无服制的情况，造成与实际亲情的背离，而且出现某些伦理关系的矛盾与错乱。

中国古代是非常注重尊卑长幼关系的，在法律上，亲情关系越近，卑幼触犯尊长的处罚越重，以此体现并维护亲属亲情的远近亲疏、尊卑长幼关系。上述法规及其施行，则出现矛盾及不合亲情的不合理现象。舅母、姑夫、姨夫，无论如何也是犯罪者外甥或内侄的尊属长辈，有尊卑关系，如此以卑犯尊，却依凡按一般人判处，岂不与当时的维护尊属长辈之伦常制度相悖？另外，殴舅母、姑夫死，是以凡论，判绞监候，而殴死舅母之子、姑夫之子，却加重判为斩监候。身为尊属长辈的舅母、姑夫与他们的儿子（即自己的舅表兄弟、姑表兄弟）虽有尊卑名分，但在服制、法律上，这种尊卑名分，反而低于同辈的表兄之于表弟的长幼名分。难道舅母、姑夫的亲情不如表兄近，名分上不如作为其儿子的表兄尊？

这种由官方规定的法律性人际关系，对人们日常相处的行为态度，也难免产生影响，重伤舅母、姑父、姨夫以凡论，重伤他（她）的儿子却重判，外甥在与舅母、舅母之子，或与姑父、姑父之子，或与姨夫、姨夫之子相处而出现严重冲突时，较少顾忌的，反而是其尊属的舅母、姑父、姨夫。

三、低服或无服之姻亲的实际亲情及姻亲方面法律条文的某些修改

中国古代，以服制标识亲属关系的远近，是基于亲属间人际关系的实际，有其合理性及法律上的可操作性。有亲属关系者，无论宗亲还是姻亲，其情感、关系自然不同于常人，这是毫无疑问的人之常情，尽管他们之间也会发生矛盾纠纷、争斗乃至酿成命案（如本文所举若干案例），但并不能因为这种非正常事件，而否定他们之间具有正常的比一般人密近的特殊亲情关系。在社会生活中，人们有困难，首先想到的是请亲属帮助，如果对有危难的亲属视若路人，不仅于良心有愧，也会受到他人的鄙视、舆论的谴责。这种发乎自然之亲情、道德之规范，正是亲属与一般人之间的区别，而且，血缘、亲缘关系越近，情感、关系也越密近，相互依赖关系也越紧密，这也是人之常情，因而，以血缘、亲缘远近定服制之轻重，符合亲属关系的实际。然而，古代以男性父系宗族为中心来划分亲疏远近的五服制，过分缩小、降低女性一方的外姻服制，造成外姻亲属之服等，远低于对等亲缘的本宗成员，如男女婚姻双方，本宗中，妻对公婆，是最近、最重的斩衰，而外姻中，婿对岳父母，则是五服中最远、最轻的

缌麻服；本宗中，与父亲的兄弟即自己的伯叔，为齐衰期亲，而外姻中，与母亲的兄弟即自己的舅舅，仅为小功。尤其是外姻中无血缘便无服制的原则（翁婿、个别特殊母党除外），把外姻中与本宗对等亲缘的众多姻亲，摒斥于五服之外，划为一般之人，如前文所说的舅母、姑夫、姨夫、郎舅等。其中舅母即母亲的兄弟之妻，与本宗中父亲的兄弟之妻即伯母婶母，在亲缘上对等，但与伯母婶母是齐衰期亲，而与舅母为无服；再如妻子与丈夫之兄弟，丈夫与其郎舅，二者在亲缘上对等，但本宗中妻子与丈夫之兄弟（大伯子、小叔子），是小功服，而丈夫与其妻亲中的郎舅是无服。法律上也以这种划分对待，无服者按非亲属判处，从而造成诸多有悖于亲戚常情的不合理现象。应该说，在父系社会，每个人日常都生活在以父系为中心的家庭、宗族之中，与外姻的接触交往不如本宗多，也因此而产生二者亲情的差距，如己身的儿之子即孙，与自己女儿之子即外孙，亲等相同，而民间对女儿之子的外孙，有所谓"白眼"之称（尽管不皆"白眼"），就属此类。但很多情况并非如此，亲情关系不一定如二者之间服制划分的差距那样大，比如，与母亲的兄弟即舅舅虽为小功，服制低于与父亲的兄弟即伯叔的齐衰期亲。但社会生活中，我们既可见到伯叔对侄子的关照，也可见到舅舅对外甥的眷顾，甚至外姻亲情重于本宗者也不鲜见，常可见到依靠舅舅而不依靠伯叔的情况，尤其是父亲故去，母亲守寡或改嫁，寡妇靠娘家、孤儿依赖舅舅，又是很常见的事情。如四川巴县杨氏家族，杨先绪故去，妻子杨杜氏改嫁，所遗子杨华先，不是在本家杨氏宗族生活，而是由舅舅杜合盛接到其家抚养，外甥杨华先长大后，舅舅杜合盛又为其娶妻成家。① 同县，曹应万与胡氏有女曹闰姑，嫁与赖氏家族的赖三为妻，曹应万故后，胡氏改嫁。赖三因家贫，将妻子曹闰姑卖与吴姓为妾，曹闰姑不从，因其娘家无人，也未找赖氏家族之人，而是逃至舅舅胡在应家哭诉。胡在应愤而状告到本县衙，并情愿出钱将外甥女赎回。② 以上所举，绝非个别事例③。舅舅关照外甥、外甥女，还须有赖于他的妻子即外甥、外甥女的舅母。光绪年间，浙江黄岩县，张汝龙

① 清代乾嘉道巴县档案选编：下册，道光七年四月廿八日杜合盛等人供状［M］. 成都：四川大学出版社：1996：486.

② 清代乾嘉道巴县档案选编：下册，道光十二年胡在应之告状、供状［M］. 成都：四川大学出版社：1996：487.

③ 乾隆年间，广东揭阳县，李亨锡鸡奸孙双喜，被孙双喜的母亲孙赵氏得知，欲赴官府控究。李亨锡闻知畏惧，央求其舅舅孙阿安帮助调处，赔礼寝息。载［清］全士潮、张道源等纂辑. 驳案汇编·续编：卷3，男子和奸羞愧拒奸擅杀［M］. 北京：法律出版社，2009：663. 版本同前。

与妻李氏因家庭矛盾，李氏到其舅舅杨朝元家寄居。张汝龙前去唤接回归，杨朝元之妻即李氏舅母力挺帮护，并回复："甥女现留伊家，以后永不望回。"①这种情况，在姻亲关系中属于正常现象，它起码可以说明，这无服的姻亲舅母，与本宗同等亲缘但服制为齐衰期亲的伯母婶母相比，在实际亲情关系上并不疏远、并不逊色。

实际上，清代官方对外姻之服制与亲情不相吻合的情况是清楚的，制定官员选任中的姻亲回避制度，主要考虑的就是亲情实际，而不是服制。官员选任之所以要制定亲属回避制度，是因为亲情较近的亲属官员之间也有可能营私舞弊。而清代制定的姻亲回避制度，所划定的亲情较近须回避的外姻，正是根据亲情远近的实际情况，而不论服制之有无。《大清会典事例》载：

> 雍正七年议准，外姻亲属，若母之父及兄弟，妻之父及兄弟，己之女婿、嫡甥，分属至亲，同在外官，亦令官小者回避。至母兄弟之子，姨母之子，虽服制三月，亲属渐远，毋庸回避。②

以上所提到的母之父即外祖父、母之兄弟即舅舅，己之嫡甥即外甥，均为小功服；妻之父即岳父、己之女婿，均为缌麻服；而妻之兄弟即郎舅，为无服，但官方称以上亲属皆"分属至亲"，是最亲近的亲属。官员选任制度，也始终把外祖父、舅舅、岳父、郎舅、外甥等这几种"分属至亲"的外姻亲属作为主要回避对象，与男性父系中的"嫡亲祖孙、父子、伯叔、兄弟"作为同等亲情关系对待。选官回避制度规定：

> 在京各部院尚书、侍郎以下。笔帖式以上。嫡亲祖孙、父子、伯叔、兄弟，若在同衙门，令官小者回避
> 京官外姻亲属中，母之父及兄弟，妻之父及兄弟，有为堂官者，仍令官小者回避。
> 河工人员，与地方督抚、两司各大员，如系嫡亲祖孙父子伯叔兄弟，

---

① 田涛等主编.黄岩诉讼档案及调查报告：上卷，黄岩诉讼档案，张汝龙呈为奸夫串逃乞恩提究事［M］.北京：法律出版社，2004：238-239.
② 光绪大清会典事例：卷47《吏部·汉员铨选·亲族回避》.

及外姻亲属中，母之父及兄弟，妻之父及兄弟，己之女婿、嫡甥，俱令回避。①

以上，都是把外姻亲属中的"母之父及兄弟，妻之父及兄弟，己之女婿、嫡甥"，与男性父系中的"嫡亲祖孙、父子、伯叔、兄弟"作为同等亲情关系对待。但在服制上，后者为齐衰或斩衰，前者仅为小功、缌麻或无服（郎舅），官方在这种政治制度上，是将外姻最低服等或无服之亲属，在亲情上等同于本宗之最重的斩衰或齐衰。

对外姻的回避范围，乾隆以后甚至不断扩大。

乾隆九年奏准："外任司道，原属同官，向无儿女姻亲回避之例，若本身儿女姻亲，而为上司下属者，则关系举劾，与司道同官者不同，应令回避。"这是将无服制关系的儿女亲家划入回避之列；

乾隆二十六年又定："母舅之子，分属中表弟兄，嗣后外官遇有内外兄弟为其属官，令官小者回避。"这是将舅表兄弟增入回避之列；

乾隆二十八年，又将本无服制的"连襟"划入："嗣后，外官职司考核衙门，遇有妻之姊妹夫为其属官，俱令官小者回避"；

乾隆三十三年以后，甚至将无服制关系的"子妇之亲兄弟"——儿媳之兄弟，即儿子之郎舅，民间俗称之为亲家儿（或简称亲儿），列入应回避之亲属："外官遇有子妇之亲兄弟，为上司下属，俱令官小者回避。"② 并将其与女婿、外甥、表兄弟等同称之为"近姻密戚"，且六年后将这些"近姻密戚"的回避范围扩大："吏部议奏……惟近姻密戚，如母之父及兄弟，妻之父及兄弟，己之女婿、嫡甥，及本身儿女姻亲，中表兄弟，子妇之亲兄弟，凡系本管上司下属，例亦令官小者回避。其隔属非本管者，不令回避。请将此等近姻密戚。亦照近支官在同省例，虽隔属非本管者，亦令官小者一体回避。"③

道光元年所规定的科举回避，划入的应回避姻亲，范围更大："五服以内及服制虽远聚族一处之各本族，并外祖父、翁婿、甥舅、妻之嫡兄弟、妻之姊妹

---

① 以上所引，并见光绪大清会典事例：卷35《满洲铨选·官员回避》；光绪大清会典事例：卷47《吏部·汉员铨选·亲族回避》乾隆皇朝文献通考：卷58《选举考十二·举官》.

② 以上俱见嘉庆大清会典事例：卷39《吏部二十六·汉员铨选·亲族回避》。

③ 清高宗实录：卷960《乾隆三十九年六月丙戌》。

夫、妻之胞侄、嫡姊妹之夫、嫡姑之夫、嫡姑之子、舅之子、母姨之子、女之子、妻之祖、孙女之夫、本身儿女姻亲。概令照例回避。"① 这里所提到的妻之胞侄、嫡姑之夫、妻之祖、孙女之夫，都是以前未曾回避的无服姻亲，道光元年后在科举中被扩大为回避对象。

鉴于服制以及按服制判案与实际亲情有不吻合的情况，往代至清，也曾做过某些修改，这种修改主要有两方面，一是服制本身的修改，二是不拘泥于服制，而据实际亲情判处。总结起来，其修改又有一个共同特点，就是以女性或女性外姻方面为主，而且主要是提升、增补其服制②，判案时考虑实际亲情而量刑。

唐代，曾将母亲升服，把父健在时为母亲服齐衰一年改为三年，与父死后为母所服同等，以及升诸妇如嫡子妇、众子妇、侄妇之服，增在室女（未出嫁者）、嫁母之服。姻亲方面，则是将以前的外甥为舅舅服缌麻，升为小功服，与姨、甥服制同等③。明代，又升母亲之服与父同等，均为斩衰三年，姻亲服制方面，是将外孙对外祖父母的小功服，按齐衰的期亲对待，在《大明律》的《刑律·斗殴》中，把外孙与外祖父母之间的殴伤及致死，划为按侄与伯叔父母、与姑姑的期亲尊属关系同等判处，入于《殴期亲尊长》律文中④，在法律上将外孙对外祖父母的服等提升。清代沿用，并明确说明：外孙与外祖父母"服虽小功，其恩义与期亲并重"⑤。清代，在母系的外亲服制范围上有所增补，如所后母⑥之母系、继母之母系亲属，以前都无服，乾隆四十二年以后，定为与本生母之母系姻亲服制相同⑦。这一条例的修改，起因于一件命案。乾隆四十一年，直隶总督周元理题报该省蠡县民王锦以毒药害死所后母王苗氏之母苗赵氏，拟依凡论，本应判绞监候，因系谋杀而加重判为斩监候，这是依照原有的旧条例的判处，理由是，王锦是本宗内过继，王苗氏是他的所后母，非生母，

---

① 光绪大清会典事例：卷345《礼部·贡举·开报回避》.
② 丁凌华据唐代的服制更改而总结：当时几次重大的提升、增补方式的服制改革，其"改革的对象，几乎都是女子或女党"，见丁凌华. 中国丧服制度史［M］. 上海：上海人民出版社，2000：176. 本文认为，唐以后也有这方面特点。
③ 见丁凌华. 中国丧服制度史［M］. 上海：上海人民出版社，2000：169-177.
④ 《大明律》卷20《刑律三·斗殴》，第166-167页，版本同前。
⑤ 《大清律例》卷28《刑律·斗殴下·殴期亲尊长》，第462页，版本同前。并见光绪《大清会典事例》卷811《刑部·刑律斗殴·殴大功以下尊长》。
⑥ 所后母，这里指本宗过继子称所过继之母。
⑦ 光绪大清会典事例：卷811《刑部·刑律斗殴·殴大功以下尊长》。

那么，王苗氏之母苗赵氏，也就只不过是王锦名义上的外祖母，例无服制关系，因而依凡论处。刑部因其符合律例条文，同意这种判拟而上报。乾隆皇帝览后却不以为然，他认为，既然过继子与所后父母的服制，是同于亲生父母的斩衰，而与原亲生父母降为齐衰，为什么亲生母方面的外姻有服，而所后母方面的外姻却无服？如此以凡论处，是"揆之天理、人情，均未允当"，因而命大臣们讨论后改为有服，王锦也以谋杀属于小功服尊属的外祖母，而加重惩处，改判为斩立决。同时，乾隆帝还认为，子女与后母即继母的服制，既然已照生母而定为斩衰，那么继母方面的外姻，也应由原来的无服改为有服。如此改为有服，又意味着如果这些外姻中的尊属侵犯本宗中的卑幼，将减轻刑罚，因而针对有些人担心的这种无血缘而定为有服的外祖父母、舅舅等，是否会因此而虐待非亲生女儿的子女（即外孙、外孙女）或非亲姐妹所生的子女（即外甥、外甥女），乾隆又指出，如果发生这种情况，该"尊长有于非所自出之外孙及甥等故加凌虐，或至于死，承审官临时权其曲直，按情治罪，不必以服制为限"。以上改动，均于乾隆四十二年形成《大清律例》中的新例，删除旧例。①

其他修改，是在具体案情上不拘泥于服制，而据实际亲情判处，并形成新的"条例"，即律例中的"例"，作为以后判处同样案件的法律依据。这种新例，或是将原降之服再提升为未降之前的服等，或因亲情较近而按高于原服等的服制对待，总的精神，是据实际亲情关系而提升服等。如前述，将以前所定表姐妹之出嫁由缌麻服降一等为无服（在室为缌麻服）的旧规制，修改为无论出嫁与否，若与表兄弟发生刑事，均按原缌麻服判处，这是根据出嫁前后的表兄弟姐妹之间，其伦理情分并无变化的实情，因而不按出嫁后的降服处理。再如女婿与岳父虽为缌麻服，但如果女婿欺压岳父导致岳父自尽，则按逼死齐衰之期亲对待。嘉庆年间，广西省名梁禄者，欲将岳父黄登所给田地卖掉，屡次讨要地契，致黄登"被逼不甘，服毒自尽"，法司将梁禄比照"逼迫期亲尊长致死递减（死刑）三等律"判处，是按齐衰期亲，而不按原缌麻服对待②。实际上，在本宗中不按服制而改判的情况更多，这在刑科题本的秋审类之服制册中有很多记录，因不属本文论述范围，此处从略。

---

① ［清］全士潮、张道源等纂辑. 驳案汇编：卷22，毒死继母之母按照新定服制斩决 ［M］.414-417. 版本同前。该目将所后母称为继母，与后母之继母概念相混，未取。以上事例，并见乾隆皇朝文献通考：卷199《刑考五·刑制》。

② ［清］许梿、熊莪纂辑，何勤华、沈天水等点校. 刑部比照加减成案：卷17，刑律人命·威逼人致死·广西司 ［M］. 北京：法律出版社，2009：188.

总体而言，清代在外姻方面的服制修改不大，尤其是明显与亲情不相吻合的诸如无服的姑夫、舅母、郎舅与姐妹夫、儿女亲家等，均未升服，这些人之无服，均为古代具有原则性的传统定制①，清代不可能在服制上做根本性的变动，但在选官、科举回避方面，却是不拘服制，而据实际亲情。对外姻以及本宗在服制之亲等上做根本性的修改，则是民国以后之事了。

四、小结

综前所述，比较《大清律例》中的姻亲与宗亲服制，诸多无血缘而亲情甚近的姻亲被摒斥于无服之列，以致刑事量刑与实际亲情不符，并造成姻亲家庭成员中、本宗与姻亲成员间，出现与当时尊卑长幼名分、伦理的矛盾错乱现象，这均缘于古代以男性父系家族为中心的宗法制，树立、重视本宗，轻视外姻，压抑本宗与其成员的服制等次，缩小有服者范围，记载上也忽视、简略乃至缺略。其中既有父系高于母系的因素，又有男女不平等的根本原因，无论是父系高于母系，还是夫妻间妻亲有服范围小、服制低，以及出嫁女性与本宗降服，有服范围缩小，都是男女不平等的表现。也正因为过分树立"男性""父系"，而贬抑女性、母系，注重男性父系家族血脉之传承及其成因，轻视乃至无视外姻的这些方面，造成诸多与实际亲情不相吻合的情况。这些矛盾、不合理现象，以及传统的官方制度、某些变通，事涉多方领域，是法律史、社会史、政治史研究应注意的问题。另外，姻亲不光是其自身，实际还是宗亲与姻亲的关系问题，因为古代所谓外姻，是站在本宗男性方面而论及的与姻亲亲属的关系，因而这又是宗族史研究应注意的问题。正因为延续到清时期的古代传统服制及与其相关的法律制度，有诸多不合理之处，与社会文明发展尤其是男女不平等之改变所引起的社会情况变化也愈益格格不入，因而才有民国年间纂修新法律时对以上旧制的较大力度的删除与修改，同时又有某些保留，如新式亲等的划分及其在不同亲属中的划分范围，亲属中尊、长名分的某些保留，亲属间案件之判处有别于一般人，等等②。这种保留有传统的历史因素，其保留的内容及保留的程度是否合理，联系当时的实际背景，是值得深入研究的课题。时至今天，

---

① 唐代开元朝，曾"更制舅母缌麻"，见《旧唐书》卷27《礼仪志七》，第3册第1036页，中华书局1975年标点本。而明清两代，舅母均无服，何时又复旧制为无服，待考。
② 见王宠惠属稿，李秀清点校. 中华民国刑法（1928年）[M]. 北京：中国方正出版社，2006.：16-20、38-39、58、60、69-71、74-79.

又有发展，如男女平等的进一步实现，独生子女的亲戚关系，本宗、外姻亲属区别的逐渐模糊而趋同，等等。但亲属、家庭、以外之亲戚及其亲情是永恒的话题，且不断发展变化，永远值得研究。

（本文部分内容，曾缩减以《清代法律中的姻戚服制关系分析》由杜家骥、万银红发表于《历史教学》2014 年第 10 期。此次为保持原文的完整性，将原缩减的部分恢复为原文，而将已发表的某些内容做了精简，并修改了不合适、不确切的词语，调整了某些内容的逻辑次序。）

法判抑或权判?

——包世臣"书三案始末"之江苏铜山段李氏案辨析

林　乾①

包世臣是嘉道时期与魏源、龚自珍齐名的著名思想家,他一生以游幕经世为职守,为三十位幕主充任幕宾。面对愈演愈烈的社会经济危机,他向当道者极力推介"包世臣方案"以期化解、纾缓危机。当时封疆大吏竞相以兵、漕、河、盐、刑等大政联袂相咨,包世臣也不吝以其"方案"呈达,有时甚至违逆幕主而不顾。包世臣晚年辑录农、礼、刑、兵而作《齐民四术》名著,该书卷七"刑"载有"书三案始末"长文。② 其中,山东泰安徐文浩案、江苏铜山段李氏案,是包世臣做幕时"总理"经办("岳松庭承宣山东,诚述堂提刑江苏,皆延予为总理"③;胡韫玉所著《包世臣年谱》道光元年记:是岁,先生就江苏提刑诚公之聘④)。该长文备述嘉道之交影响甚大的三大案始末,为我们观察这一时期的司法危机提供了独特而鲜活的"口述史"视角。在三大案中,尽管段李氏案,包世臣与其幕主按察使诚端,经反复阅卷、调查,力主平反,但在督抚主导的疆政体制下,该案无法为屈抑者雪冤,最终以包世臣辞幕、诚端调离而维持原判。

值得重视的是,现存清代档案等文献对包括段李氏案在内的三大案均有详尽记述,构成官方的"表达"与"判决",并与"总理"此案的包世臣的个人记述,形成明显对立的"两级"。包世臣"总理"幕宾期间,明确提出他办案坚守的底线,即以"七分不公道"为底线,并说他"在松庭所,庶几践言,佐

① 林乾,男,中国政法大学法律史学研究院教授。
② 李星点校. 包世臣全集 [M]. 合肥:黄山书社,1997:386—401. 段李氏案载入第386—388 页,以下未出注者均见于此。
③ 李星点校. 包世臣全集 [M]. 合肥:黄山书社,1997:399.
④ 胡韫玉. 包世臣年谱 [M]. 台北:台湾商务印书馆,1986:39.

述堂阑入八九者矣"。松庭是山东布政使岳龄安之字，述堂即江苏按察使诚端。此外，段李氏的身份也值得关注，她是雍正时期模范三总督之一李卫的曾孙女，而段家是铜山有名的富户，以开杂货店维持生计。

一、包世臣"书三案始末"所记段李氏案

包世臣记述的段李氏案，是县书与知县勾结，借尸讹诈富户的陷害之案，由此致使五命之丧。

案发嘉庆二十一年闰六月初一日，距离江苏铜山县县城六十里的新集，民段继干门首，有男尸浮出池面。至初三日，知县杨秉临前来诣验，见尸身溃烂，照例以无凭相验，殓埋立案。十九日晨，县差张源持朱签，率白役数名，将段继干并其邻居男子张起拘拿到县城。原来，前一天，有原充本县刑书的叶秉忠在县衙具呈称：六月三十日，他派儿子叶孝思前往段继干家讨账，至今未归，后听闻段继干家门首有溺毙男尸，是否系己子叶孝思，他不能确定，请求官府查究。

段继干押解到县衙后，知县立即以负债不还杀人问审，段继干矢口否认，邻居张起也作证，他并未看见有什么索欠人前来段继干家。知县见段继干坚不承认，用非刑熬审段继干、张起两昼夜，两人仍坚不承认。知县于是差张源到狱中，私下暗示段继干出白金两千两，再加五百两，可将此事了结，段继干不允。次日又加刑讯，段继干昏厥再四。因凭空被冤，段继干长子拦徐州道严烺的轿舆喊冤，该道将其发回铜山县收管。段继干妻子李氏，是李卫的曾孙女，见丈夫被押、长子被收管，立即遣母家侄子进京控告。段继干、张起随后毙于狱中。知县杨秉临惧怕，不知所措，刑名幕友张某给他出主意，建议用车戽（灌田吸水器）池水，以进一步检验尸体有无行迹。七月二十八日，知县带衙役等人，将段继干门首池塘内水抽干，得茧绸裤一条、白布单袜一双。叶秉忠辨认这是其子叶孝思之物，当场具领。次日，击鼓呈单袜内有原书一封，系竹纸叠封，骑封写信面。知县坐大堂公开审理此案，当众用火炙干后拆封，见信的内容大略曰：

> 前账已结清，尾欠说明不论，无奈歇业之后，愚父子形同乞丐，数次承兄台帮助，今遣儿子造府，不敢再提前帐，求兄台做好事，只当帮衬。外附原帐一纸。

知县当堂用印粘卷，作为关键证物。

此时，段李氏母家人赴京控告，经嘉庆帝降旨，交江苏巡抚胡克家亲自审理。巡抚接旨后即饬按察使六百里飞提人证、卷宗，但傍晚提解文到之时，段继干长子已毙于押所。其妻得噩耗后急奔入城，自缢而死，其周岁幼子，因失母乳，哭号两昼夜也死。

至此，这件借尸图赖案，已致段家三人死于非命。案件性质也悄然生变。

案件提交到省后，拖延半载之久，不能定案。此时按察使出缺，协办大学士、两江总督以试用道署理臬司。原来，署理臬司与铜山知县杨秉临是同乡，他待缺时所需开销及打点费用，由杨秉临以乡谊的名义予以资助，这样的利益和利害关系，使得案件难以公正审理。其后，问官承署理臬司意指，坐段继干伙同其子赖欠叶秉忠赊账不还，行凶致死叶孝思，邻居张起扶同隐饰，自伏天诛，应毋庸议；李氏痛夫情切，原情勿论。杨秉临为掩饰此案真相，私下拿出一笔钱给段李氏，并谎称县差张源已判拟抵罪。李氏素不识字，画押允服。署理臬司将此案勘转。此时，巡抚胡克家病故，江苏布政使升任巡抚，按例应当入京向皇帝请训，嘉庆帝命两江总督兼理巡抚事务。总督原来就倚信署理臬司，又值岁末，无暇亲讯，依详奏结。此案似乎已成定案。

嘉庆二十三年春，县差张源坐轿过李氏门，詈辱有加，李氏知自己被知县诳骗，携幼子入都，捧赃出首，呈出贿和银十锭、期票两千两、田契四百亩。嘉庆帝降旨，案交新任巡抚复审。在新任巡抚审讯下，叶秉忠在巡抚大堂供认：

> 报县原呈，乃县署刑名幕友张姓所作，张源转授给自己投递。其袜内书信，乃段继干死后，张源将他引到署内密室，杨知县手写信稿，命其照誊。

新任巡抚得叶秉忠供词后，知案情有冤，欲循例自下而上，添委素来有廉洁之名而又干练的开复知县周以勋，随同苏州府知府讯详。至此，案件有平反之望。

随后的人事纠葛又使得案情出现逆转：新任巡抚有个中表弟祝纯嘏，当时以从九品在苏州试用，依仗新巡抚的关系，多所干请，但多为行贿者抓到把柄，于是他把怨气撒到新巡抚身上，禀揭有贪枉十二事。新巡抚就任时间不长，立足未稳，担心总督把事情上奏，遂先发制人，奏请查办他的中表弟。恰好总督在苏州大阅，周以勋在浒关相迎，总督向他询问审理段继干案子有何进展，是否已得要领。周以勋答称："叶姓呈出袜内原书，并未拆封，是其子孝思尚未入段继干之门。"总督表示："此案吾例应回避，人命至重，苟能得情平反，吾自当奏请严议，断不可稍涉瞻徇。"此时苏州最优缺宝山县出缺，对这块肥肉，州县官多所觊觎。督抚先定调子，以安徽布政使韩克均之兄、现任句容知县韩慧均调任。但事有不谐，原任徐州道单沄自本籍前往镇江迎接总督，总督遂改用单沄的侄子、江苏布政使司理问单鹏图为宝山知县，并命单沄具稿。及总督闻周以勋所言段李氏案情，乃于校阅苏标折内，附奏以周以勋补宝山知县。及奏折批回，周以勋欲辞去委派审理段李氏之案而赴宝山知县新任。新巡抚所奏祝纯嘏事，朝廷已经批复，下总督审理，交质约成。新巡抚知悉周以勋向来工于上下手，不允其案件未审结前，就任宝山知县。周以勋唯恐到嘴的肥肉被人吃掉，于是亟亟乎审理段李氏案，搜根剔骨，生出一计，使人讽铜山知县杨秉临攻讦周以勋曲徇原告，有意倾陷他。周以勋于是以委员审案被讦回避的规定，得以从段李氏案脱身，就任宝山知县。这种人事变化使得该案延搁到嘉庆二十三年春，总督将祝纯嘏按照诬妄挟制罪名，判处发遣，新巡抚遂以李氏始终固执，依妇女收赎例复奏结案。

以上包世臣所记，不但隐去总督、巡抚名姓，也没有明言总督是否收受重贿，通过调任周以勋宝山肥缺，使得段李氏案釜底抽薪，改变判决结果。但从以上所记，可以肯定的是，总督与巡抚以段李氏案做交易：新巡抚与总督表面看都想"公正"复审该案，但总督以宝山肥缺作诱饵，啖周以勋脱身段李氏案就宝山之任，而新巡抚不令周以勋脱身，以翻案平反钳制祝纯嘏案的判决。案件拖延的结果是，新巡抚得到他想要的对祝纯嘏案的判决结果，祝纯嘏以诬妄挟制罪判处发遣，巡抚成功保位。新巡抚肯定知晓总督拿了重贿，以调离周以勋改变段李氏判决的结果，遂以李氏收赎复奏结案。

在清朝许多大案中，人事变动往往是案件出现转变的最重要契机。此案周以勋作为委派审案的主要官员，因就任肥缺宝山知县，而"急谳此案"，就是因为他明白总督的用意所在，而掌一省刑名的按察使，在一桩大案中的作用，实际有限。

包世臣随后记述：

道光元年二月，包世臣随江苏按察使诚端就任，取道铜山，道路言段李氏之冤甚悉。二人抵达臬司衙署后，一同调查案卷，得悉本案始末。一个多月后，接任巡抚（魏元煜）对臬司曰："今早接京信，段李氏又携子行乞至（九门）提督府喊冤矣。此案初起时，吾陈臬浙江，深知其沉冤，到时须吾子悉心为之平反。"臬司答称："途中闻人言啧啧，月前阅核原卷，信为谬诞。"及李氏递到，巡抚又言："细思段李氏，恐意在诈财。"臬司笑曰："段继干若非富子，则不涉此祸，今既人亡家破，即诈财岂偿本耶？"巡抚默然，自此后遂不提段李氏案。七月二十六，巡抚以监临出省考试，密嘱苏州府知府额腾伊转告臬司，催委员速讯，照原案议结，揭晓回辕，便须复奏。包世臣久闻巡抚意移，臬司渐亦不能力争，遂托故辞幕馆。临别，臬司求言，包世臣对他曰："但愿阁下得调他省，不结段李氏案而已。"臬司旋调陕西，接任者如督抚意议结。总督复专奏段李氏刁健，当以永远监禁。

以上是包世臣所记段李氏案之全过程。段继干因被图诈，连同长子（段招群）一家四口，加之邻右张起，共五命冤死。期间有两次平反机缘，但最终仍判段李氏刁健充徒。

二、档案文献呈现的包世臣所记"关节"

由于包世臣记述三案时，仍在游幕，为规避起见，他对凡牵涉该案的督抚等大吏，都没有明书名姓，有的情节故意引而不发。但仍留下若干重要"关节"。

一是关于总督、巡抚。检索《清代职官年表》，段李氏案自案发到最后审结的五年间，两江总督一直由孙玉庭担任，即包世臣文中的"阁督"。江苏巡抚历经三人：案发时为胡克家，嘉庆二十一年四月由皖抚改调，九月病故出缺，巡抚由江苏布政使陈桂生迁任，此即包世臣文中的"坐迁"。因新任巡抚照例进京请训，嘉庆帝命两江总督孙玉庭兼署巡抚事，遂有孙玉庭的第一份审拟判决。段李氏第二次京控，陈桂生请训后赴任，遂有其以巡抚上奏的第二份审拟判决。嘉庆二十五年十一月，道光帝即位后，陈桂生内调回京，江苏巡抚由广东布政使魏元煜迁调。段李氏第三次京控，案交孙玉庭、魏元煜审理，孙玉庭以其为原审官员，奏请回避，遂有魏元煜单衔上奏的第三次审拟判决，魏元煜也是包世臣文中最后主导以原案结案者。《年表》对署理巡抚失记。

　　二是关于按察使。此间按察使先后由五人担任。案发时为伊什札布素（年表为伊什札木素），嘉庆二十二年十月，升任江苏布政使，江苏臬司由福建按察使觉罗麟祥接任，麟祥到任前，两江总督孙玉庭奏请由试用道唐仲冕署理。嘉庆二十五年六月，麟祥升任湖北布政使，苏臬由左江道明安泰升任。道光元年二月，诚端任职江苏按察使，八月与陕西臬司陈廷桂互调。年表没有著录，但实际对段李氏案审理，起到关键作用的，就是署臬司唐仲冕，时间是嘉庆二十三年六月初三。是日，孙玉庭、陈桂生联衔奏称：五月二十一日奉上谕，江宁布政使员缺着琦善补授。二人以琦善到任需时，现值办理奏销吃紧之际，将江苏臬司觉罗麟祥委署江宁藩司，所遗臬司现在河工各道正届大汛，未便更动；江宁盐巡道尚未到任；上海道亦难骤易生手，唯查有候补道唐仲冕久任江苏州县，谙练刑名，前经委署臬司，办理裕如，堪以仍委接署。嘉庆帝朱批：览（朱批奏折，嘉庆二十三年六月初三日）。次年正月，二人又奏请将唐仲冕补授盐巡道。据奏：江宁候补道唐仲冕，年63岁，是湖南善化县人，乾隆五十八年进士，奉旨以知县用，分发江苏，历任繁缺知县（荆溪、吴江、吴县），升任海州知州，调补通州直隶州知州，嘉庆五年卓异俸满，并案引见，奉旨加一级回任候升，委署松江、苏州等知府，十八年奉部推升福建福宁府知府，因中途患病缴凭开缺，在苏就医，遵豫东例加捐道员，续报病痊，经前督百龄留办海州等事，保奏奉旨准其留于江苏以道员补用，嗣经捐足银两、试用期满，经臣等奏明以繁缺道员补用。该员老成历练，办事结实，历任江苏省府州县正印等官二十余年，风土人情最为熟悉，现经两次奏署臬司，均能办理裕如，非寻常捐纳试用道员可比，为此专折奏请。嘉庆帝朱批：吏部议奏（朱批奏折，嘉庆二十四年正月二十四日）。据前引包世臣所记，作为同属湖广人的铜山知县杨秉临，在"署臬需次时"资助了唐仲冕，这个资助是否为唐仲冕捐纳出钱，不得而知，而唐仲冕深得总督孙玉庭的器重，毫无疑义。唐仲冕收了铜山知县杨秉临这位乡谊的钱，由他直接审理的段李氏案，结果可以想见。唐仲冕署理臬司可能仅仅为按照总督意旨审理段李氏案。当年闰四月，经孙玉庭、陈桂生奏请，臬司由河库道祥德委署，唐仲冕接署河库道（朱批奏折，嘉庆二十四年闰四月十七日）。二十五年六至九月，新任臬司明安泰到任前，经孙玉庭、陈桂生奏请，江苏臬司由唐仲冕署理。至此，唐仲冕三次署理江苏臬司（录副奏折，嘉庆二十五年七月初九日）。当年十二月，唐仲冕升任福建按察使司。

　　诚端乃满洲世仆出身，由军机章京、内阁侍读外放直隶霸州道员。道光元年四月十一日接江苏臬司印信，其子锡龄作为闲散随任。道光帝朱批：汝历任伊始，诸事均宜详慎办理，勿忘明刑弼教之义。他在苏臬仅五个月，奉旨与陕西按察使对调，九月十五日奏请进京请训，道光帝于十月初三日以任务紧要，命其不必来京。

三是关于杨秉临与周以勋。铜山是冲、繁、难三兼要缺，此地濒临黄河，与山东滕县、安徽宿州毗邻，"民俗强悍健讼，案牍繁多，素称难治之区"，嘉庆二十年十月，经两江总督百龄、江苏巡抚张师诚联衔奏请，署桃源县知县杨秉临调任。依据档案，杨秉临是湖北汉阳县人，举人大挑一等，到江苏以知县用，嘉庆十五年署桃源县事（朱批奏折，奏请以杨秉临调补铜山县知县事，嘉庆二十年十月十四日）。二十四年，杨秉临因不能审出强抢诈逼命案被解任。

周以勋于嘉庆十四年任山东济宁州属嘉祥知县，因回避姻亲山东臬司张彤，调任邻省江苏，任丹徒知县。而张彤是曾任江苏巡抚的名臣张师诚的胞弟。嘉庆十七年，江苏清理积案，巡抚朱理以委署常州府总捕通判之候补知府卢焌不甚得力，调回省城，而总捕通判一缺因清理积案，必须明干之员方可审办，以丹徒知县周以勋老成干练，堪以委署，奏准调任（奏为委任周以勋署理常州府总捕通判等员缺事，朱批奏折，两江总督百龄、江苏巡抚朱理，嘉庆十七年九月二十八日）。清理积案后，周以勋回任丹徒。十九年，周以勋在丹徒赈灾颇为得力，劝捐尤有成效，所定章程二十四条有益赈务，发交镇江府所属各州县通行。巡抚张师诚到任后，因姻亲按例奏请周以勋回避，旋因周以勋审案草率，部议将其革职，而周以勋极得士绅民众之心，绅民公凑捐项，为其捐复原职，两江总督百龄等据此上奏（奏为查明已革丹徒县知县周以勋办理赈务尽心请准捐复事，嘉庆二十年，朱批奏折附片）。二十五年，震惊朝野的泾县徐飞陇命案，总督孙玉庭以周以勋谙练检验之法，亲督时任宝山知县的周以勋勘验。周以勋后升海门同知。道光元年，江督孙玉庭、巡抚魏元煜以周以勋廉明勤干，办事实心，联衔奏准委署江苏首府江宁知府（朱批奏折，道光元年五月十二日）。段李氏第一次京控后，周以勋被委派审理此案，在此期间，孙玉庭让周以勋出任江苏最优缺宝山知县，周以勋遂用计辞去审案职事，而就宝山知县任。由此可以肯定，周以勋并没有审结此案。而孙玉庭何以有此调虎离山计，包世臣没有言明。

四是关于陈桂生奏参祝纯嘏。我们似乎可以通过包世臣所提及的祝纯嘏评案找到一些线索。清朝职级低的下级官员对职位比之高的官员的诉讼主要有两种途径，一是向都察院揭报；二是禀揭，通常称为评讼。据包世臣所记，陈桂生与祝纯嘏是中表兄弟，因后者干请，为人挟制，陈桂生为争取主动而奏参。他上奏的题目是：奏为特参贿嘱书吏择缺补委不遂复逞刁挟制之试用主簿请旨革审并恳勑交督臣审办以肃功令事（朱批奏折，江苏巡抚陈桂生，嘉庆二十三年十二月初十日）。此案涉及委缺的一套章程规定，颇为繁碎，而将试用佐杂人员纳入"劳班注册"，方能遇缺"扳委奖励"。据参，祝纯嘏为择优缺，多次向苏州府司书王天淳等行贿，并有赃银、信件十几封为据。

> 信中写有：酬劳之缺必较娄县可胜数倍方可接替。缺分稍差，可将伊名注为留松差委字样；缺或充腴，不妨直捷下委，暗中摸索，全仗神庇。宝山一缺，不特不能去，兼不耐此瘠缺，现在新旧司交代之际，暗中摸索，望为谋之等语。

嗣因缺不如意，反向苏州府揭告司书勒索，致其屈抑不得扳委，并牵连多官，内有陈姓官员四人是陈桂生同族，特别涉及陈桂生任江苏布政使时违规动用徐州防御军需银两以为挟制。陈桂生参奏称，这四名陈姓与他并非宗族，例不得回避。这实际透露祝纯嘏挟制陈桂生，而陈桂生没有在参奏中说明他与祝纯嘏的中表兄弟关系。陈桂生奏请将此案交两江总督孙玉庭审理。嘉庆帝朱批：另有旨。

案交孙玉庭，次年闰四月审结，处处为陈桂生回护，判祝纯嘏发遣烟瘴充军（奏为遵旨审明试用主薄祝纯嘏贿嘱司书王天淳夤缘谋缺案依例定拟事，朱批奏折，嘉庆二十四年闰四月二十四日）。

三、档案文献呈现的官方三次判决与包世臣所记异同

档案中保存多件审理段李氏案的卷证材料，仅审拟判决就有三份，之所以出现三次拟判，是由于段李氏携子段学礼的三次京控。三次拟判，皆由巡抚上奏，这也符合人命案件一事一奏的审理程序。第二次拟判，主要就段李氏京控事项做出审理，同时坚持了孙玉庭的原审意见。

档案所见第一份拟判，是嘉庆二十三年正月初八日，由两江总督兼署江苏巡抚孙玉庭上奏。据此，段李氏此次京控是在步军统领衙门，按照奏交案的处理方式，嘉庆帝命交江苏巡抚胡克家亲提人证、卷宗审理，谕旨称：如果该县

有非刑周纳，致毙二命情弊，即行严参惩办，原告段李氏及杨久远该部照例解往备质。胡克家出缺后，孙玉庭兼署巡抚，他到苏州后，经由署按察使唐仲冕督同委员审明详解前来。

段继干的富有，在第一次拟判的档案中显现：段继干一向在铜山县杨庄集，开设义成号杂货店，与在县城开张协茂、双盛号杂货布店的叶秉忠，往来交易。结欠叶秉忠货钱，有一百四十千，因交易已多，言明情让。叶秉忠亏本歇业后，派其子叶孝思两次往索，段继干还钱五千文。嘉庆二十一年六月三十日，又遣子往讨，次日晚抵达。段继干以账已还清，不必看信答复，叶孝思斥骂，段继干拾取木棍殴打，经段继干之子段昭群劝散。叶孝思拾取衣袜声言告状，辱骂而出。段继干即取木棍赶殴，叶孝思情急跌落路旁沟内，被溺而死。段继干因黑夜捞取不及，归向妻子段李氏告知情由。闰六月初六日，地邻张起见沟内浮尸，往投地保，捞取放置滩上，赴县具报。尸体因无人看管，手足被犬残食。追知县杨秉临诣验，以尸身腐烂，即在沟内捞起衣袜，并在袜内检出布巾包裹书信一封，烘干拆阅，有"叶协茂、双盛呈段义成号"字样，并欠账一纸。叶秉忠因其子日久不回，去段继干家问询，段继干称叶孝思不曾到其家。叶秉忠回途中遇见有人称，听闻其子叶孝思去段继干家讨要，遂即控县，开出叶孝思身穿衣服颜色，与沟内起获尸衣相符。知县杨秉临饬差拘拿段继干、张起到县。段继干不承。邻居张起称，段继干家雇工董四向他告知，叶孝思到过段继干家。提讯董四，供出殴打前情，并称工人徐伶一同见证。提讯徐伶，供证相符。而段继干坚不承认，并在堂上撒泼，致伤右额角，并伤右脚踝臀。旋即病故。段李氏以夫死非命，赴前督臣御门具控（据年表，嘉庆二十一年十月，两江总督百龄病假，大学士松筠署理，十一月，湖广总督孙玉庭改任两江）。张起随后在监患病而死，尸弟张立赴省具控，验明并无别故。段继干殴死叶孝思案，经徐州府另委现任丰县王有庆，会同铜山县审讯，董四等供称是段继干一人所殴。而段李氏、段昭群仍不输服。杨秉临验明，叶孝思骸骨系受伤落水身死，详经前巡抚，批按察使司饬府提讯，段李氏欲领棺埋葬。县差张全等以段继干在店养病，欠歇店钱文未清不准领埋。段李氏以董四、徐伶听诱妄供，致段继干非刑而死，邻居张起也因受伤而死，央请段继干素好之申自江代写呈词，赴步军统领御门具控。经孙玉庭审理，县役张全等否认非刑。段李氏照申诉不实律杖一百，纳赎。嘉庆帝朱批：刑部知道（孙玉庭《奏为遵旨审明江苏民妇段李氏京控伊夫等在押身死案按律定拟事》，朱批奏折，嘉庆二十三年正月初八日）。

对此判拟，段李氏不服，携子段学礼第二次京控，仍是步军统领御门，京控内容又有其长子段昭群被押身死灭口、池塘浮出尸身并非叶秉忠之子叶孝思，因有人在案发后曾见过叶孝思；知县家人出银贿和，段敦伦等得贿劝和等情。

值得重视的是，段李氏第二次京控，嘉庆帝并没有按照既往程序，交地方督抚审理，而是先命交刑部查明。刑部奏明，审讯与孙玉庭原审不同，嘉庆帝为此降旨：此案刑部所讯段李氏等供词，与孙玉庭原审情节不同，段李氏、段学礼解往江苏，交巡抚陈桂生亲提人证，秉公严审，如案情实有冤抑，即为昭雪，另行定拟具奏。陈桂生接案后，调知县杨秉临到省，饬委候补知县周以勋等录供解勘。至嘉庆二十四年五月审结上奏，是为段李氏案的第二次审理（朱批奏折，《奏为遵旨审明民妇段李氏呈控其夫被诬刑毙致子灭口等情一案按律定拟事》，嘉庆二十四年五月二十二日）。

此次陈桂生上奏，尽管未能平反，但与孙玉庭奏审，除明确前次审理是署臬司唐仲冕督同署苏州府知府申瑶等审理外，有多处关键不同。

一是明确段继干之子段昭群死亡日期是嘉庆二十二年五月二十五日，段李氏在省闻信，以杀人灭口上控，经巡抚胡克家批按察使严提，经署臬司唐仲冕督同委员审明实系因病而死，详经总督孙玉庭批结在案。

二是关于沟中尸体非叶孝思。第二次段李氏进京翻控称：叶孝思实未到过伊家，据孙忠典说，有周姓人曾于闰六月初四日，在西关外见过叶孝思，该尸是无名尸骨，指为叶孝思尸体，是叶秉忠借端诬告。陈桂生称，如果属实，与原案大相径庭。经检查县卷，杨秉临于嘉庆二十一年闰六月初八日诣验后，饬差雇夫戽干沟水，捞出衣袜原信等件，于十八日缴县，用火烘干，验明分别贮库附卷。十九日即据叶秉忠具呈，该县批令开出叶孝思所穿服色，核与捞获衣服相符，始行饬差提讯，本非叶秉忠借端诬告。时间与前次是同一天不同，而与包世臣所记时间似乎吻合。故此，陈桂生奏称："原案未将捞获衣物日期声叙，系属疏漏。"

段李氏在刑部称，案发后有人见过叶孝思，而庄北张姓牛行赶贼落沟及张五用枪伤人跌入沟内，此系邻居张起告知段昭群一节，经委员周以勋等查访，在临近地方，未能查出叶孝思踪迹，"核之原案，尸身确系叶孝思无疑"。叶孝思在沟淹毙已属可信。

三是段李氏捧赃出首。经审讯杨秉临家人田三，坚供并无行贿劝和情事，惟段敦伦供认，前次在苏州候审，曾经两次借给段李氏盘费钱两百余千。后将段敦伦衣顶暂行革除饬审。因周以勋赴宝山县任，由署苏州知府卞斌督同元和县知县王有庆等接审。随即由按察使觉罗麟祥复审定拟，一如孙玉庭前奏。关于捧赃出首一节，审系段李氏在苏州期间，向夫堂弟段敦伦所借，并因段敦伦是沟主，惧怕牵累，因而帮助，将荒地四顷并钱六十余千送给段李氏。全案的结论是："非叶秉忠借端诬告，该县亦无非刑毙命，致死灭口情事，确核情罪，悉与原奏吻合，并无冤抑。"段李氏不肯画供，按众证明白，即同狱成之例，杖一百，徒三年，照律收赎。嘉庆帝朱批：刑部知道。

据陈桂生上奏，第二次拟判的关键点，包括周以勋赴宝山知县任，与包世臣所记吻合。

段李氏第三次京控，命交孙玉庭、魏元煜审理。道光元年六月十五日，两江总督孙玉庭片奏《为江苏铜山县民妇段李氏控其夫被诬押毙命等情一案移咨巡抚魏元煜解苏审办事》（朱批奏片）。据此，获知段李氏三次京控的具体时间。第一次是嘉庆二十二年，案交胡克家审讯，未结时胡克家出缺，孙玉庭兼巡抚印奏拟。二十三年，段李氏赴京翻控，经前巡抚陈桂生讯属虚诬，于二十四年五月议拟奏结在案。事隔二年，该氏又赴京具控，情殊刁健，因其系原审之员，奏请回避。道光二年二月二十七日，江苏巡抚魏元煜《奏为遵旨审明铜山县民妇段李氏同子京控该县押毙人命案按例定拟事》（朱批奏折，江苏巡抚魏元煜，道光二年二月二十七日）是段李氏案的最后拟判。此次委派苏州知府额腾伊等审理。"正在复讯间，叶秉忠在店病故"，江苏按察使陈廷桂等审讯，就伊子段学礼现供定谳，段李氏应发边远充军，按嘉庆二十三年五月山东寿光县民蒋柱京控案内，其妻张氏闯入司堂肆闹，经臬司温承惠奏奉谕旨，嗣后如有妇女闹堂之案，照哄堂例治罪，虽系妇女不准收赎；是年十二月，刑部议奏通行，嗣后妇女翻控之案，实系挟嫌挟忿图诈图赖，或恃系妇女，自行翻控，审明实属虚诬，罪应军流以上者，即行实发驻防为奴，一概不准收赎。道光帝朱批，刑部具奏。

值得注意的是，诚端任江苏按察使审理之事，完全没有体现。

四、段李氏《呈状》的文本价值

清代京控皆有呈状，且奏交案件，呈状附奏文呈递，由此可以断定，皇帝是御览呈状的，但由于京控案甚多，皇帝不可能每件呈状都能御览。此案段李氏，乃雍正年间名臣李卫之曾孙女。嘉庆帝多次发布谕旨，以其祖父世宗整饬纲纪为法。李卫是江苏铜山人。包世臣知段李氏为李卫之曾孙女，推想此案受到极大关注，其名臣之后的身份也是其中缘由之一。京控案有奏交、咨交两种主要程序，而嘉庆帝将段李氏第二次京控案，破例交刑部讯明，并讯出与孙玉庭奏审原案不同的情事，这对原告段李氏，无疑是一种新的希望。但此案发生在嘉庆末年，如同此间许多京控案一样，很少派钦差大臣前往审理，致使此案仍由地方审理。第一次以总督兼署江苏巡抚的孙玉庭审拟奏报，为该案定调，更为主要的是，孙玉庭自嘉庆二十一年接百龄任两江总督后，至道光四年内升大学士，在任长达八年之久。而段李氏三次京控，乃至最后审结，均发生在孙玉庭任总督期间。孙玉庭既为原审，其后陈桂生虽有意平反，乃至包世臣随诚端出任按察使"总理"幕友，二人也经阅卷复核，意在平反，但胳膊扭不过大腿，此案仍按照孙玉庭原审定拟。这是本案不能平反的关键所在。

段李氏三次京控，都在步军统领衙门，这或许与李氏悉知京控案的审理程序有关。档案未见其三次呈状。道光元年最后一次京控，步军统领英和等向道光帝具奏，引述呈状详细，且铺陈前后京控情节。因此能够整体反应段李氏呈状的基本内容（参见步军统领英和等《奏为讯问江苏铜山县民妇李氏呈控该县非刑伊夫押死邻佑告官复将伊子押毙等一案事》，录副奏折，道光元年四月二十日）。以下系段李氏供：

我系江苏徐州府铜山县人，年53岁，在本县杨庄集居住。我男人段继干曾开过杂货铺。嘉庆二十一年闰六月内，街坊张泳华水坑内曾淹死一无名男子，杨知县因无尸亲，并未认真验明，令即掩埋，后有曾充书吏的叶秉忠，捏说我男人欠他钱一百余串，张泳华坑内淹死的人，疑是他儿子叶孝思，牵连我男人在县控告，杨知县将我男人并近邻张启（档案明确，张起又名张启）传去，非刑拷问，上美人桩七次，衙役马元等向我男人索诈不遂，唆使董恕勾串我家工人董四，引诱我家使唤幼童徐伶供说，叶孝思是我男人和我儿子打死的。杨知县到我家查找凶器，拿去铁钩一个，串嘱董四等捏说，铁钩是眼见谋害凶器，我叫长子段昭（又作招）群赴县代质，衙役等不许段招群再与我男人见面，后我婆婆赴府呈诉，并未提审，致我男人并张启先后被押身死。本县捏详张启因疮病故，捏详我男人因病身死。二十二年三月，我带同表侄杨九远，来京呈告，奏交江苏巡抚胡大人审办。不想杨知县因故入人命，恐讯出段招群实情，至是年五月内，段招群在班房押毙。我赴巡抚前控告后，我儿媳郑氏痛夫病故，我未及周岁的孙子也死了。胡大人屡派委员审办，总未定案。新任陈大人委派震泽县张知县、元和县李知县会审，董四供说衙役向他勾串实情，县役张全应认非刑情弊后，陈大人进京，杨知县舞弊，叫家人田三出大钱五百吊，给我夫堂兄段秀奇等，向我说，杨知县应给我银两千两，叫我不要追究，我不肯后，我夫堂弟段敦伦向我说，杨知县同衙役等俱已问罪，叫我不必追究，我依允。后来我见杨知县回任，衙役马元等仍然当差，董四等俱已释放，我才知段敦伦是谎言，段敦伦恐我不依，写给我薄地四顷，作大钱一千三百二十吊字样，叫我不要再告，我假意应允。二十三年五月，我带次子段学礼控告，蒙交刑部，解回本省，巡抚转委候补周知县（周以勋），讯出非刑押毙我男人、儿子等款实情，详明巡抚，陈大人当堂谕令我不能翻案。又转委候补叶知县，元和县王知县会审，说我虚诬，叫我侄儿李即山、外甥陈廷宝向我说，许给我银八千两，叫我具结完案，我不肯。二十四年四月，王知县将段学礼掌责跪链，看押班房，逼勒我儿子同董四具结释放。我在省守候至去年十一月，未蒙委员审办，我带同段学礼赴京喊冤。

道光元年四月二十日。段学礼所供，与伊母所供相同。

如果将段李氏呈状的主要诉求进行梳理，与包世臣所记，一一吻合。这使得官方的判决，与事实真相相去甚远，甚至完全相反。

包世臣"书三案始末"，是否完全可信？邓之诚先生在《桑园读书记》中对包世臣与魏源、龚自珍三人学术、品德做总体评价，极为称许包世臣，称：世每以包、魏、龚并称。世臣留心世务，尝从田夫野老究问利弊得失，治河为一生精力所萃，刑名实足名家，余多坐言，可以起行。魏、龚非其匹也。三人学术，各有门庭，亦以世臣为较质直，盖由多见通人，无惊世骇俗之见。至若宅心和厚，龚不如魏，魏不如包，文亦如此。邓先生又在评价包世臣《中衢一勺》"郭君传"事迹后按称：世臣每轻信传闻之言，纵笔为文，无暇寻检。他所纪事，如二赵、如三案始末，细案之，往往不得其实。① 邓先生著述以博赡翔实称，但可以肯定，他无法与档案比对，因此对包世臣《书三案始末》颇有不实之评。但检核官方档案，三次拟判所奏的若干关键处，又往往与包世臣所记暗合符节，特别是总督孙玉庭以肥缺宝山知县啖周以勋，使得案件平反之势得以中辍；按察使诚端不能坚持平反，然采纳包世臣之议，调离江苏等。

---

① 邓之诚. 桑园读书记 [M]. 沈阳：辽宁教育出版社，1998：59-60.

五、嘉道司法危机的呈现

吴荣光于道光元年至三年，先后任闽、浙按察使，他向包世臣询问是否有"七分不公道"之事，得到包世臣肯定答复后，吴不解称："不公道至七分，甚矣，吾子得毋愤激而发此谈乎？"包世臣答称他不是愤激，而是调和："案至两司，则承审官已为被告，故本案之曲直与有司之平枉，以十分为率，官民各居其半，其在官之五分，难以言公道矣。"这就是说官府判决，一旦原告上控，兼有对州县官审断不公的控告意含。包世臣提出，上下之间官官相护，使审案变成了较量势力，而上级官员层层相护，致冤案更冤，民怨沸腾。之所以上下相护，在于不可长"讦上"民风的所谓理由，由此愈是上告愈不得申冤，怨气也愈大，最后铤而走险。

当吴棣华反问包世臣："世间竟无不公道在七分以内之事乎？"包世臣终于说出这样的事实："州县受理，稍持公道，虽使至八九分可也，至两司则格碍多矣。然不曰三分公道，而曰七分不公道者，为不公道之取数已赢，不敢更以公道自居，故变其词，使居上游者知所儆惧也。贱子所经民与官讼之案，数十百起，诬枉在民者，不过三五事耳。受理之初，解结梳根，务求得实，官吏栗栗惴恐，问官亦为之咋舌，相结肆谤讟。然其卒也，未尝办一参案，而绝无酿成巨狱者，以不欲郁民故也。近世以郁民而成巨狱者，如安徽之寿州案，江苏之丹徒案，浙江之德清案，皆仰烦圣虑，星使交驰，问官道府以下联袂赴戍，而剖别本案曲直，诚未能得十分之三。阁下所悉也。有一案，参一官，则一省之可居官者或寡矣。结正其本案，而通融其因缘牵掣者，七分不公道，不亦可乎？"棣华十分肯定，称善者久之。但包世臣认为他的"七分不公道"提法只可用之于控讦之案，至于官吏自为骫法，就不要有所顾忌，不能包容，否则就是同流合污。他说："铜山诣验，照例敛埋，初心固无他也。吏诱于外，友耸于中，凡此皆有司自为骫法，不关讦上。而上游不举其职，动引投鼠忌器以为说，罪坐所由，恐苍苍者未必同此梦梦也。"①

包世臣是深刻认识到嘉道时期社会危机的主要思想家。他在《安吴四种》"刑"之部等作品中，详尽论述了司法危机的制度根源。而在行政权力统摄司法判决的体制下，尽管有援法断罪的相关约束性要求，并有三审定谳的所谓程序性"正义"，但仍不能带来"实质正义"。说到底，没有第三方的介入，包世臣

---

① 包世臣全集［M］. 安吴四种：399-401.

所说的"七分不公道"就难以避免。嘉道时期严打讼师，并严格限制事不干己之士人以及妇女等参与诉讼，但京控仍络绎于途，同时地方积案累累，这些都表明司法体制已无法适应社会转型的时代变革及其要求。固有僵化的司法制度，以及背后根深蒂固的传统观念，使得清朝步入系统性危机。而司法危机作为先导和堤防，传递出来的是广大民众对其失望乃至不抱希望，最后的结果只能把更多的人推到制度所预设的反面。这才是真正的危机。相关问题，笔者拟专文论述，此处不赘。

清代救灾法律文献的内容及特点

赵晓华①

作为中国古代荒政和法律制度的集大成者，清朝建立了一整套严密系统的救灾法律制度。清代的救灾法律不仅反映在会典、则例、《大清律例》等行政、刑事法典中，还反映在省例、救灾章程等地方性、临时性的法律规范及其汇编中。清代许多荒政著述对救灾法律做了整理和归纳，使得各级官吏更方便了解和把握救灾法律的内容及沿革，为其在救灾过程中遵循法定程序、提高办赈效率提供了很大的可能性。学界对清代救灾法律文献关注较少，本文拟对清代救灾法律文献的分类及特点进行分析，期望加深对清代救灾法律制度的内容及其演变发展的特点的认识。

一、救灾类行政法规

清代的救灾立法，在会典、则例、律例等法典、法规中皆有明确体现。《大清会典》"是全面规范国家政务和各项基本制度、经久常行、在国家法律体系中居于'纲'的地位的大法"②。作为清代的行政法典，清五朝会典对救灾均做了相应的规定。康熙朝会典作为清朝首部编纂的会典，其卷二十一在"户部·田土"之下专设"荒政"目，宣称"恤荒之政，诚为拯民急务，我朝深仁厚泽，立法补救，凡遇水旱虫雹，议报勘，议缓征，议蠲，议赈，规制具在，虽值岁荒，民不失所，法至善也"③，并依照时间顺序对报勘、蠲免、缓征、劝输等救灾法规做了相应的历时性梳理。雍正朝会典自卷三十五至卷三十九皆以"蠲恤"

---

① 赵晓华，女，中国政法大学人文学院历史研究所教授。本文为教育部哲学社会科学重大项目攻关项目"近代救灾法律文献整理与研究"（18JZD024）的阶段性成果。
② 杨一凡，宋北平.《大清会典》（康熙朝）：第1卷 [M]. 南京：凤凰出版社，2016：3.
③ 杨一凡，宋北平.《大清会典》（康熙朝）：第1卷 [M]. 南京：凤凰出版社，2016：227.

为目，从报勘、豁免、赈济、借给、积贮等方面详细记载了清代救灾法规的逐步完善。乾隆朝会典把"蠲恤"解释为保息和荒政两个方面，所谓保息之政包括十条，分别为赐复、免科、除役、赈茕独、养幼孤、收羁穷、安节孝、恤薄宦、矜罪囚、抚难夷等，体现了清朝在社会保障，尤其对社会弱势群体的赈济规定。乾隆朝会典还列举荒政十二条，分别为救灾、拯饥、平粜、贷粟、蠲赋、缓征、通商、劝输、严奏报之期、辨灾伤之等、兴土功、反流亡，这更为具体地阐释了灾赈内容，体现了清代中央政府救灾的主旨和基本的法律规章。嘉庆朝会典对荒政十二条重新做了调整，将其内容设定为备祲、除孽、救灾、发赈、减粜、出贷、蠲赋、缓征、通商、劝输、兴工筑、集流亡，其中，备祲、除孽系新增加的规条。备祲为防灾之策，包括奖励农耕、农忙停讼、招徕垦荒等；除孽即捕蝗和除蛟。光绪朝会典对荒政十二条的记载与嘉庆会典基本相同。

乾隆朝在修订纂修会典的同时，采用"以典为纲，以则例为目"的体例，把附在《会典》后的事例分离出来，在编纂会典的同时，还制定了180卷的《大清会典则例》，乾隆朝《大清会典则例》在"户部"下设"蠲恤"目，作为对乾隆会典的具体阐释和补充。其中，卷19为"灾赈"，包括报灾逾限、捕蝗、失火等；卷53至卷55为"蠲恤"，卷53内容包括赐复、免科、除役、振茕独、养幼孤、收羁穷、矜罪囚等，卷54包括救灾、拯饥、平粜、贷粟，卷55内容包括蠲赋、通商、劝输、严奏报之期、辨灾伤之等、兴土功、反流亡等。嘉庆、光绪朝《大清会典事例》也在"户部"下设"蠲恤"目，如光绪朝《大清会典事例·户部·蠲恤》内容更为丰富：卷265至267为"赐复"，卷268为"免科、除役"，卷269为"恤孤贫、养幼孤、收羁穷"，卷270"蠲恤"包括安节孝、恤薄宦、矜罪囚、抚难夷、救灾等，卷271至274"蠲恤"部分主要内容为"赈饥"，卷275为"平粜"，卷276至277为"贷粟"，卷278至281为"蠲赋"，卷282至287为"缓征"，卷288为"贩运、劝输、兴土功、抚流亡、奏报之限、灾伤之等"；从分类来看，基本与《乾隆会典则例》相似，但是更为细致，以上各卷详细叙述了有清一代救灾法规的沿革损益和变动的情况。另外，光绪朝《大清会典事例》"礼部"项下，卷403"礼部·风教"内容包括"旌表乐善好施""旌表急公好义"，介绍了对于包括在救灾中进行的慈善活动和行为的奖励制度，卷420"礼部·大祀"内容为"雩祀"，介绍了清代因灾祈禳仪式和制度的演变，卷445"群祀"包括"直省御灾捍患诸神祠庙"；"刑部"项下，卷754"户律田宅"包含"检踏灾伤田粮"等，这些内容也反映了关于救灾的相关规定和奖惩。

对救灾内容予以详细法律规定的还有《钦定户部则例》。与会典相比，清代的则例每隔十年即重修一次。由于续修频繁，则例的记载更为详尽，同时资料的来源也更加直接。作为清代的经济行政法规，《钦定户部则例》的修订次数更多，频率更高，据同治朝《钦定户部则例》称："计自乾隆四十一年至咸丰元年，先后十三次奏请纂辑成书，颁发各直省在案"，七十五年间，平均五年多就续修一次。其原因是户部作为"钱粮总汇"，"例案较繁，兼有随时更改之处"，应行入例事件往往多过其他则例数倍。《户部则例》首次刊刻通行系在乾隆四十一年（1776），现存 126 卷，其中卷 109 和卷 110 在"蠲恤"项下分设灾蠲和赈济两类，灾蠲类包括报灾、勘灾、灾蠲地丁、灾蠲耗羡、被灾蠲缓漕项、灾蠲官租、蠲赋溢完流抵、业户遇蠲减租、蠲免给单、奉蠲不实；赈济类包括散赈、折赈米价、坍房修费、隆冬煮赈、士商捐赈、查勘灾赈公费、督捕蝗蝻、邻封协捕、捕蝗公费、捕蝗禁令、捕蝗损禾给价等。同治朝《户部则例》现存 100卷，根据其纂辑则例，此次修订以删繁就简、文简意赅为原则，旧例所载上谕中凡有关例义者照旧存录，应纂例文者即行补录，无关例义者已载录在会典中，则例因此不再纂录。其中卷 84"蠲恤"项下设恩蠲灾蠲事例、查勘灾赈事例、稽查灾民事例、抚恤冲淹事例、督捕蝗蝻事例，从条目编排来看较乾隆朝《户部则例》变化颇大，更加系统，会典及会典事例的内容不断丰富，则例中的相关条款也删减归并不少。与会典及会典事例依照时间顺序记录救灾法规的沿革不同，《户部则例》只录最新修订的条款，文字简要，分类明确，因此更易各级官吏查照办理。

二、救灾类刑事法规

会典、则例包含了清代救灾的行政性法规，关于救灾的刑事法规则集中体现在《大清律例》中。《大清律例·户律·田宅》下设"检踏灾伤田粮"条，对申报灾伤、检踏田粮过程中不为用心的官吏做出了相应的刑事惩处："凡部内有水旱霜雹及蝗蝻为害，一应灾伤田粮，有司官吏应准告而不即受理，申报检踏，及本管上司不与委官覆踏者，各杖八十。若初复检踏，有司承委官吏不行亲诣田所，及虽诣田所，不为用心从实检踏，止凭里长、甲首蒙胧供报，中间以熟作荒，以荒作熟，增减分数，通同作弊，瞒官害民者，各杖一百，罢职役不叙。"如果检踏官吏并未受财，只因失于关防致使荒熟分数有不实者，计不实之田在十亩以下者免罪，十亩以上至二十亩笞二十，每二十亩加一等，罪止杖八十①。赈灾过程中各级官吏有贪污舞弊者，当然应该予以严惩。康熙十八年（1679），议准"赈济被灾饥民以及蠲免钱粮，州县官有侵蚀肥己等弊，致民不沾实惠者，革职拏问，照侵盗钱粮例治罪"。此条于乾隆五年（1740）纂为定例附入"检踏灾伤田粮"条中。再如，遇有恩诏蠲免漕项、芦课、学租、杂税各项，俱入蠲免之内，"地方官违者，以违制论。入己者，以侵盗论"。若有蠲免，俱以奉旨之日为始，其奉旨之后，部文未到之前，有已输在官者，准作次年正赋，"如官吏蒙混隐匿，即照侵盗钱粮律治罪"②。以上两条分别于雍正十三年（1735）和乾隆二年（1737）写入《大清律例》中。官吏在救灾中有坐赃致罪者，一两以下笞二十；一两之上至十两，笞三十；二十两，笞四十；三十两，笞五十；四十两，杖六十；五十两，杖七十；六十两，杖八十；七十两，杖九十；八十两，杖一百；一百两，杖六十，徒一年；二百两，杖七十，徒一年半；三百两，杖八十，徒二年；四百两，杖九十，徒二年半；五百两，罪止杖一百，徒三年。③ 另外，各级官吏如果不能严格执行相应救灾规章，导致延缓救灾进程，也会受到严厉的刑事处罚。比如，官吏若因灾异等事"应奏而不奏者"，杖八十；应申上而不申上者，笞四十④；再如，救灾如救火，灾赈公文应由驿站传递，《大清律例·兵律·邮驿》"文书应给驿而不给"条规定：若遇"赈救饥荒，申报灾异，取索军需之类重事故，故不遣使给驿者，杖八十"⑤。此外，钦天监掌向皇帝汇报灾祥诸事。《刑律·诈伪》"诈为瑞应"条载："凡诈为瑞应者，杖六十，徒一年。若有灾祥之类，而钦天监官不以实对者，加二等"⑥。

对于故意扰乱救灾程序或借灾渔利的普通民人，《大清律例》也规定了严厉的惩处条文。比如，如果人户将成熟田地移坵换段，冒告灾伤者，计所冒之田，一亩至五亩，笞四十，每五亩加一等，罪止杖一百；⑦ 再如，若乘地方歉收，有伙众抢夺，"扰害善良，挟制官长"，或者因赈贷稍迟，即有"抢夺村市、喧闹公堂及怀挟私愤、纠众罢市辱官者"，俱照光棍例治罪。若地方官"营私怠玩、

---

① 田涛，郑秦. 大清律例 [M]. 北京：法律出版社，1998：192.
② 薛允升. 读例存疑. 卷十. 户律之二. 田宅 [M]. 光绪三十一年刻本.
③ 田涛，郑秦. 大清律例 [M]. 北京：法律出版社，1998：499.
④ 田涛，郑秦. 大清律例 [M]. 北京：法律出版社，1998：160.
⑤ 田涛，郑秦. 大清律例 [M]. 北京：法律出版社，1998：358.
⑥ 田涛，郑秦. 大清律例 [M]. 北京：法律出版社，1998：518.
⑦ 田涛，郑秦. 大清律例 [M]. 北京：法律出版社，1998：192.

激成事端，及弁兵不实力缉拏，一并严参议处"①。

三、省例中的地方性救灾法规

清代的省例是以地方性事务为规范对象、以地方行政性法规为主体、兼含少量地区性特别法的一种法规汇编，在各地司法、行政过程中具有重要作用。②省例多采用官方文书形式发布，通行于全省。在目前所见的清代省例中，多包含一定的救灾法规。

乾隆年间刊刻的《晋政辑要》卷六设赈恤孤贫、普育二堂、留养贫民等条，光绪年间刚毅等重新修订的《晋政辑要》分吏、户、礼、兵、刑、工六门，"凡晋政之要各以其类隶之"，其中在卷十八户制下设恤政一至七条，内容分别为养济院、普济堂、保婴局、牛豆局、省垣饭厂、栖流所事宜及经费，以及故员枢费等。另外还附设"光绪三四等年灾赈案"，从赈恤和劝输两个方面详细辑录了有关"丁戊奇荒"的上谕和重要奏折。收录雍正、乾隆年间行政案例的《湖南省例成案》采用《大清律例》的编纂体例，"名例"下设"雨泽愆期恤刑条款"，"户律·田宅"卷四内容为"检踏灾伤钱粮"，包括因灾清理刑狱、借给灾民仓谷等，卷七、卷八内容为"荒芜田地"，内容包括劝课农桑、广种杂粮、因牛疫发生劝富户购买牛只等。"刑律·断狱"卷十七、卷十九分别收有乾隆十年（1745年）、乾隆十六年（1751年）因为天旱，湖南巡抚命清理刑狱的文告和章程。《乾隆朝山东宪规》所收的法律文件大多为山东巡抚、藩台、臬台发布的政令，或户部等衙门咨准巡抚上报的法律文件，或者关于山东事宜的皇帝上谕或朝廷通例，其中包含灭蝗、救灾、《普济堂收养贫民章程》等③。就山东省而言，《东省通饬》收录乾隆至光绪年间山东地方官府发布的相关通饬，其中也包括同治八年（1869年）的《考试及勘灾巡哨等事往返各日期随时报查》、光绪十一年（1885年）的《放给孤贫口粮章程》，同光年间的《山东交代章程》，也收录有《正额浮额孤贫口粮并闰月银两册式》《常平仓社仓谷册式》等条。乾隆《河南省例》目录下设"灾赈""普济堂"类④。乾隆十七年（1752年）颁发的《治浙成规》卷一至卷三"藩政"部分收录关于煮赈、仓储等规定，卷

① 薛允升. 读例存疑. 卷27. 刑律之三. 白昼抢夺 [M]. 光绪三十一年刻本.
② 王志强. 论清代的地方法规：以清代省例为中心 [J]. 中国学术，2001（3）：120-150.
③ 杨一凡、刘笃才. 历代例考 [M]. 北京：社会科学文献出版社，2009：424-425.
④ 杨露. 清抄本乾隆《河南省例》整理与研究 [D]. 广州：暨南大学，2019.

五、卷六"臬政"部分包含对杭州救火抢火等事宜的规定。道光二十六年
（1846年）刊行的《粤东省例新纂》卷二即为蠲恤卷，下设条目包括刊贴誊黄、
奏办灾赈、文员正杂各官周恤路费、武职周恤路费、孤贫口粮、普济堂、恤嫠
局、育婴堂、递送难民、救火等。同光年间刊行的《江苏省例》及其续编、三
编、四编辑录"院司各衙门通饬新定章程以及裁除陋规"等关系"吏治民生"
的规条，分藩政和臬政两个部分，其中藩政主要包括"钱粮款项及升迁调补等
事"，所收条规按年编纂，其中像同治十三年（1874年）的"盘量积谷通饬"、
光绪二年（1876年）的"示禁私宰耕牛"、光绪六年（1880年）的"札发求雨
文籍"、光绪十七年（1891年）的"札饬兴利开垦救荒章程"等，皆属灾赈类
的条规。同治末年刊刻成书的《福建省例》收录平粜例、社仓例、捐输例等，
又在"恤赏例"中包含"兵民等猝遇暴风照例赏恤"等条款。清末安徽巡抚冯
煦授意编纂的《皖政辑要》纂修未完即逢清政府覆亡，但该书辑录了光绪朝安
徽省的大量地方法规，其中卷二十为"养济"、卷二十一为"拯救"，内容包括
光绪八年（1882年）以来"救济灾民、抚恤并工赈各项办法"，卷四十二、卷
四十三为"蠲赈"，内容分恩蠲、发帑、赈恤、缓征、赈捐等，非常详细地记载
了光绪朝安徽省的救灾法规及其实施情况。

　　在以因地制宜作为总的修纂原则指导下，作为地方性的行政法规，省例中
所包含的救灾法规主要包括以下几种类型：

　　1. 对中央相应法规的收录和重申

　　《皖政辑要》卷四十二记载了光绪元年（1875年）以来上谕关于安徽省蠲
缓钱粮、漕米及发帑、赈恤等事。比如，光绪九年（1883年），淮水泛涨，凤
阳、怀远、寿州等州县低洼地区成为泽国，上谕称："钦奉皇太后懿旨拨给银二
万两，着即迅速拨发。钦此。"① 光绪十四年正月初四日（1889年2月15日），
又奉上谕："上年安徽滨淮各州县被水较重，业经截留河运漕粮，并分别剔征、
缓征钱粮。又令于该省漕折等项内，拨银赈济小民，谅可不至失所。唯念该处
农田现在尚未涸复，当此青黄不接之时，民力未免拮据，加恩着将太和、阜阳、
颖上、涡阳、寿州、凤台、怀远、凤阳、灵璧、泗州、盱眙、五河等十二州县
黄流淹没未能耕种田亩，应完光绪十四年上忙钱粮均着悉予蠲免。"② 类似这些
皆属地方对中央法规的重申。

---

①　冯煦. 皖政辑要. 度支科：卷42，蠲赈一 [M]. 合肥：黄山书社，2005：425.
②　冯煦. 皖政辑要. 度支科：卷42，蠲赈一 [M]. 合肥：黄山书社，2005：426.

2. 对中央相应法规的细化

以孤贫人口、普济堂及育婴堂的设立为例。《大清会典》称:"凡直省府州县设立养济院,以处孤贫残疾无依之民,每年给发衣食,于所在地方存留钱粮内支给。"除养济院外,雍正二年(1724年),上谕各省督抚"转饬有司劝募好善之人,于通都大邑、人烟稠集之处",照京师例设立普济堂和育婴堂,"其于字弱恤孤之道似有裨益,而凡人怵惕恻隐之心可感发而兴起矣"。对于会典中的上述条规,《粤东省例新纂》《晋政辑要》等省例,均结合本省情况做了详细的解释。如孤贫人口方面,《粤东省例新纂》"孤贫口粮"条规定:广东省孤贫定例额内收养4681名,每名每日发给口粮银一分,每年额支银16851两6钱,遇闰月加增,在地丁项下支销,如有病故,以额外孤贫项补。①《晋政辑要》"赈恤孤贫"条也称,山西省按地额设孤贫1330名,并对各县的孤贫人口做了设定。在普济堂、育婴堂的设立上,广东省城普济堂始建于雍正二年(1724年),堂内房屋包括男堂187间、女院221所,收养孤贫男女正额2050名,每名每日支米八合、菜钱三文、柴三斤八两、盐四钱,新入堂者每名冬季给棉衣一件,其余满三年再给。育婴堂计有房屋300余间,雇设婴妇、司事等收养婴孩,婴孩数岁无定额。育婴堂经费有婴羡、婴息、租谷地租、官商捐助及节次增羡白盐加价项内动拨银两等款。其中婴羡是指盐商带折子盐以盐本归地方银库,盐羡归育婴堂;婴息指将官商捐助银及盐羡等发商生息所得;租谷地租是指民间互争入官纳租或自行捐输流传官屋租息等②。《皖政辑要》卷二十"养济"也称,安徽省养济院"收养孤贫",通省额设3038名,每名每年支米三石六斗,或支银三两六钱,共支米二千五百零五石六斗、支银八千四百三十一两二钱,并对各府州县孤贫额数、银米额数分别做了统计和说明。《东省通饬》收录历程县《放给孤贫口粮章程》十六条,为了解决浮冒支销等弊病,该县按照银米时价,核定正额每名每日实支制钱二十五文,作为大粮,浮额每名每日实支制钱二十文,作为中粮,普育二堂并额外每名每日实支制钱十六文,作为小粮,并对散放程序等做了规定。③《山东交代章程》中则收录《正额浮额孤贫口粮并闰月银两册式》。《治浙成规》卷三收录《孤贫铎户口粮会同教官城守当堂按名散给》。

---

① 宁立悌等. 粤东省例新纂:卷2. 蠲恤 [M]. 道光二十六年刊本.
② 宁立悌等. 粤东省例新纂:卷2. 蠲恤 [M]. 道光二十六年刊本.
③ 放给孤贫口粮章程 [M] //东省通饬. 清抄本.

再如对贫民的留养和资遣。《晋政辑要》《留养贫民》条规定，各属于通衢大路、五方杂处之所设立留养局，冬间将实在无依穷民与老弱病躯及过往孤身疾苦之人收养存恤，至春融遣散。各地留养贫民时间，关内、关南各州县于十月十五日起，至次年正月十五日止，北路关外各州县十月初十日起，次年二月初十日停止。所需经费或者为无碍闲款，或者动用额定繁费，或者地方官倡捐养廉，或者绅士乐输。①《粤东省例新纂》《递送难民》条则称，本省遇有难民到境，沿途州县无论行抵何处，恤行截留，妥为抚恤，酌给口粮，听其自愿投往他省觅食，或者回原籍栖身，不得任其纡道来省内各处，以致滋生事端。②

3. 对中央相应法规的适当调整变通

《江苏省例续编》所载同治十三年（1874 年）的"盘量积谷通饬"及"盘量积谷条款"称，积谷是备荒的要政，《户部则例》所载盘量积谷方法，只有盘量而无扦量，"殆因积谷满廒，其中或有霉变掺杂情弊，非盘不清"，但是江苏省认为实际上扦量之法"最为简捷"。所谓扦量之法，是用上圆下锐的长铁签一支，直扦到底，看深若干，再量长若干，宽若干，则实存谷数一算即知。此种方法"既省公费又免耗折，较为简便"。为了加强州县官对积谷事宜的管理，是年江苏省令各州县将所有仓谷统为扦量。扦量完毕后，州县造具细册，出具无缺印结，在一月之内送司。新旧交接之时，新任官员在一月之内会同董事照前述扦量之法结报，如有短少，除了现定准耗外，应由前任及董事赔补各半。若新任官徇隐不察，即着其买赔。这样"任任扦量，责有攸归，庶无推诿"。另外，如果积谷有掺杂霉变情形，应批准新任官员逐廒盘量，以免日后争执诿卸。如果积谷数量多，盘量需要一定时日者，准新任官专禀声明，给予其一定宽限日期③。由上可见，扦量之法反映了江苏省对中央相关法规的适当调整，体现了省例等地方性法规的灵活性。

4. 地方自己设定的救灾法规

省例中还有许多律例中交代甚少，甚至完全没有涉及的内容。比如，《粤东省例新纂》辑有《恤嫠局》，体现了广东省对嫠妇的救助和关注，也属中央法规中较少涉及的部分。广东省嫠妇共 2100 名，其中 1250 名为恤嫠局之正额，每名每年给银四两，共计银 5000 两，在普济堂经费项内提拨。另额外 250 名，由官

① 海宁. 晋政辑要：卷 6 [M]. 乾隆五十四年山西布政使司刊本.

② 宁立悌等. 粤东省例新纂：卷 2. 蠲恤 [M]. 道光二十六年刊本.

③ 盘量积谷通饬 [M] //江苏省例续编. 同治十三年刻本.

绅捐银 12000 两，每年可得息银 1200 两，除了留 200 两作为经费外，其余 1000 两按名支给。此外尚有额外候缺嫠妇 600 名无项支给，俟正额出缺，挨顺年岁老幼次第补给。恤嫠局设在盐务总运公所，并在广州府学文庙按季发银。同治七年，江苏省青浦县集捐周恤儒嫠，成立儒寡会，江苏巡抚丁日昌提议"其余各属亦应官为倡率，一体劝捐举办"。《江苏省例》另有《清理善堂田产》等。

再如救火方面。一些省例针对本省情形，设立了相当细致的防火、救火法规。《粤东省例新纂》中有道光十七年（1837 年）批行的《本省防火事宜》，阐释了广东在有关防火的物力、人力、设备、军队消防、官员监察等方面的规章制度。①《治浙成规》中也有乾隆十七年（1752 年）颁行的《杭城救火抢火等各事宜》，其设定的原因是杭州作为省会，人户繁多，住居房屋又无砖墙，皆用竹茨作为墙壁，因此极易发生火灾。该事宜分两部分，一部分为救火事宜，包括防火、灭火、救火组织、火场治安秩序的维护等，共计规条十则。②

此外，省例中还有一些救灾法规系针对地方具体的赈济需要而设定。《粤东省例新纂》《奏办灾赈》规定了地方遇有水涝而勘不成灾的赈济方法。广东各州县若遇水灾，冲塌围基民房，间或损伤人口，虽然勘不成灾，其被水较重之处所有本年应完地丁银米也应查明，分别奏请缓征，并借给修费秧资，分限带征完缴。上述办法以后又有变通。如道光二十三年（1843 年），海阳县被水冲决堤基，估需修费四万余金，因官绅捐数不敷，在司库筹备修葺堤岸项下借银 24000 两，以具报工竣之日起，勒限十年，责令各业户按亩匀摊，照上下忙奏销期限如数征解归款，如完不足数，着落该县经征之员照数赔解，以重库款③。

四、救灾章程：单行性救灾法规

除了会典、则例及省例等地方性法规关于灾赈的规定之外，清代还有许多因地制宜、因时而设的救灾章程。这里从三个方面对此类救灾章程进行介绍：

（一）由清中央各部制定的救灾法规

如光绪十年（1884 年），户部奏定《新定灾案章程》。这份章程共五条，对原有则例略作变通。具体内容为：其一，嗣后各直省所属有灾伤，一面申报督抚、布政使，一面报明该管道府、直隶州，不必再照原来规定由省发派查赈委

---

① 宁立悌等. 粤东省例新纂. 卷 2. 蠲恤 [M]. 道光二十六年刊本.
② 杭城救火抢火等各事宜 [M] // 治浙成规. 卷 5. 臬政一. 道光十七年刻本.
③ 宁立悌等. 粤东省例新纂. 卷 2. 蠲恤 [M]. 道光二十六年刊本.

员，由道、府、直隶州轻骑简从，会同州县勘灾，随勘灾之文申报督抚，督抚据详入奏，再令州县照例勘灾，造具细册，依照限期申报督抚；其二，嗣后直省遇有灾歉，经该管道、府、直隶州会同该州县即日先出简明告示，即日停征，遍揭被灾村庄，若州县不出告示等，即将州县官撤任严参；其三，因灾请蠲请缓者，不论已完未完，均以应豁应缓之分数为准；其四，各直省遇有灾缓，仍按照区图村庄，分析应征应免数目，经布政使核发后大张告示晓谕；其五，各督抚收到蠲缓谕旨之日，即行刊刻誊黄，遍行蠲缓，并令州县遍贴四乡。户部强调，各省督抚应"严饬司道牧守，遇有各属报灾，即遵照此次奏定章程办理。倘再有违例取巧，即行从重参处。如敢有延搁誊黄，即照违制例议罪。或别经发觉，并治该督抚以徇隐之罪，庶州县知所惩儆，小民得以阛泽均沾矣"①。再如，宣统元年（1909年），邮传部订立《各省报灾电报暂行章程》，规定各省如遇洪水暴发等事，报灾电报应照一等官电加急提前速发，此项电报照章半价收费。②

（二）地方临时性救灾法规

此类法规多由地方官拟定，奏报皇帝批准后方可实行。这类灾赈章程多针对灾情特点、救灾条件而设定，集中反映了清代救灾法律制度的灵活性。这类救灾章程依其内容大致又可分为两种：

1. 综合性的救灾法规

一般称为灾赈章程、办赈章程、赈济章程、赈灾章程等，这些章程有助于合理设计救灾中的各个环节，减少各级办赈者的分歧："一切查灾放赈事宜，皆系弊薮攸关，自应预立章程，期归画一。"灾赈章程的内容，可以参考例文、既有的荒政书而设定。道光十二年（1832年），直隶雨泽愆期，农田受旱，直隶总督琦善所拟灾赈章程称："盖非杜绝浮冒则帑必虚糜，非任使得人则民无实际。因为详采例文，参酌成案，并于前直隶督臣方观承之《赈纪》、前闽浙督臣汪志伊之《荒政辑要》各书择其易行而无弊者纂为一帙，分列勘灾、蠲赋、查赈、放赈、平粜、煮赈六目，而冠以总说六条。"③灾赈总说六条分别为安民、除弊、盟心、择人、通粮、劝捐等。章程对各条目都进行了详细解释。比如，

---

① 新定灾案章程［M］. 光绪十年刻本。
② 各省报灾电报暂行章程［J］. 交通官报. 1909（2）.
③ 中国第一历史档案馆藏. 宫中朱批奏折：内政赈济. 朝年赈济［A］. 档号：01/01/0734/046.

安民之法首先"在停减赋役以体恤之",次在"惩治游棍以保卫之",另外,"弭盗所以保富,而保富即所以卫贫,是缉捕亦安民之一端"。道光帝称这份灾赈章程"所拟各条尚属妥备准要",但他认为更重要的是要"行之以实,民沾实惠",官吏有办理不善或者侵吞等弊,"必应从严惩办以儆其余,断不准受人欺蒙,姑息从事",灾赈中如果出现问题,直隶总督琦善应该负主要责任:"倘办理不善,别经发觉,惟汝是问。"① 灾赈章程多要密切结合地方情形。光绪初年华北大旱灾中,山西巡抚曾国荃称其订立赈济章程的原因为:"晋省丁丑年以前本已五季歉收,而今年旱荒尤甚,官绅、士民、耆老、幕友均未尝睹此非常之灾,所有稽核各属成灾分数、应赈户口数目及委员分赴各路采买米粮、劝谕富绅、捐输助赈、分拨各灾区赈粮、赈款各事宜,头绪纷繁,厘剔弊端,酌定章程,最关紧要。"这份章程分别从勘灾、应赈户口、查赈官员、放赈不拘泥常例、赈款缺乏情况下先令富绅各赈各村、赈放米数、粥厂设置、购办发放籽种、停征钱粮、粮食转运、粮食采买、蒲州设局转运粮食、办赈官员奖惩等方面。②

2. 专门性的法规

即专门针对某一救灾程序设定。如查赈章程、散赈章程、大赈章程、赈捐章程、办赈赏罚章程、煮粥章程、救治时疫章程、留养灾民章程、工赈章程等。

(1)查赈章程

道光十一年(1831年),江苏水灾,江苏巡抚程祖洛、江苏布政使林则徐认为,江苏官场积弊已久,此次救灾虽然已经三令五申,令各属洗心涤虑,整顿颓风,"但恐明不足以察积弊,诚不足以格众心,陋习尚未尽除,奸徒尚未尽慑",办赈过程中"挨查户口之际最为紧要关键",因此林则徐"汇核各属所禀,参以闻见",订立查赈章程十条,"刊刷颁行,共相遵守"。此十条分别为:官员吏役均须免其赔累以清办赈之源;各衙门陋规宜尽行裁革;书役地保宜责令委员严加约束;印委各员宜令互相稽查;应赈不应赈之人宜详细区别以防争论;严禁灾头以戢刁风;棚栖灾民宜附庄给赈以示体恤;闻赈归来宜明立限制以防重冒;领银易钱须择价善之区设法购运;赏票名目应严行革除。林则徐等要求江苏省"在事各员,官职虽有崇卑,天良总难泯灭,经此更番申儆之后,

---

① 中国第一历史档案馆藏. 宫中朱批奏折:内政赈济. 朝年赈济 [A]. 档号:01/01/0734/033.

② 中国第一历史档案馆藏. 军机处录副奏折:赈济类 [A]. 档号:03/168/9354/11.

若不力办清赈，则是别有肺肠，唯有执法从事而已"①。

（2）散赈章程

乾隆八年（1743年），直隶旱灾，直隶清河道方观承主持订立散赈条规十二条，通谕印委各员及所管地保、领赈贫民一体周知。大体内容如下：一，散赈大口日给米五合，谷则倍之，小口减半；二，赈厂每处委佐杂教职一员驻厂监赈，专司稽查约束之事，详明委任，以专责成；三，印官领到库银，将一户大小口应赈米银数包封，一村庄为一总包，照册内户口次第就厂散给；四，放赈前数日，将各厂附近村庄按道里远近、人户多少均匀配丁，分几日支放，多张告示，遍谕乡地；五，厂门左右十丈外，界以长绳。令乡地带领赈户人众，各按村庄排立，以道路远近为给放次第。一村庄之内，先女后男，先老弱后少壮；六，厂内贮米，戒湿润，书役按票开发，不许留前待后；七，赈厂许钱市之人就厂兑换，官为定价，一准库平；八，贫户止一两口者，应照市价折发钱文；九，赈册内有续字之极贫户口，自起赈日至十月底止，核算银米若干，于普赈时一并支给；十，外出之户在各村已查之后陆续递回及自归者之领赈办法；十一，离厂稍远之村庄有孤寡老弱病废不能赴领者，准本村亲信之人带票代领；十二，灾民众多，情伪百出，应令地方牌邻据实举报，于赈册内删除，首告者赏给口米一份。这份散赈条规实施的结果，方观承颇为自得地说："余与陶副使自冬徂春巡历灾区，妇女不闻叹于室，童子相卒嬉于路，二三父老举手加额曰：圣天子活我！"②

（3）煮粥章程

嘉庆十五年（1810年），甘肃旱灾，陕甘总督那彦成因被旱灾民缺水乏食，出走四方，无力回归，又距散赈之期尚早，所以先煮粥赈恤，订煮粥章程八条：第一，煮粥之期自七月初一至十月初一，约计三月，先行晓谕流民知悉；第二，男妇须分厂散放；第三，每日开销，大口粮五合，小口粮二合五勺，地方官、委员、营员公同散放；第四，稽查人数方法；第五，经手人员应办理得宜；第六，严防犯窃滋扰等事；第七，在空阔处所酌盖席棚，或择空闲窑屋庙宇，以

---

① 中国第一历史档案馆藏. 军机处录副奏折：财政类. 田赋地丁［A］. 档号：03/50/2875/58.

② 方观承. 赈纪［M］//李文海，夏明方. 中国荒政全书：第2辑第1卷. 北京：北京古籍出版社，2004：532-534.

蔽风雨；第八，地方官及委员应随时劝谕、资助灾民回籍，以免聚集滋事。①

（4）大赈章程

一般大赈从十一月开始，但根据灾情也有提前。嘉庆六年（1801年），因永定河决口，顺天、直隶被灾地方多达128州县。署直隶总督陈大文奏定大赈章程，根据《清实录》的相关记载，其内容为："一、大赈日期提至十月；一、应给赈粮银米兼放；一、严查冒滥之弊以杜侵蚀。委隔属大员查明极次贫民、大小口数，逐户填入印册，一发州县，一送上司复核，并照册载姓名丁口，填写告示，先期晓谕；一、设厂煮赈应准报销。向来直属偶遇歉收，多有地方官捐办及详用义谷者。今岁被灾较重，所有七八九三月抚恤摘赈案内，准其一并报销；一、应给房屋修费。查瓦房一间给银一两，土草房一间给银五钱，应照例赏给；一、兵丁户口应分别查赈。查兵丁既得月饷，自未便准其食赈。其兄弟叔侄虽系同居，而该兵丁所支官粮不能兼顾，应准与民人一体赈恤；一、各属屯居旗人、灶户令理事同知等官及场员查明，分别给赈。"②

（5）赈捐章程

晚清以来，赈捐频繁，各省多设赈捐章程。赈捐章程需由户部议准，并由皇帝批准。各省的赈捐章程常常互相援照。如光绪十六年（1890年），顺天、直隶发生严重水灾，直隶总督李鸿章奏准开办赈捐，经户部议准，订立顺直赈捐章程，其内容包括捐贡监、捐职衔、捐升衔、捐推广升衔顶戴、捐封典、捐翎枝。根据这份章程，凡捐衔、封典、贡监，统照新海防捐，以四成实银上兑，应试监生仍收十成实银，并仿照光绪十五年（1889年）江浙赈捐章程，准捐翎枝二品顶戴，又援照火器营章程，准由贡监加捐盐运使、副将、参将等衔。各省被议人员分别官阶、银数，准请赏还官衔、翎枝，报捐棉衣除照例建坊外，如折解实银，也准一律核奖。③ 这份顺直赈捐章程以后几年曾多为直隶及其他省份所援照。再如，光绪二十一年（1895年），湖北钟祥等州县被淹成灾，险工叠出，湖北巡抚谭继洵奏准开办赈捐，依照山东、直隶两省赈捐章程订立《湖北赈捐章程》，虚衔、封典、贡监等项，按海防新章以三成实银上兑，其应

① 中国第一历史档案馆藏. 宫中朱批奏折：内政赈济等 [A]. 档号：01/02/0075/022.
② 清仁宗实录：卷86 [M] //嘉庆六年八月庚戌. 影印本，第2册. 北京：中华书局，1986：131.
③ 佚名. 顺直赈捐章程 [M] // 李文海，夏明方，朱浒. 中国荒政书集成，第9册. 天津：天津古籍出版社，2010：6575-6586.

试监生仍收十成实银。光绪二十六年（1900年），山西亢旱严重，户部也咨山西依照上述湖北赈捐章程，修订《山西赈捐章程》，开办赈捐。① 另外，因山西、陕西旱灾奇重，"而库款奇绌，早已罗掘一空。各军防饷又复纷至沓来，仰屋兴嗟，束手无策"，陕西巡抚岑春煊、山西巡抚锡良等奏准颁行《秦晋实官捐输章程》，以"实职赈捐，广集巨款"，颁发实职空白部照五千张，陕灾分用六成，晋省份用四成②。晚清的赈捐章程，另外还包括光绪二十一年（1895年）的《湖南赈捐请奖章程》《湖北筹办推广赈捐章程》、光绪二十七年（1901年）《山东赈抚赈捐总局改章收捐章程》、光绪三十三年（1906年）的《安徽筹办赈捐章程》，光绪年间《山东赈捐章程》《山东奏定赈捐章程》，宣统年间《江皖筹振新捐例章》等。

　　在救灾过程中，地方官可以就赈灾需要制定多种不同的救灾章程。乾隆八年（1743），据方观承所称，先后奏定和设立的灾赈章程包括院奏办赈事宜六条、会议办赈十四条，另霸州知州朱一蜚禀陈办赈济事宜八条，方观承也令"印委各官即一体遵照办理"，审户即将结束时，又有散赈条规十二条。根据方观承的设想，只有当局者先期筹划，"身之所不至而心至之，心之所不至而法已至之，庶几弊无萌生，泽可下究耳"。有的章程虽然是针对某次赈事而设立的，但因其制定合理，也常被用来作为后来各级地方官办赈的参考。比如，道光十一年（1831年），江苏水灾，江苏布政使林则徐曾经订立筹济章程，内容包括倡率劝捐以周贫乏，资送流民以免羁累，收养老病以免流徙，收养幼孩以免遗弃，劝谕业户以养农佃，瘗葬尸棺以免暴露，多设粜厂以平市价，变通煮赈以资熟食，捐给絮袄以御寒冬，劝施籽种以便种植，禁止烧锅以裕谷食事，收养耕牛以备春耕等。道光二十八年（1848年），江苏省被水州县甚多，江苏省将此条款抄发被灾各州县，令"逐条确核仿办"，十月份办理大赈之时，江苏省认为林则徐道光十一年订立的《查赈章程》"诚为办赈箴规"，因此刊刷多本，交给查赈委员遵照办理③。道光二十九年（1849年），长江中下游水灾严重，江苏最为严重，江苏省又令被灾各州县对照道光十一年筹济章程，逐条确核，"倘有

---

① 佚名. 山西赈捐章程［M］//李文海，夏明方，朱浒. 中国荒政书集成，第10册. 天津：天津古籍出版社，2010：7135-7148.

② 中国第一历史档案馆藏. 宫中朱批奏折：内政赈济. 朝年赈济［A］. 档号：01/01/1039/045.

③ 王检心. 真州救荒录［M］//李文海，夏明方，朱浒. 中国荒政书集成，第6册. 天津：天津古籍出版社，2010：3753，3759.

今昔异宜之处，应如何参酌举行，分别妥议筹办，通禀察夺"，又将《接济灾黎章程》十二条"颁示行司，通行筹办"①。还有人建议，康熙四十七年（1708年）时，江苏水旱相仍，时任苏州知府陈鹏年曾请准在全省施行《救荒二十策》，"今宜仿行"②。

3. 地方单行救灾法规

除了临时性的救灾法规外，清代地方还有大量常设性的单行性救灾法规，晚清以后，这类法规日渐增多。比如，在水上救生方面，近代长江上游的救生红船制日渐兴盛。光绪年间，四川省主持制定了用于水上救生的《峡江救生总局条款十则》《峡江救生船只会议章程》《光绪九年奉饬会议酌加救生红船并各章程》《东湖县正堂吴会议县属红石滩改设救生红船条款章程》等。为了规范中外水上救生管理事项，同治十二年（1873年），总理衙门主持订立《议立中外救生总会章程》。晚清以降，随着传统救灾制度的近代转型，单行的救灾法规越来越多。另外，为了应对不断发生的疫情，不少地方开始制定防疫法规，光绪二十四年，湖南省订立《湖南保卫局章程》《保卫局增改章程》。在通商口岸和港口，海港检疫制度逐步推行，相关法规有光绪二十八年（1902年）的《上海、吴淞两口续修防护轮船染疫等各章程》、光绪三十年（1904年）的《大沽查船验疫章程》《查防营口鼠瘟铁路沿途设立医院防疫章程》《江汉口防护染疫章程》《青岛查验进口船只防护染疫章程》、光绪三十三年（1907年）的《江海关道吴淞防疫告示并章程》《天津口防护病症章程》等，在军队防疫方面，光绪三十一年（1905年），颁布《北洋陆军卫生防疫章程》。光绪三十四年（1908年），民政部订立《预防时疫清洁规则》，此后颁布的法规还有《清末直隶警务处拟定预防传染病章程》《管理种痘规则》等。宣统二年（1910年），东三省鼠疫爆发，防疫法规建设更得以长足发展，宣统三年（1911年）三月，外务部、民政部、邮传部会奏议定防疫章程，黑龙江、吉林、奉天各省均颁行了一系列防疫法规。

除了救灾法规，在防灾减灾方面，晚清时期在法规建设方面也有发展。清末新政中，袁世凯在北洋推行新政，发布的种植、农务、卫生等政令法规中，

① 佚名. 道光己酉灾案 [M] //李文海，夏明方，朱浒. 中国荒政书集成，第6册. 天津：天津古籍出版社，2010：3944.
② 佚名. 常昭水灾纪略 [M] //李文海，夏明方，朱浒. 中国荒政书集成，第6册. 天津：天津古籍出版社，2010：3962.

不少和防灾减灾密切相关，如《顺天府示谕筹办树艺章程》《直隶详定试办农会章程》《天津府县呈送保护种树告示章程》《天津卫生总局现行章程》等，各县为了推行，也分别出台具体的章程，如《清河县丁令其珪禀准油坊镇沿堤种柳并赏罚章程》《深州禀定保护城壕柳株章程》《束鹿县种树章程》《唐山县拟呈创办种树官会章程》《广平府成安县试辨森林社简章》《曲周县禀设农林会章程》等。

五、荒政著述中的救灾法规

清代各类救灾法规是各级官吏的办赈指南和准绳。但是，由于相关律例条规繁多复杂，又分载于各处，使得官员对救灾法规的检寻把握并不容易。法国学者魏丕信将明清荒政著作分为实用指南类、百科全书式汇编类、特定救荒活动之公牍文集类。清代许多荒政著述，尤其是魏丕信称为实用指南类的救荒书中皆收录相应救灾法规，并做了详细注解①。夏明方认为，魏丕信所称"实用指南类"荒政书可以分为两种亚型：亚型 1 是通过引证历史上救荒专家的建议以及详细措施，有时也结合个人的经验，向当政者提出建议或对策，往往称为"法""策""丛言"等；亚型 2 的突出特点在于更注重辑录现行则例、律例，并遵循比较明确的救荒程序安排章节。清代荒政指南的服务对象也逐渐细化，出现了专为地方州县官尤其是州县幕僚而撰写的作品。②

乾隆十七年（1752 年），万维翰著《荒政琐言》，其内容从平粜、出借、查灾、查赈、赈恤、以工代赈、劝捐、粥厂、流民、镇抚等十个方面就会典、则例中的相关规定做了详细解释。③ 乾隆三十三年（1768 年），在浙江任幕友多达二十余年的姚碧认为，地方官对救灾法规的不熟悉是导致胥吏擅权的重要原因，因此，姚碧编辑八卷本的《荒政辑要》，将"历奉谕旨及通颁条例、现行章程，间或参考前人成说，汇为一编"④。在姚碧之后，江苏巡抚汪志伊编辑的九卷本《荒政辑要》于嘉庆十一年（1806 年）刊刻。该书卷三为查勘、卷四为则例，

① 魏丕信. 略论中华帝国晚期的荒政指南［M］//李文海，夏明方. 天有凶年：清代灾荒与中国社会. 北京：生活·读书·新知三联书店，2007：102-109.

② 夏明方. 救荒活民：清末民初以前中国荒政书考论［J］. 清史研究：2010（2）.

③ 万维翰. 荒政琐言［M］//李文海，夏明方. 中国荒政全书：第 2 辑第 1 卷. 北京：北京古籍出版社，2004：461-478.

④ 姚碧. 荒政辑要［M］//李文海，夏明方. 中国荒政全书：第 2 辑第 1 卷. 北京：北京古籍出版社，2004：737—739.

是全书最为重要的两卷。其中，卷三分勘灾事宜、抚恤事宜、查赈事宜、剔除弊窦四类，卷四系从《户部则例》中抄出灾伤蠲赈一门，共二十一类。汪志伊表明自己修纂此书的目的："予破冗纂辑是书，刊发各属官，盖冀历练深者，益扩其措施；历练浅者，亦有所依据。"① 汪志伊《荒政辑要》一书对后世救荒产生影响甚大，在相当长时期内成为地方官重要的救灾指南和参考。比如，道光三年（1823 年），浙江水灾，浙江省将是书第三卷分发办赈各官员②。道光十三年（1833 年），四川布政使署陕西布政使李羲文认为汪志伊《荒政辑要》一书"广集古今办灾之法，既详且备"，但因卷帙浩繁，阅读不便，因此从中"择其尤要者"辑成《荒政摘要》，"于大同小异、今古不侔之处概从节芟"，"期于一览辄可见之于行事"。③ 道光二十七年（1847 年），河南省旱灾严重，上谕认为"救荒之策，务期简易可行，小民均沾实惠，不可空谈无补，且时势各异，亦应体察变通"，因此令将汪志伊《荒政辑要》一书发交河南巡抚鄂顺安，令其"率同司道等加意讲求，择而行之"④。同治年间，担任石景山同知的蒋廷皋，就《荒政辑要》"删繁就简，手抄成帙，而又采取他书，略参己意"，辑成二卷本的《救荒便览》，书成后李鸿章"深加奖美"，光绪九年，该书由顺天府府尹李朝仪作序，付梓刊印，"以公当世"⑤。

道光初年刊刻的荒政书中对救灾法规也多有辑录。嘉道年间在浙江任幕友的杨西明自称于嘉庆二十三、二十四年开始"迷闷于新陈例案，旁及故纸堆中"，嗣后随见随录，有加无已，于道光三年刊刻而成四卷本的《灾赈全书》，将《大清律例》《户部则例》《吏部则例》《漕运全书》中相关救灾法规分门别类，又附载引证条款，包括上谕、廷臣条奏、部臣核议等，作者希望能够做到"引今据古，缕晰详明，引而伸之，阅者豁然贯通"⑥。同样于道光三年（1823

---

① 汪志伊. 荒政辑要［M］//李文海，夏明方. 中国荒政全书：第 2 辑第 2 卷. 北京：北京古籍出版社，2004：538.

② 王凤生. 荒政备览［M］//李文海，夏明方. 中国荒政全书：第 2 辑第 3 卷. 北京：北京古籍出版社，2004：597.

③ 李侨农. 荒政摘要［M］//李文海，夏明方. 中国荒政全书：第 2 辑第 4 卷. 北京：北京古籍出版社，2004：509，556.

④ 清宣宗实录：卷 445［M］. 道光二十七年八月乙卯. 影印本. 北京：中华书局，1986：第 7 册：575.

⑤ 蒋廷皋. 救荒便览［M］//李文海，夏明方，朱浒. 中国荒政书集成：天津：天津古籍出版社，2010：第 6 册：4295—4296.

⑥ 杨西明. 灾赈全书［M］//李文海，夏明方. 中国荒政全书：第 2 辑第 3 卷. 北京：北京古籍出版社，2004：463—465.

年）刊刻的还有王凤生的《荒政备览》，该书分上下两卷，其中卷上从勘灾事宜、查赈事宜、抚恤事宜、平粜事宜等几个方面，对《荒政辑要》《江浙灾赈条议》《浙省条议》中的相应法规做了详细归纳，在每条法规之下还附有自己的大量解释。① 此后，任职刑部的杨景仁所辑录的《筹济编》于道光六年（1826年）刊刻。该书卷首即为"蠲恤功令"，系从《大清会典》《户部则例》与刑部律例内录出，杨景仁解释自己这样编排的原因称：会典、则例等虽然颁行在官，无庸抄录，但因全书浩繁，初任地方者或者不能全数购置，猝遇灾荒时，又因官非素练，恐致其违误定例。所以他希望摘录其要，"俾览者开卷了然，平时则加意讲求，临事复悉心检阅"②。道光年间辑成的还有漕运总督朱澍的《灾蠲杂款》，该书辑录了乾隆朝以来有关灾赈的定例、上谕、灾案、部议通行等，其特点是能够比较清楚地看到救灾法规的沿革变换。③

六、结论

清朝建立了中国传统社会最为完备、详细的救灾法律体系。清五朝会典借鉴了《明会典》的规定，但其中容纳的救灾法规内容远比明朝要丰富和完备。乾隆、嘉庆、光绪会典皆载有荒政十二条，说明了清朝将传统荒政体系和灾赈经验进一步制度化、法律化。除了会典之外，《钦定吏部处分则例》《钦定六部处分则例》对灾赈过程中各级官员的行政处罚提供了依据，《户部则例》作为经济行政法规，体现了清代救灾法律程序和救灾法规的具体内容，包含在这种"典例分立、各司其法的完备的封建行政法律体系"之下，清代灾赈立法充分显示了其对传统相关立法的继承与发展。

作为一个传统的农业国家，清朝历代政府对救灾立法都予以极大的重视。从顺治朝开始，伴随着救灾活动的展开，清代救灾制度开始恢复和重建，救灾立法进程也随之开始，经历了康熙、雍正朝对救灾法规内容的不断丰富，乾隆朝《大清会典》首次写入了荒政十二条，更为全面具体地阐释了清代国家救灾的主旨和基本的法律规章。乾隆四十一年（1776年），作为清代经济行政法规

① 王凤生. 荒政备览 [M] //李文海，夏明方. 中国荒政全书：第2辑第3卷. 北京：北京古籍出版社，2004：597-618.
② 杨景仁. 筹济编 [M] //李文海，夏明方. 中国荒政全书：第2辑第4卷. 北京：北京古籍出版社，2004：15—37.
③ 朱澍. 灾蠲杂款 [M] //李文海，夏明方. 中国荒政全书：第2辑第4卷. 北京：北京古籍出版社，2004：743—818.

的《户部则例》首次刊刻通行，其中在蠲恤项下分设灾蠲和赈济两类，乾隆朝《钦定吏部处分则例》灾赈卷也进一步丰富了雍正则例的相关部分。这些反映了乾隆朝以后，由于国力逐渐强盛，救灾经验日益丰富，救灾立法也日趋完善。

会典、则例、律例中包含的救灾法规体现了清代救灾法律制度的基本内容，省例中的救灾法规则多系因地制宜而设，作为临时性救灾法规的灾赈章程，主要因时制宜，针对某次救灾活动而制定，这两类救灾法规皆是对中央法规的具体阐释和补充，体现了清代灾赈立法的灵活性，从而能够更好地发挥救灾法规对救灾实践的指导作用和保障作用。许多荒政著述对救灾法规的辑录归纳，也有助于各级官吏从容而灵活地应对灾荒中的突发事件，为其减少办赈分歧、提高办赈效率打下了良好基础。晚清以降，基于防疫、救灾、水上救生的急切需要，单行性救灾防灾法规不断出现，尤其宣统年间东三省鼠疫的发生，更出现了晚清大规模的防疫法规建设，此外，晚清频繁出现的赈捐章程，说明了赈捐成为当时赈济钱粮筹集的重要方式。这些均反映了传统救灾法律制度的近代转型。由此来看，清代救灾法规的建立与发展，也大体上能够反映清朝历代政府救灾活动的时代特点。

清代灾赈立法虽然丰富，但是亦有缺憾。有清一代，除了作为临时性救灾法规的救灾章程外，中央层级常设的救灾条例或法典还较为少见，更远称不上系统。也就是说，指导和规范国家与地方救灾活动的救灾法规大都需要从综合性法典、则例中找寻。民国以后才出现了一系列常用的、专门颁行的灾赈法律条例和章程。这些专门性法规的出现反映了传统救灾法律制度的近代转型。当然，民国以后救灾法律制度的发展，又是以清代救灾法律制度作为基石的。

第二章　明清政治制度与史事考论

陈鹏年案中康熙帝与曹寅心迹探微

刘文远①

引言

康熙四十四年（1705年）康熙第五次南巡期间，发生了江宁知府陈鹏年督修行宫"不力"面临严厉惩处而为曹寅所救一事，因相关史料中有"织造幼子"的记载，为考证曹雪芹家世提供了线索。周汝昌先生较早注意到陈鹏年案与曹寅的关联，曾收集了相关史料予以揭示。② 近年来学者围绕"织造幼子"等记载展开讨论，在廓清曹雪芹父系问题上取得丰富成果。相比之下，对于曹寅在陈鹏年一案中到底发挥了何种作用，仍有考察的必要。

陈鹏年（1663—1723年），字北溟，号沧洲，湖南湘潭人，是康熙时期的著名廉吏。他仕途崚嶒，遭际坎坷。督修行宫一案被赦后不久，又被两江总督阿山弹劾，请治以"大不敬"之罪，八个月后，康熙下诏免死，命其入武英殿修书。康熙四十七年（1708年），陈鹏年出任苏州知府，两年后，即因"数忤"新任两江总督噶礼而再挂弹章。③ 噶礼攻击陈鹏年《重游虎邱》一诗语含"怨望"，"字笺句比，以周内之"，欲以文字之狱置其于死地。④ 陈鹏年被迫羁寓镇江三年之久，部议削籍流放黑龙江，康熙特旨免予治罪，仍令其进京修书。此后七八年间，他仅于康熙五十六年（1717年）短暂署理霸昌道，大部分时间从事修书之役。直到康熙六十年，黄河决口，河工人才缺乏，他经张鹏翮举荐赴

---

① 刘文远，男，中国人民大学历史学院讲师。
② 周汝昌. 红楼梦新证 [M]. 上海：棠棣出版社，1953：331-338.
③ 唐祖价. 陈恪勤公年谱 [M] //北京图书馆藏珍本年谱丛刊（88）. 北京：北京图书馆出版社，1999：651.
④ 李元度. 国朝先正事略：卷12 [M]，长沙：岳麓书社，1991：329.

河工效力，①十月受命署理河道总督，雍正即位后实授，但不久后就因积劳成疾逝于任上。

有清一代，数次遭受"不敬"的严厉指控而幸免于难还能享有廉吏美名，陈鹏年可能是绝无仅有的一位。那么，他到底为何屡遭严参，为何能安然脱险，在其获救中曹寅又到底扮演何种角色？通过对该案的系统梳理，或许可以发现一些端倪。

一、曹寅救援陈鹏年一事史料来源

曹寅是否真的救过陈鹏年，周汝昌先生未做说明，因此还须稍加考辨。有关陈鹏年生平事迹，最早记载应是其子陈树芝等所撰的"行述"，其中简略记述了陈鹏年得罪上司以及行宫一案的经过："当事者欲派之民间，每地丁银一两加耗羡二三分"，陈鹏年"再三为民力请，继乃抗言力争，由是事格不行"，导致上司有"抉去之意矣"，"翠华南幸，有借上方供亿计中府君者，先帝不为之动"。②张伯行在所撰陈鹏年墓志铭中，也提及康熙南巡时当事者"欲借供亿不办以困公"。③著名江南布衣学者李果为陈鹏年所作家传中也称："圣祖南幸，大府委公司上方供亿，又奉旨修镇江马头三处口岸，刻期一夕完，盖为忌者所中也。"④

上述记载都极为简略，但都隐约指出康熙南巡期间陈鹏年曾被人陷害的事实。方苞所写的《记太守沧洲陈公罢官事》一文中对陈鹏年得罪经过则有更详细记载，谈及陈不但因阻止加赋而得罪两江总督阿山，而且奉命督修龙潭行宫严拒需索，更招康熙左右亲近之人忌恨，此辈"以蚯蚓秽物置簟席间"，欲激康熙杀之，幸得致仕大学士张英斡旋得免于难。⑤张伯行、李果、方苞都与陈鹏年关系颇睦，与曹寅也都有密切来往，他们虽然未提及曹寅相助一事，但已证

---

① 张鹏翮. 张文端公全集［M］//清代诗文集汇编（176）.上海：上海古籍出版社，2010：447.
② 陈树芝等. 皇清谏议大夫总督河道提督军务兵部右侍郎兼都察院右副都御史谥恪勤公显考沧洲府君行述［Z］//恪勤陈公墓志铭. 国家图书馆藏.
③ 张伯行. 皇清诰授通议大夫总督河道兵部右侍郎谥恪勤陈公墓志铭［M］//正谊堂文集：卷12. 清乾隆刊本.
④ 李果. 陈恪勤公传［M］//在亭丛稿：卷6，乾隆十年刊本. 李果与陈鹏年交游颇密，"当先生羁滞忧危之日，果屡过之"，陈去世后，李果"尝编次先生事为家传"（李果. 沧洲先生诗集序［M］//在亭丛稿：卷1）。
⑤ 彭林，严佐之主编. 方苞全集（9）［M］. 上海：复旦大学出版社，2018：577-578.

明陈鹏年确实曾因督修行宫得罪。而在与陈鹏年关系同样密切的宋和与曹一士的文集中，则对曹寅救援有了非常明确的记载，足证此事非虚。

宋和所写《恪勤列传》中记载：

> 乙酉，上南巡，总督集有司议供张，欲于丁粮耗加三分，有司皆慑服，唯唯，独鹏年不服，否否。总督怏怏，议虽寝，则欲抉去鹏年矣。无何，车驾由龙潭幸江宁。行宫草创，抉去之者因以是激上怒。时故庶人从幸，更怒欲杀某某。车驾至江宁，驻跸织造府。一日，织造幼子嬉而过于庭，上以其无知也，曰："儿知江宁有好官乎？"曰："知有陈鹏年。"时有致政大学士张英来朝，上于是久欲征于国老之有知，以验孩提之无知。使人问鹏年，英称其贤，而英，则庶人之所传。上乃谓庶人曰："尔师傅贤之，如何杀之！"庶人犹欲杀之，织造曹寅免冠叩头，为鹏年请。当是时，苏州织造李某伏寅后……见寅血被额，恐触上怒，阴曳其衣止之。寅怒而顾曰："云何也！"复叩头阶有声，竟得请。出，巡抚宋荦逆之曰："君不愧朱云折槛矣！"已而，命鹏年晨至镇江口，夜筑马头三。鹏年半夜筑成之。①

正是在这篇传记中，出现了"织造幼子"的记载，以及有关张英、曹寅为陈鹏年伸出援手的精彩叙述。作者宋和，字介山，又作介三，约生于顺治十六年（1659 年），去世于雍正七年（1729 年），是当时著名的布衣之士。乾隆《江南通志》载其"年三十始读书深山中，为古文，四十学大就，入都，先后为韩菼、陈鹏年、孙勷所激赏，谓其非唐以下之文也"②。在其所著《雪晴轩文稿》中，收录了多篇与陈鹏年的书信。因宋和贫不能自给，陈鹏年屡次予以接济，甚至苦心孤诣为其筹划南归之计。陈当时也只是"长安寓公"，俸饷微薄，自身尚不能保。他署霸昌道后，即遣人向宋和传语"老友无多，余为有心人，必终有以处宋某"。③康熙六十年，陈鹏年署河道总督，有开府之兆，次年宋和即专程前往清江浦，与其商定买山南归之计，后因陈去世而未果。尽管未能如愿，宋和对陈鹏年始终怀有拳拳感激之情，此后在与他人的书信中反复提及，

---

① 宋和. 陈恪勤公列传 [M] //陈鹏年撰，李鸿渊校点. 陈鹏年集 [M]. 长沙：岳麓书社，2013：714.
② 江南通志（乾隆）：卷167，人物志 [M].
③ 宋和. 与陈沧洲先生书 [M] //雪晴轩文稿：四册本第二册，国家图书馆藏.

盛称"其处己也至清，而处和也至厚"。① 由此可见，宋和与陈鹏年交情匪浅。此外，宋和与曹寅也有过交往，宋和给陈鹏年的书信中曾称，"十五六年前，曾以韩宗伯慕庐先生荐，游于江宁织造曹荔轩先生，居一年，甚乐石头城风土"，可见其确实曾因韩菼之荐，游于曹寅幕下一年之久。宋和经常游走公卿之门，信息颇通，有关曹寅救援陈鹏年之事定有确据。

　　无独有偶，曹一士文集中也有类似记载，可以加以佐证。《四焉斋文集》中收有两篇关于陈鹏年的传记，均为代笔，其中一篇为墓志铭，根据行文对比与《道荣堂文集》卷之首所收的湖北巡抚郑任钥撰墓志铭几乎完全相同，可见此文是曹一士代郑所作，其中说：

　　　　圣祖仁皇帝南巡，大府议益耗羡为供张，公持不可，且曰："事苟上闻，滋得罪。"大府怒，阴奏公改妓所居南市楼为讲堂，率吏民读法，大不敬，宜置重典。仁皇帝在行宫已廉知公治行及民爱戴状，姑命听勘。狱具，诏免死，赴京修书。②

　　另一文是曹代人所作的神道碑，其中记载：

　　　　会上南巡，总督议供亿，期地丁两加三分，属郡唯唯。公抗言曰："天子属车所至，丝毫皆自公帑出，我曹顾履亩私取之以累圣德，如后罪何？"议遂寝。总督衔之，卒用前改南市楼宣讲圣谕大不敬，劾拟弃市。先是，织造曹寅免冠叩头，为上言陈某居官廉，民以故爱之，上领之，命一夕修镇江马埠三，督挽舟失夫，南北行数千里，觇其才。狱上，诏免死，公由此有南熏之召。③

　　文中主要记载的是总督阿山以南市楼旧址宣讲圣谕事弹劾陈鹏年，但用了

---

①　宋和. 与沈麟洲明府书［Z］//雪晴轩文稿：四册本第二册，国家图书馆藏。

②　郑任钥. 清故光禄大夫、总督河道、提督军务、兵部侍郎兼都察院右副都御史恪勤陈公墓志铭［M］//陈鹏年撰，李鸿渊校点. 陈鹏年集［M］. 长沙：岳麓书社，2013：709.
　　曹一士. 光禄大夫总督河道兵部右侍郎兼都察院右副都御史谥恪勤陈公墓志铭［M］//四焉斋文集：卷7. 清乾隆年间刻本.

③　曹一士. 光禄大夫总督河道兵部右侍郎兼都察院右副都御史谥恪勤陈公神道碑［M］//四焉斋文集：卷7.

"先是，织造曹寅免冠叩头，为上言陈某居官廉"一句作为插入，可知曹寅救援之事发生在此之前，与前一文"行宫廉知"相印证，说明在行宫中确实发生过曹寅相救一幕。曹一士与陈鹏年也有密切交谊。曹的父亲曹泰曾与陈鹏年有旧，据曹一士言，其父"在京独与前苏州知府长沙陈公鹏年相友善"①。康熙四十八年曹泰曾担任福建莆田知县时因事被参，陈鹏年曾致信福建巡抚张伯行试图关说。因此曹一士对陈鹏年以师礼事之，有"文章江左愧虚名，得托师门慰此生"②，"交游同孔李，子弟比荀陈"③ 之句。陈鹏年任总督河道时，曹一士曾留幕下为其编次诗集，其于陈鹏年事迹应有所知。由上述曹陈二人关系来看，加上传记是较为严肃的神道碑文，应该具有可信度。

宋和、曹一士二人受陈鹏年恩惠颇多，必不至于摭拾无根之谈，为其凭空增一恩人。而宋和所撰传记被收入《道荣堂文集》卷之首，显然经过陈鹏年子孙之首肯。后人所撰陈鹏年传记中涉及曹寅相救一事，应该源于宋、曹二人。如乾隆时余廷灿受陈鹏年曾孙陈在璧作《陈恪勤公行状》，所据底本即陈在璧提供的宋和所作列传，而余廷灿还与陈鹏年季子陈树蓍有交往，"闻公出入中外风节颇详"。其中有关曹寅相救一事，文字虽更简洁，而内容与宋和所撰基本相同。④

此后如乾隆时彭绍升撰《陈恪勤公事状》⑤、唐祖价撰《陈恪勤公年谱》、咸丰时李元度编《国朝名臣事略》，乃至民国初年黄鸿寿撰《清史纪事本末》等，基本都延续了这样的叙述，使曹寅救援陈鹏年一事更加深入人心。

二、陈鹏年案的发生背景

有关陈鹏年行宫案的记载中，几乎都认为该案是两江总督阿山等人挟私报复所致，只是因为康熙的宽恕，陈鹏年才得幸免。有的甚至认为几年后陈鹏年被噶礼所参也是因为噶礼与阿山实属同党。⑥ 宋和强调"故废庶人"必欲杀之，赖曹寅叩头流血得以挽回，此处"废庶人"显然指后来被废为庶人的太子胤礽，隐约揭示此案可能涉及皇权之争。邓之诚先生更将该案放在康熙晚年废立太子

① 曹一士. 先考乡进士知福建兴化府莆田县事茹庵曹公行状 [M] //四焉斋文集：卷 8.
② 曹一士. 上沧洲师兼辞归里四首 [M] //四焉斋诗集：卷 3.
③ 曹一士. 上陈沧洲师三十韵 [M] //四焉斋诗集：卷 5.
④ 余廷灿. 陈恪勤公行状 [M] //存吾文集：卷 4. 光绪三十四年授经堂重刻本.
⑤ 彭绍升. 二林居集：卷 17 [M]. 清嘉庆味初堂刻本.
⑥ 湘潭县志（光绪）：卷 8-3，陈鹏年列传 [M]. 光绪十五年刻本。

的政治大背景下进行解释，进而指出：

> 鹏年几死者再，实则阿山与张鹏翮积不相能，噶礼复与张伯行互讦。
> 鹏年先后为鹏翮论荐，故掎摭鹏年以致憾。阿山又党于废太子，故废太子
> 助阿山必欲杀鹏年，其事纠结，以此至帝疑，得不死。太子既废，阿山既
> 坐事免官。后噶礼亦以他罪诛，其母帝乳母也，疑必与废太子有连。康熙
> 中叶以后党争，以废太子为主，几亘三十年，牵连者多矣。①

如果从胤礽必欲杀之，曹寅必欲救之的记载看，公然与皇太子作对，或许
说明曹寅此时已卷入夺嫡权斗之中。但事涉宫闱隐秘目前尚难确证。② 更重要
的是如按此分析，似乎陈鹏年的生死都操诸阿山、胤礽或曹寅之手，作为最高
统治者的康熙却被悬置起来，未免与实际情况不合。对于已经实现高度集权的
康熙来说，臣民生死均出己手才是乾纲独断的体现。在陈鹏年一案，阿山等欲
杀陈鹏年，肯定不能以己意杀之，而必须用足以触康熙之怒的罪名，假康熙之
手杀之，而张英、曹寅等必欲救之，也不能以己之好恶救之，而必须用足以令
康熙不愿杀之的借口，假康熙之口赦之。那么，不如说双方是以康熙为中心进
行心理上的较量，实际上也是康熙心中两种适相对立的思想倾向之间在进行
斗争。

那么，康熙对陈鹏年一案到底是何种心态？要厘清这个问题，首先就需要
回到当时的历史情景中。阿山与陈鹏年结怨，始于为筹集南巡经费试图加赋而
为陈鹏年所阻。南巡在康熙、乾隆朝有着重要的政治意义，虽然康熙帝多以要
亲自视察河工工作为主要借口，而实际的政治意图，特别是不能明言的意图，
则要复杂得多。③ 由于江南是当时国家财赋重地以及文化中心，强化江南士民
的政治认同，实现政治中心与文化中心、财赋中心的紧密联系，在平定"三藩
之乱"和收复台湾之后，是攸关国家长治久安的重大问题。但中国历史上有秦

---

① 邓之诚. 清诗纪事初编：卷 8 [M]. 上海：上海古籍出版社，2013：943-944.
② 杨珍的研究揭示了噶礼与废太子的关系，部分印证了邓先生的推测。见杨珍. 康熙五十
　三年噶礼获罪原因再探 [J]. 历史档案，2017（02）：94-100.
③ 张勉治认为"康熙首次南巡，不是通常所认为的，只表明了皇帝关注治理水涝。它也
　是 1680 年代初大规模恢复巡幸的高峰，也成为康熙朝廷申张民族—王朝统治更大范围
　意识形态努力的一部分"。见张勉治. 马背上的朝廷——巡幸与清朝统治的建构
　（1680-1785）[M]. 董建中，译. 南京：江苏人民出版社，2019：67-68.

始皇、汉武帝、隋炀帝"巡游无度"的先例，使得频繁巡游成为一项恶政而饱受批评。康熙为了避免遭到恶评乃至激发社会矛盾，一再强调每次巡幸所用费用都出自朝廷，"有事巡行，凡需用之物，皆自内府储备，秋毫不取之民间"①。但增强政治认同恰恰是南巡的重要政治任务，迎接队伍越是庞大，奉献物品越是珍贵，也就越能体现江南士民对皇帝的爱戴。所以虽然康熙屡次谕令务必节俭，禁止摊派，但每次南巡，江南文武官员都须千里跋涉迎驾，沿途数十万百姓夹道相迎，更不用说建造皇帝驻跸的行宫，花费之大难以想象。这些费用既不能出自国库，也不能直接摊派民间，到底何从筹措，就成了考验江南地方官员的难题。

阿山是满洲正红旗人，康熙三十九年（1702 年）升任两江总督，但他上任不久就在南巡经费上栽了跟头。上一年康熙刚刚进行第三次南巡，江南地方官员为筹集经费先动支库款备办，然后从俸饷中按比例摊扣补还，主管此事的安徽布政使张四教因此被新任安徽巡抚高承爵以私派中饱等罪弹劾。因为此前阿山在荐举官员时已把张四教作为贤员推举，称他为人"忠厚，谙练事务，谨慎，细致，以节俭自守，不轻易奢靡"②，所以奉命勘察之后一味回护，认为高承爵弹劾时只说为补库而摊派，未陈述是为"皇上前来南巡时摊派"，实属"不知大体，昏聩至极"。阿山本来认为，把摊派与南巡联系起来，就可以为摊派找到最强有力的理由，更能为张四教辩诬。但对康熙来说，这恰恰是最忌讳的，所以他在夹批中追问："虽上下彼此情愿了结，然此银两，岂无用于君主之事若干，送于大臣等若干之理乎？"对是否所有经费都用于皇帝而没有中饱表示严重怀疑，并明确提醒阿山要与张四教切割，"朕躬幸江南时，已知张四教之类，岂为大洁有名有才之人？不值得两江总督急于祖护"③。

因为此案涉及南巡费用这一敏感问题，康熙没有轻松放过，不但在阿山奏折中进行了长篇批示，而且发给大学士等处理，质疑阿山："观彼奏称此项银两俱系皇上南巡支用等语，朕用于何地，曾制何物？"揭穿其"偏向张四教，以为与皇上名声有关，奏请免其鞫审"的用心，谕令对张四教与阿山一并严察议

① 清圣祖实录：卷 117 [M]，康熙二十三年十月庚申.
② 中国第一历史档案馆编. 康熙朝满文朱批奏折全译 [M]. 北京：中国社会科学出版社，1996：209.
③ 中国第一历史档案馆编. 康熙朝满文朱批奏折全译 [M]. 北京：中国社会科学出版社，1996：217-218.

奏。① 在阿山另一份只有十几字的请安折中，康熙写了长篇朱批为自己辩白，指责其"以张四教而邪辟存心，牵连于朕，以为牵累人多，可令停止。此与朕旨不合"。因为阿山奏折中曾提及曹寅也曾用过这些银两，康熙严厉指出：

> 曹寅系织造官，与地方事务不相干。朕驻跸江南时，以备办行宫华丽颇费，朕即降旨：朕幸南方视察民生，仅驻跸二三日，尔等备办太过。时三处织缎者奏曰：我等乃皇帝家奴，我三处公同备办。等语。事遂了结，未言地方官员捐备，故朕未降旨。诚知地方官员备办，朕决不驻跸。地方官若仍如此状，以后朕将不驻跸城内。曹寅等欺诈之事，可憎至极，断不宽宥！②

难道康熙真的如他声称的那样，对于因南巡而给地方增加负担如此深恶痛绝吗？他在阿山的奏折里咬牙切齿宣称曹寅"可憎至极，断不宽宥"，而三年之后的第五次南巡中，曹寅、李煦等不但没有因为大造行宫受到任何惩处，反而还得到了奖励。康熙不能明言的地方在于，他自然乐见江南官民"自发地"为其巡幸创造繁华、热闹的气氛，因为这意味着江南民众对他的爱戴和对清朝统治的认同。据《清实录》记载，南巡经过山东、松江、江宁等处，前来夹道跪迎者达数十万之众。康熙对此难掩内心喜悦，称"銮舆南巡，见沿途老稚男妇环跪欢迎，朕甚嘉悦"③。他只是不愿意公开承认因地方备办南巡给民间增加的负担而已。阿山为张四教辩解，把摊扣俸饷和南巡联系起来，正犯大忌。

经受康熙多次敲打，阿山才如梦方醒，在回奏中承认"实属愚昧无知，罪该万死"，而且也把曹寅的责任撇清，"三十八年，修理织造衙门，皆由织造衙门官员私修，并无地方官捐修。此事通省官民，无不知者"④。也正因如此，阿山逃过一劫，当部议将阿山"照徇庇例革职"时，康熙特命"从宽革职留任"。⑤ 而那位揭出此案的高承爵，一年前就被解任了。

---

① 清代起居注册·康熙朝（17）［M］. 台北：联经出版公司，2009：9497-9498.
② 中国第一历史档案馆编. 康熙朝满文朱批奏折全译［M］. 北京：中国社会科学出版社，1996：270.
③ 清圣祖实录：卷192［M］，康熙三十八年四月壬午.
④ 中国第一历史档案馆编. 康熙朝满文朱批奏折全译［M］. 北京：中国社会科学出版社，1996：271.
⑤ 清圣祖实录：卷210［M］，康熙四十一年十二月壬申.

洞悉了其中关节，当康熙四十三年（1704 年）启动第五次南巡计划之后，阿山开始紧锣密鼓筹备南巡接待事宜。迎驾既要办得体面，又不能动支库帑和公开加派，所需费用又如何筹集？曹寅、李煦因为兼办两淮盐务，有余引等额外收入可以作为补充，还可以借盐商名义自愿捐献，而地方官则只能在地丁上做文章。几乎所有陈鹏年传记资料中都提及两江集议每地丁银一两加耗羡二三分。阿山基于对康熙心意的揣摩，认为只要此类加派并非以备办南巡名义筹集就于事无碍。如果当事官员都予以赞同，只需要在早已成为"成例"的耗羡上稍做一点手脚，费用就有了着落。偏偏陈鹏年全然没有心领神会，不但宣称"吾官可罢，民赋不可增也"，甚至搬出皇帝禁止因南巡派累民间的谕旨。阿山两年前差一点因此被治罪，最怕将加派与南巡公开联系起来，所以当陈鹏年拿出皇帝上谕来加以反对时，他定然没有勇气坚持。本来想努力办好迎驾事宜重讨主子欢心，却遭到陈鹏年这个下属的反对，不难想象阿山是如何的懊恼，加上陈鹏年是他的对手张鹏翮所欣赏和信任之人，更增深了他心中的恶意。他将督修龙潭行宫以及迎驾供应事宜交给陈鹏年，未免没有诿过之意。

三、康熙对陈鹏年案的最初心态

如果说阿山、曹寅等满洲、汉军、包衣出身的官员致力于迎合皇帝的心意，以密切私人的主奴关系作为行事的原则，像陈鹏年这样深受理学熏陶的汉族士大夫，更相信力行简约、不因南巡而派累民间才是康熙的真实意图。在这样思想的指导下，他主持修造的行宫，显然无法与曹寅等悉心经营的结果相比。当然，也有一种可能，是陈鹏年与大多数江南士民一样，对南巡有一种抵制情绪。乾隆初次南巡就发生了这样的情况，出身汉军八旗的两江总督黄廷桂为了迎驾，也试图增加当地负担，结果导致江南士绅包括在籍官员的强烈反弹，袁枚也写信相劝，御史钱琦举章弹劾，致黄被免职仓皇而去。① 康熙屡次南巡，江南不堪其扰，陈鹏年抗词以拒加赋之议，当然会深得民心。费用不足，俭约办理，也就难怪"行宫草创"，即使没有人陷害，也难免令康熙不悦。在时人所撰《圣祖五幸江南全录》中，对此确有记载：

> 皇上行幸龙潭行宫驻跸，因建造行宫不甚整齐，有不善之意，令督院

---

① 郑幸. 袁枚年谱新编 [M]. 上海：上海世纪出版集团，2011：210-211.

委江宁府连夜往龙潭星速料理,预备齐整,伺候皇上回銮。①

　　虽然到底是行宫建设相对粗糙还是有人设计陷害已难证实,但其中发生之事令康熙大为震怒则不难想见。这从曹一士代人所写的给陈鹏年的书启中也可见一斑,其中称"洎时巡之方及,讵供帐之多疏,中使呼名,共拟雷霆不测"②,"雷霆不测"四字,已将当时形势之危生动地刻画出来。

　　在这次南巡中,江西巡抚李基和就因为迎驾"不敬"遭到严厉惩处。据《全录》三月二十日条载"江西抚院李前在无锡地方接驾,皇上不悦,令侍卫传旨,李基和居官平常"。四月二十七日条又载"李基和着革了职,随驾进京"。③关于其得罪的原因,康熙在对阿山的面谕中说得很直接:"江西巡抚李基和甚为粗鄙,不知礼节,带往京师学习。"④ 返京之后,康熙即谕令大学士严行拟罪。刑部等衙门希旨议处,照不敬律处以斩立决。康熙下令从宽免死,枷号三个月,鞭一百,"给与该管王为奴"。⑤ 处罚之严令人不寒而栗。周汝昌先生认为,当时李基和尚非贪恶之吏,"而翻手之间,即给'该管王'为奴。所谓'不敬',必亦如陈鹏年之不肯阿附阿山,应付南巡不力,致遭此罪耳",洵为见道之论。⑥

　　陈鹏年督修行宫不力,给康熙造成的心理上的不适恐怕与李基和比也不遑多让。四月二十五日皇帝曾令总督"星速料理",负责修理的显然是陈鹏年,但二十七日,也就是李基和被革职的那一天,康熙返回龙潭,直接登船,并未前往行宫,"督院再四奏请,龙潭行宫已经修理齐整,求圣驾驻跸,上未允"。⑦行宫虽然修理完善仍拒绝前往,可见康熙此时仍旧心存芥蒂。相比在龙潭驻跸不足一日,却在曹寅的织造府行宫住了近六日,在曹寅、李煦等修的扬州宝塔湾行宫前后住了九日。根据《全录》中的记载,在这两处的经历令康熙非常满意,"上悦""上甚喜"这样的表述随处可见。宝塔湾行宫规模宏大,极尽奢华,据曹寅称是众盐商"顶戴皇恩"完全出于自愿,康熙也在奏折中扭捏地批

---

　　①　圣祖五幸江南全录 [M]. 振绮堂丛书本,1910:36.
　　②　曹一士. 上陈使君启(代)[M] //四焉斋文集:卷5.
　　③　圣祖五幸江南全录 [M]. 振绮堂丛书本,1910:12、40.
　　④　清圣祖实录:卷220 [M]. 康熙四十四年四月己丑.
　　⑤　清圣祖实录:卷221 [M]. 康熙四十四年六月癸丑.
　　⑥　周汝昌. 红楼梦新证 [M]. 北京:华艺出版社,1998:359.
　　⑦　圣祖五幸江南全录 [M]. 振绮堂丛书本,1910:41.

了句"行宫可以不必"。① 但从他流连在此近十日，返程时特意在此盘桓七日才登舟出发，可知非常惬意。临出发之时，下诏"因江苏织造预备行宫勤劳诚敬，江南织造府曹加授通政使司，苏州织造府李加授光禄寺卿"。② 对曹、李等人的破格褒奖，更可印证他对陈鹏年等修理龙潭行宫的不满。黄德进先生指出，这样的言行不一，"足见康熙禁造行宫云云，不过是官样文章罢了。曹寅毕竟是包衣老奴，摸准了主子的脾气，才有此绝妙的一着"。③

相比之下，龙潭行宫给康熙带来的不好回忆一直持续到一年以后。康熙四十五年（1706 年），当他得知阿山仍在修理龙潭行宫之时，即在奏折中批道："朕无事南巡，即临幸，亦绝不驻跸龙潭地方。若违此言，再不能见人矣。尔只是徒劳而已。若拆毁所建房屋，朕甚喜悦。毋疑，着即拆毁。"④ 看到皇帝几乎发了毒誓，阿山自称"奴才见旨，魂飞魄散"，恐怕不是夸张，他在奏折中历陈上一年的罪过，恳请皇帝"毋令拆毁"：

> 去岁春圣主南巡，驻地并街道，皆不堪入目。时曾想奴才虽死万次，亦不足塞此咎。不料皇帝宽免一死，颁恩矜全。其后恭送圣驾，来淮安后，昼夜战栗，头晕目眩，时常痛疼，去冬今春，神志稍定。反思奴才修理龙潭地方，非欲释前罪，乃奴才任内应办之事……今奉圣旨，复令奴才拆毁所修工程，奴才见旨，魂飞魄散……去岁，皇帝既免奴才应死之罪，亦仍亟盼矜全。⑤

康熙在朱批中说："岂以朕南巡少而去耶？无妨，还是拆毁的好。"话虽如此，龙潭毕竟是浙江到江宁的必经要地，一年后第六次南巡，康熙于镇江登陆后，仍驻跸句容龙潭地方，⑥ 可见并没有拆毁。有陈鹏年的前车之鉴，龙潭行

① 中国第一历史档案馆编. 康熙朝汉文朱批奏折汇编（1）[M]. 北京：中国档案出版社，1984：139.
② 圣祖五幸江南全录 [M]. 振绮堂丛书本，1910：46.
③ 黄德进. "三汊河干筑帝家，金钱滥用比泥沙"——关于塔湾行宫的营建与曹家的盛衰际遇 [J]. 红楼梦学刊，1981（04）：259-279.
④ 中国第一历史档案馆编. 康熙朝满文朱批奏折全译 [M]. 北京：中国社会科学出版社，1996：405.
⑤ 中国第一历史档案馆编. 康熙朝满文朱批奏折全译 [M]. 北京：中国社会科学出版社，1996：416.
⑥ 清圣祖实录：卷229 [M]，康熙四十六年三月丁巳.

宫肯定不再如前"草创"，更不会有人从中陷害了。

综上所述可知，龙潭行宫之事确实激怒了康熙。在当时的情况下若无有力奥援陈鹏年的命运不会比李基和好多少。阿山等如果想避免受到牵连，最好的办法就是把所有罪责推到陈鹏年身上。但最后陈鹏年没有受到处罚，扈从皇帝北上之后，仍奉命回江宁知府原任。阿山等当然难以甘心，他们深知皇帝对行宫一事并非毫不介怀，仍有机会借皇帝之手予以除之。陈鹏年于闰四月十六日开始回程，六月阿山就以陈鹏年曾勒索当铺六百两、挟私报复龙江关守关之人等六款严参治罪，但前五款都属枝叶，要害在于第六款，参陈鹏年拆毁妓女所居南市楼修建江塘，以供圣训和龙王牌位，认为陈"应崇敬圣训，选择吉地谨供，反于不净之地供圣训、龙牌位，殊属不敬。故拟斩具奏"。① 刑部也照大不敬律拟斩决。虽然最后康熙下令"革职，从宽免死，来京在修书处效力"②，但不意味着他认为陈鹏年没有"不敬"的嫌疑。当五年后噶礼与张伯行互控案涉及担任署布政使的陈鹏年时，康熙就旧事重提："陈鹏年本系重罪之人，朕从宽免其死罪，复授为知府，理应激切图报。"③ 可见他坚信陈鹏年有必死之罪。由此不能不说阿山等对康熙心意的揣摩是准确的。只是有必死之罪的陈鹏年何以能安然脱身可能就不在他们的意料之中了。

四、曹寅在陈鹏年案中的独特作用

曹寅数次迎驾都甚得皇帝欢心，可见他对康熙的虚荣心揣摩得恰到好处。按这样的心路，他更应该倾向于阿山而不是陈鹏年，为何不惜违逆皇上真实心意对陈鹏年施以援手？是因为亲密的私人关系，还是其他更复杂的原因？

关于曹寅为何力救陈鹏年，以往学者已经从曹寅为人方面给予了解释。史景迁认为，曹寅是为"力求公理，显然是赌上了自己的前途"。④ 樊志斌也将曹寅力救陈鹏年的一系列举动，归结为"曹寅的为人和曹氏一门的家风"。⑤ 重情重义确实是曹寅的重要品格，李煦就曾说"老妹丈亲情友谊，近代无两"。⑥ 但

---

① 中国第一历史档案馆编. 康熙朝满文朱批奏折全译［M］. 北京：中国社会科学出版社，1996：592.
② 清圣祖实录：卷224［M］，康熙四十五年二月丁巳.
③ 清圣祖实录：卷242［M］，康熙四十九年六月戊午.
④ 史景迁. 曹寅与康熙：一个皇帝宠臣的生涯揭秘［M］. 温洽溢，译. 桂林：广西师范大学出版社，2014：148.
⑤ 樊志宾. 曹颋生年考［J］. 红楼梦学刊，2012（02）：34-42.
⑥ 李煦. 虚白斋尺牍校释［M］. 王伟波校释. 上海：上海古籍出版社，2013：72.

如果按照袁枚的说法，曹寅"素与江宁太守陈鹏年不相中"，似乎二人关系并不密切。① 袁枚与陈鹏年时代相距稍远，但与陈的外甥彭廷梅有交往。彭受舅舅陈鹏年影响颇深，当陈羁押镇江之时，他"日侍左右"。② 彭与袁枚相过从时，曾讲述过陈鹏年事迹，如袁枚所言，"湘南……为余言，沧洲诗宗少陵"，即其一端。③ 如果关于曹寅与陈鹏年"不相中"的说法也来自彭廷梅，应该并非空穴来风。

在康熙四十二年夏到四十五年二月，在这近三年时间里，曹寅、陈鹏年二人一为江宁织造，一为江宁知府，肯定有所往来。陈鹏年诗集中有一篇与曹寅相关的诗作，题为《楝亭诗二十五韵，呈银台曹子清先生》，其中称"种树知先德，过庭识素风""尺五依宸极，魁三列上公""白下荣开府，秦淮宠锡弓""插架牙签满，披轩玉册充""鹤琴传介节，诗礼属宗工""尚衣方赐蟒，赞笔更乘骢"。诗的主旨在称颂曹寅的家世、家风，写作时间大约在康熙四十四年元旦前后。④ 陈鹏年从任江宁知府至此长达两年多时间，《秣陵集》中没有表达与曹寅相关的诗篇。曹寅的《楝亭集》中也没有与陈鹏年的唱和之作，说明两人虽有往来，私下交往并不多。但在康熙五十一年，陈鹏年为曹寅写下了"义觉云天重"之句，并称"相念颇切"，关系已非寻常。可能正如周汝昌先生所说，"或者本不投，而乙酉一事后，遂而知感交好"⑤。二人的关系有一个变化过程，只是不一定在行宫案后才改变，从陈鹏年诗的写作时间看，在此之前已有私交。⑥ 虽然题写"楝亭诗"并不意味关系就一定十分亲密，⑦ 但至少说明他们之间有认同基础。

那么，曹寅与陈鹏年之间的认同基础是什么呢？他们一个是皇家包衣，一个是汉族士人，阶层和身份上的差异非常明显，显然不是在这方面有相通之处。

---

① 袁枚. 随园诗话 [M]. 南京：凤凰出版社，2009：26.

② [清] 邓显鹤辑. 沅湘耆旧集：卷75 [M]. 道光二十三年刻本.

③ [清] 袁枚. 随园诗话 [M]. 南京：凤凰出版社，2009：315.

④ [清] 陈鹏年撰，李鸿渊校点. 陈鹏年集 [M]. 长沙：岳麓书社，2013：270.

⑤ 周汝昌. 红楼梦新证 [M]. 南京：译林出版社，2012：286-287. 周先生根据《沧州近诗》起庚寅年，遂将此诗写作时间定在康熙四十九年。但核以《沧州近诗》卷五《五言律》的编次顺序，第二首诗自注"是年以十二月十七日立春"可知为康熙五十年，按此顺序，再结合曹寅赴京的时间推算，则本诗应是康熙五十一年年初所作。

⑥ 王利器.《红楼梦新证》证误 [M] //红楼梦研究集刊（2）. 上海：上海古籍出版社，1980：412-413.

⑦ 李军. 曹氏家藏《楝亭图咏》卷佚诗考——兼论该书流传改装问题 [J]. 曹雪芹研究，2017（01）：3-11.

他们共同服膺的汉文化可以提供交往的桥梁，不过这在当时是普遍现象，即使满洲贵族也多响慕汉风，如两江总督阿山也"自称文人"，以致康熙警告他"满洲姓人，仍作满洲好"。① 因此此点不足以构成他们之间密切关系的特殊条件。从两人诗文中没有唱和之作来看，他们之间的交往并非诗酒流连的日常往来，应该是在更高的精神层次上存在共鸣。

重情尚义可以说是曹、陈二人的共同人格特征。曹寅广结江南士人，除了生性风雅以及带有康熙怀柔江南的政治任务外，也与重视情义的性格有关。在《楝亭诗》中有很多歌咏友谊、怀念友人之作，如"交渝金石真能久，岁寒何必求三友"②，"人生友多不为过，床前莫叹青毡破"③。每当友人有难，他都能给予实质帮助。如他对老友姚潜，不但时常给予资助，还为其建香河书屋以为隐居之所。④ 友人徐树本家道清苦，曹寅首倡捐资，与李煦等一同助其归葬故里。⑤ 张伯行在祭文中盛称曹寅"荐达能吏，扶植善良"，还令"罹文网者获矜全"，⑥ 曹寅以其特殊的身份和地位，使得一些人从文字狱中得以生全，缓解了江南士大夫与清廷的紧张关系。力救陈鹏年更体现了他重义的特点。在后来的噶礼与张伯行互参一案中，他为保护张伯行，也是颇费周折。⑦ 陈鹏年为人也是如此，他对宋和，正如曹寅之对姚潜。李果曾记载，陈鹏年被罢江宁知府后，得知有一位黄冈杜先生未能归葬，就典卖了自己的衣裘"葬之而行"。在苏州之时，陈鹏年得知前任湖州知府"有息女随其生母混居市井中"，遂"为择士之贤者嫁之"。⑧ 类似事迹还有不少。可见在解难纾困、周人之急方面，陈鹏年与曹寅的做法毫无二致。

此外，在为政理念上，二人也有相似之处。据张伯行所记，陈鹏年为政，"洁己奉公，实心为国"，所到之处，无不以兴利除弊为要务，除积弊、雪沉冤、革重耗、惩蠹役，所以深得民众之心。当他被逮治罪之时，"民至痛哭罢市，持

---

① 中国第一历史档案馆编. 康熙朝满文朱批奏折全译 [M]. 北京：中国社会科学出版社，1996：275.
② 曹寅著，胡绍棠笺注. 楝亭集笺注 [M]. 北京：北京图书馆出版社，2007：206.
③ 曹寅著，胡绍棠笺注. 楝亭集笺注 [M]. 北京：北京图书馆出版社，2007：32.
④ 曹寅著，胡绍棠笺注. 楝亭集笺注 [M]. 北京：北京图书馆出版社，2007：87.
⑤ 李煦著，王伟波校释. 虚白斋尺牍校释 [M]. 上海：上海古籍出版社，2013：72.
⑥ 周汝昌. 红楼梦新证 [M]. 上海：棠棣出版社，1953：380.
⑦ 刘上生. 曹寅与曹雪芹 [M]. 海口：海南出版社，2001：108.
⑧ 李果. 沧洲先生诗集序 [M] //在亭丛稿：卷1.

薪米相饷遗者雍衢巷"。① 曹寅未曾担任地方官，但担任织造和两淮盐政之时，也多有善政，张伯行曾归纳道：

> 特简织使，节钺翩翩，初莅姑苏，则清积弊，节浮费，其轸匠而恤民者，盖颂声洋溢而仁闻之昭宣。继调江宁，则除帮贴之钱，使民不扰；减清俸之入，俾匠有资；其采办而区画者，尤公私两便，而施恩用爱之无偏。②

李果将曹寅的为政风格总结为"明察"，与李煦的"宽和"相得益彰，"无烦扰以树威，风清吏肃，奏免累年商欠帑金几百万两，又赈恤灶丁，两公加惠商民，补敝救灾，见于政事如此"。③ 康熙《江都县志》也记载，曹寅"一切恤商惠民之政，无不悉心奉行。奉旨平粜，厘剔弊端，存活甚众"。④ 把民众放在中心位置，其实正是人们对"清官"的期待。曹寅因为未理民事，未得"清官"之名，但从其历任行事以及所交往的官员多为韩菼、宋荦、施世纶、张伯行等清介之士可以想见，他与"清官"更有默契。陈鹏年正是当时"清官"的典型。龙潭行宫一案，曹寅为搭救陈鹏年，让"幼子"过庭，以"陈鹏年"之名回答康熙"江南好官"之问，自己又叩头流血以平皇帝雷霆之怒，堪称煞费苦心。在二人之间还难言至交的情况下，如此甘冒风险相救，出自精神上的高度认同可能更有说服力。

至于曹寅的力救在其中发挥怎样的特殊作用，就不能不考虑其独特的身份。关于三织造在江南的地位与作用，前人研究已多，如韦庆远先生所说，三织造职责各有侧重，曹寅因为爱好文学、重交游，"正好用其优长以笼络江南文士……达到讯息畅通，威慑与怀柔交替结合的统治目的"。⑤ 联络江南士人特别是明遗民，具有一定的政治风险，非亲信不能承担。包衣家奴没有独立人格，相当于主人意志的延伸，更能令皇帝信任。曹寅任职江南之后，积极利用各种契机，频繁与包括明遗民在内的江南士人联系，有理由相信，即使没有面奉明

---

① 张伯行. 皇清诰授通议大夫总督河道兵部右侍郎谥恪勤陈公墓志铭 [M] //正谊堂文集：卷12.
② 周汝昌. 红楼梦新证 [M]. 上海：棠棣出版社，1953：380.
③ 李果. 仪征江亭记 [M] //在亭丛稿：卷8.
④ 江都县志（康熙）：卷6 [M]. 康熙五十六年刊本.
⑤ 韦庆远. 江南三织造与清代前期政治 [J]. 史学集刊，1992（03）：42-50.

旨，也一定是得到康熙暗示。笼络江南士大夫，凝结江南民心，应该是曹寅的一项重要职责。

当时江南赋税负担最为沉重，士民反清意识也最为强烈。江南归心事关国家稳定，所以康熙把经营江南作为重要战略，六次南巡的根本目的即在于此。他通过把廉政提到为政之本的高度，既顺应汉族士大夫奉行仁政的文化心理，又有助于减轻民间负担以消解反抗情绪。由于江南的特殊性，所以康熙往往派廉吏典范到此任职。康熙二十年（1681年）十二月，"三藩之乱"刚刚平定，康熙就任命"天下第一廉吏"于成龙为江南江西总督①。康熙二十三年首次南巡前夕，任命汤斌为江宁巡抚，理由即汤斌"操守甚善"②。康熙二十八年第二次南巡，又擢升"居官素善"的张鹏翮出任浙江巡抚③。张鹏翮是于成龙之后第二位被康熙钦定为"第一清官"的人，康熙三十七年第三次南巡之前，又被任命为江南江西总督。④ 此外，康熙还注意从江南地方官中塑造廉吏楷模。第二次南巡时，康熙将江宁知府于成龙树立为汉军出身的廉吏楷模。⑤ 任用廉吏典范到江南，或从江南官员中选拔廉吏，使康熙朝很多"廉吏"都有在江南为官，甚至在江南发迹的经历，表明廉吏在江南治理中具有极度重要的作用。

而陈鹏年的仕宦生涯，几乎都围绕广义的江南地区。他及第即外放为浙江西安县知县，因廉能为张鹏翮荐举调用河工，不久任山阳县知县、海州知州，康熙四十二年（1703年）升任江宁知府。所到之处，都以清廉自励。赴江宁任，入城之前，特意夜宿郊外海忠介祠，作题壁诗二首，其末句云"异代一麾深仰止，棠阴那得继孤芳"，⑥ 申明以海瑞为楷模的志向。他历任均有德声，除积弊、雪沉冤、革重耗、惩蠹役，深得百姓之心。所以他被阿山参劾羁押之时，"会城顷刻罢市，部民相率痛哭于大府之门，复绕公寓庐环呼'无害我廉吏'"，当地士子罢考，"诸生余养直会九学千余人建幡将叩阍"。⑦ 有了这样民心支持，如果康熙仍旧因其督修行宫不力而予以重处，必然对其苦心经营江南的大略产生不利影响。在这种情况下，负有笼络江南士民使命的曹寅的劝谏就

① 清圣祖实录：卷99［M］.康熙二十年十二月癸卯.
② 清圣祖实录：卷115［M］.康熙二十三年六月丁巳.
③ 清圣祖实录：卷139［M］.康熙二十八年二月己未.
④ 清圣祖实录：卷191［M］.康熙三十七年十一月壬辰.
⑤ 清圣祖实录：卷117［M］.康熙二十三年十一月乙丑.
⑥ 陈鹏年撰，李鸿渊校点.陈鹏年集［M］.长沙：岳麓书社，2013：253.
⑦ 李果.陈恪勤公传［M］//在亭丛稿：卷6.

会发生别人难以起到的作用。

曹寅之所以能承担笼络江南士民人心的重任，当然与其独特身份有关。从文化上看，他精通汉地文化，与汉族士大夫在精神层面能惺惺相惜，而他又深受满洲尚武务实文化的浸染，两种文化在其身上和谐并存，并无龃龉。在身份上，他一方面出身汉人，与江南士大夫血脉相通，同时又身为皇家"世仆"，能完全体现皇帝的个人意志。① 所以与正式的地方官员不同，他更多地充当了皇帝与江南士人，也即满汉两个民族、两种文化之间的精神桥梁作用。

康熙时期，满汉隔阂仍然很深。康熙虽然标榜"满汉一体"，但真正信任的臣子实际上是"奴才"加"廉吏"的类型。如郭成康先生所说，"满洲以文明晚进的少数民族，沙场百战，最终马上得天下，自然崇尚集中、简捷、务实、高效，习惯于用主奴之间的绝对服从来处理君臣政治关系"。② 康熙所认可的廉吏，除了廉洁之外，更需要对皇帝从精神到行动的主奴式的绝对服从。而这一点，恰恰是陈鹏年这类汉人"廉吏"所欠缺的。不但儒家原旨中有从道不从君的古训，作为其重要政治理念的民本意识，也容易让士人产生把为民请命当成真正忠君的错觉，皇帝越是自标明君，士人的错觉就越强烈。明清易代的政治环境尤其强化了士人对民命的担当意识，难免会与强调自身权威的皇帝之间产生隔阂。而"廉吏"由于有共同的价值认同，更容易呼朋引类，互为奥援，如张伯行在陈鹏年任海州知州时，即赠之《近思录》一书。当其任职苏州知府时，又去信鼓励"周程张朱而后，我辈今日正不能辞其责"。③ 这样会形成以廉洁相砥砺的气氛，也容易让人产生互结朋党的印象。如张鹏翮由于举荐人较多，而且对于旗员较为排斥，康熙就表示过不满。第五次南巡接驾时，张鹏翮举陈鹏年调补淮海道，康熙没有应允，反而于次日任命河工効力正蓝旗汉军张圣铎升任，其针对性不言而喻。④

更令皇帝难以适应的是，这些汉人"廉吏"的造就，并非出于凛遵皇帝旨意，而是因为信守儒家理念。他们在自身道德立场方面有着强烈的自信，反而不会轻易对上级权威表现出发自内心的驯服，往往会给人以太过"梗直"的印

---

① 对身处两个民族、文化中曹寅的政治品格，刘上生先生称为"政文异向的双重忠诚"。见刘上生. 曹寅与曹雪芹 [M]. 海口：海南出版社，2001：116-162.
② 郭成康. 十八世纪的中国政治 [M]. 香港：昭明出版社，2001：96.
③ 张伯行. 答陈沧州 [M] //正谊堂续集：卷5. 乾隆刊本.
④ 圣祖五幸江南全录 [M]. 振绮堂丛书本，1910：5-7.

象。如张鹏翮，康熙就直接指出"你做官甚清廉，只是为人太梗直了"。① 而张伯行也同样"操守廉洁，但负性执拗"。②陈鹏年这方面表现得更加突出，如蔡世远称他有"百折不回之气"③，储大文称他屡遭挫折"而志不少挫，气不少慑"，比之于范仲淹。④ 正道直行、强毅不屈，本是儒者应有风貌，然而在更适应主奴关系的康熙看来，就难免产生被冒犯的感觉，所以他对陈鹏年的评价是"居官虽善，乃一胆大强悍之人"，当噶礼与张伯行互讦之时，他居然认为都是"陈鹏年怂恿所致"⑤。

康熙对于主奴、君臣之间的绝对支配关系极为重视，曾严厉批评清官"倚仗廉洁，不畏上司"的情况："国家有上下贵贱之体，虽清官，可不畏上司乎？"⑥ 按照这种心理，当康熙认为陈鹏年督修行宫不力是对皇帝最高权威的冒犯时，仅仅强调陈鹏年是一个"廉吏"，就未必真能让他改变印象。此时曹寅就发挥了他独特的作用。他作为一个汉人，又精通儒家文化，深知在真正的儒家士人看来，不畏权贵，为民请命，正是忠君爱国的表现。但他又是皇帝的包衣，洞悉康熙要求臣子绝对服从的心理。如果说张英、李光地等人的劝谏会给人以汉族士大夫结党的印象，曹寅对陈鹏年的救助则更容易让皇帝相信。他为陈鹏年叩头流血，实际上就相当于为其居官、为人以及忠诚做了担保，让康熙通过忠心奴才的眼睛，看到陈鹏年并非有意冒犯皇权而是真正廉洁自励的清官形象。

有了这样的基本认识，使得陈鹏年之后两次遭遇"大不敬"的弹劾都未受重谴。即使噶礼弹劾陈鹏年诗中"有悖谬语"，康熙在对陈鹏年的"强悍"心有所忌的情况下，也能非常清醒地认为其中"不过托意渔樵""并无干碍"。⑦周汝昌先生据张伯行为曹寅所作祭文中"扶植善良，凡所陈奏，有直无隐；天子鉴其诚恳，时赐曲从。以故沉下僚者蒙迁擢，罹文网者获衿全"的记载，认为陈鹏年虎邱诗案免于治罪，也与曹寅有关。⑧ "罹文网者获衿全"，应该指曹寅曾经救助过陷入文字狱中的士人，至于受助者是否为陈鹏年，尚难定论。但

---

① 圣祖五幸江南全录 [M]. 振绮堂丛书本，1910：49.

② 张鹏翮. 张文端公全集：卷7 [M]. 杂记.

③ 蔡世远. 与陈沧洲总河书 [M] //二希堂文集：卷7. 文渊阁四库全书本.

④ 储大文. 与陈沧洲 [M] //存砚楼文集：卷15. 文渊阁四库全书本.

⑤ 清圣祖实录：卷249 [M]. 康熙五十一年二月丁巳.

⑥ 清圣祖实录：卷256 [M]. 康熙五十二年十月庚辰.

⑦ 清圣祖实录：卷251 [M]. 康熙五十一年十月丙辰.

⑧ 周汝昌. 红楼梦新证 [M]. 北京：华艺出版社，1998：347.

康熙形成对陈鹏年的基本认识，应该说与曹寅在行宫案中的劝谏有一定的关系。

余论

由于有张英，特别是曹寅的劝谏，陈鹏年督修行宫不力未受追究，但并不意味着康熙完全释怀，他命陈鹏年修镇江码头、监督纤工北上，对其"刚直"给予了不着痕迹的处罚。陈鹏年扈从之时，也是心怀忐忑，如他自己所称"前趋蒙雨露，惊喜得生还"。① 惊魂未定之际，他对自己以前行事，也似有所反省，"一愚何足贳，百死未能酬"。② 但本性实难骤改，被噶礼以大不敬弹劾之后，他还称"本来无媚骨，只有圣明知"。③ 他可能不理解，正是因为他"无媚骨"，才会屡遭此难。康熙实际上也没有完全赦免他。南市楼一案，虽然免死，但一方面没有白其冤，说明皇帝也认为其行为确属"不敬"。另一方面入武英殿修书，与其说是看中其学问，不如说是一种变相的驯化。陈鹏年被噶礼弹劾，康熙同样下诏免死，也同样令其入京修书。同样罪名，同样处理，说明二者之间可能有某种微妙的联系。

武英殿修书，并非附庸风雅之举，而是有着深刻用心的政治行动，实际上有从思想上强化对汉地士民控制的用意。陈鹏年十余年的修书生涯与曹寅在江南组织《全唐诗》《佩文韵府》等典籍的编纂、刊刻工作，并无二致。无独有偶，经历了戴名世文字狱案的方苞，虽然经李光地等救援侥幸逃生，但被没入旗籍，也以一个满洲奴仆的身份接任武英殿总裁职务。陈鹏年保留了自由之身，而时时在皇帝耳目监视之下，与失去自由之身的奴仆何尝有异？

某种意义上说，清代官方的典籍编纂活动，就是对深受儒家熏陶的汉人士大夫进行驯服的系统工程。这一点，在雍正、乾隆时期表现得更为突出，与文字狱相结合，其性质就更加明显。乾隆斥骂纪昀的那句话，"以汝文学尚优，故使领四库书馆，实不过以倡优蓄之，汝何敢妄谭国事"，④ 如果属实，确能反映乾隆对汉族士人的真实心态，其实又何尝说的不是康熙的心里话？当清朝统治者已经感觉牢牢掌控了局面，实现了对汉族士大夫的驯服之后，作为满汉文化中介桥梁的曹寅这样的群体，也就难免被边缘化甚至被抛弃的命运。

---

① 陈鹏年撰，李鸿渊校点. 陈鹏年集 [M]. 长沙：岳麓书社，2013：534.
② 陈鹏年撰，李鸿渊校点. 陈鹏年集 [M]. 长沙：岳麓书社，2013：280.
③ 陈鹏年撰，李鸿渊校点. 陈鹏年集 [M]. 长沙：岳麓书社，2013：536.
④ 黄鸿寿. 清史纪事本末：卷35 [M]. 上海：上海书店，1986：246.

康熙朝奏折中的经世官员及其典范化

姜金顺①

为了纠正清史学界偏重于讨论 17 世纪、19 世纪经世思想的研究现状，高王凌提出了"18 世纪经世学派"的研究设想。在他看来，这个群体主要由在任官员以及皇帝构成，并且以"通经致用"为宗旨。② 换句话说，18 世纪的中国存在很多擅长粮政、垦政、财政、盐政、漕政、理讼的"经世官员"。作为讨论的起点，首先需要厘清 18 世纪经世官员的具体内涵。刘凤云认为 18 世纪经世官员属于"行政官僚"转向"技术官僚"的结果，或者说是清代中期政府职能扩张的产物；③ 杨念群认为经世官员具有"学者"与"循吏"的双重身份，而 18 世纪经世官员的出现与清朝构建"大一统"的意识形态密切相关。④ 与之不同的是，罗威廉偏重于个案研究，并且利用三组对立概念（如道德主义与实用主义、国家扩权与地方自治、个人主义与集体主义）来勾勒 18 世纪经世官员的典型代表陈宏谋的经世关怀。⑤

在笔者看来，既有研究主要利用的是官员在任期间的史料及其衍生史料，很少利用官员选拔期间制造的史料。两种史料的区别在于：在前一种史料中，经世官员属于史料的制作者或者提供者，故而保留下来的多为对其有利的史料；

---

① 姜金顺，男，中国政法大学人文学院历史研究所讲师。
② 高王凌. 18 世纪经世学派 [J]. 史林，2007（1）：150-160.
③ 刘凤云. 十八世纪的"技术官僚"[J]. 清史研究，2010（2）：17-20；刘凤云. 两江总督与江南河务——兼论 18 世纪行政官僚向技术官僚的转变 [J]. 清史研究，2010（4）：18-30.
④ 杨念群. 清朝帝王的"教养观"与"学者型官僚"的基层治理模式——从地方官对乾隆帝一份谕旨的执行力说起 [M]//新史学（第 5 卷）. 北京：中华书局，2011：105-145.
⑤ 罗威廉. 救世：陈宏谋与十八世纪中国的精英意识 [M]//陈乃宣等译，北京：中国人民大学出版社，2016：581-588.

在后一种史料中，经世官员处于被动审核状态，史料的制作者是负责审核的上级官员，故而能够保留很多对其不利的史料。这些不利史料不仅制约了经世官员的职业发展路径，而且有助于推进我们对 18 世纪经世官员的全面理解。幸运的是，《康熙朝满文朱批奏折全译》《康熙朝汉文朱批奏折汇编》保留了康熙朝中后期（大致对应于 18 世纪早期）很多与官员选拔有关的史料。为了论述方便，下文将前者简称为"M"，将后者简称为"H"。借助这批史料，本文希望对康熙朝经世官员的来源、功能、经世官员形象的典范化过程进行考察。此外，为了缩小讨论范围，本文讨论的"经世官员"仅限于地方文职官员。

一、康熙朝经世官员的来源

一般而言，清代士人要想做官，首先要通过某些选举途径（如科举、学校、捐纳、荫生、荐举等）获得做官资格，然后通过某些选任程序获取实际职务。而地方文官的选任程序可以分为常规选任程序、特殊选任程序两类。常规选任程序指的是月选制度。它的流程大致为，吏部统计每月的官缺数量以及类别，然后确定参加掣签的名单，最后根据掣签结果决定何人补授何缺。掣签补授的做法始于万历二十二年（1594 年），最初是为了维护程序公正、杜绝私下请托。① 但是掣签补授也存在过于看重出身、年资等量化指标，容易造成人地不相宜的缺点。

从广义上讲，特殊选任程序指的是保举制度。进一步细分，它可以分为非经制性保举、经制性保举、坐缺保举（或者题请补授）三类。② 区别在于，前两种保举均属于督抚被动保举，只不过非经制性保举缺乏政策延续性、而经制性保举存在政策延续性。为了完成被动保举的政治任务，暂且不论被保举者的实际能力如何，保举者至少要在保举理由中暗示被保举者就是合适人选。这就意味着，保举者需要尽量突出被保举者的优点以及尽量回避被保举者的缺点。而第三种保举属于督抚主动保举，保举者只需要证明被保举者掌握某种特殊的治理技术，能够做到人地相宜即可。至于存在其他的缺点（如出身、年资存在欠缺；钱粮、盗案未完受到处分），并不存在掩饰的必要。这样做的好处是：

一是提供比较全面的信息，增强皇帝对于被保举者的直观印象。当然除了书面保举的环节，皇帝召见的环节也很重要。在 H1742、H1960 件奏折中，利用

---

① 潘星辉. 明代文官铨选制度研究 [M] //北京：北京大学出版社，2005：189-200.
② 王志明. 清代督抚保题绿营武官的人事权 [J]. 安徽史学，2005（5）：21-26.

皇帝出巡的机会,直隶巡抚赵弘燮特意让被保举者随驾出巡,以便增加皇帝召见的机会。① 而康熙的否决理由之一就是缺乏直观印象。在第 M414 件奏折中,太原府知府空缺,山西巡抚噶礼建议在阳曲县知县罗纶、临汾县知县秦唐中间进行选择。康熙帝对于罗纶并无直观印象,要求提供更多信息;② 在第 M828 件奏折中,江宁府知府空缺,两江总督阿山建议在参议道刘延、江宁府理事同知奔泰中间进行选择。康熙帝对于两人均无直观印象,直接予以拒绝。③

二是有助于提前掌握皇帝的意见,减轻保举者的连带责任。在第 H595 件奏折中,天津道祁国祚的亲生母亲去世,理应离任守制。直隶巡抚赵弘燮却建议祁国祚留任守制,结果被康熙帝拒绝。④ 结合其他史料来看,丁忧官员留任守制的做法非常容易受到科道官员的弹劾,"今部臣全凭督抚之指示,而并不讲求国体、稽查吏治……督抚以为宜在任守制,则在任守制矣;督抚以为应解任终丧,则解任终丧矣。诎朝廷之铨选,徇督抚之爱憎;轻国家之典制,重大吏之威权,部臣可谓颠倒失伦矣"。⑤ 正是预见到存在被弹劾的风险,赵弘燮才会提前征询皇帝的意见,然后相机行事。

在第 H598 件奏折中,天津道员空缺,直隶巡抚赵弘燮提名的是保定府知府李绅文。在保举理由中,赵弘燮一方面夸赞李绅文"真乃有才有守之员",另一方面指出李绅文受到"革职效力"的处分尚未撤销。不过赵弘燮明显低估了李绅文所受处分的严重程度,因为康熙帝的朱批为"此事不便具题,朕另有旨意"。⑥ 查《清圣祖实录》可知,作为康熙四十五年(1706 年)会试同考官,李绅文等人被康熙帝认定为"不善衡文",所以受到革职的处分。⑦ 至于后来被

---

① 中国第一历史档案馆编. 康熙朝汉文朱批奏折汇编:第 6 册 [G]. 北京:档案出版社,1985:82;中国第一历史档案馆. 康熙朝汉文朱批奏折汇编:第 6 册 [G]. 北京:档案出版社,1985:701.

② 中国第一历史档案馆编译. 康熙朝满文朱批奏折全译 [M]. 北京:中国社会科学出版社,1996:208.

③ 中国第一历史档案馆编译. 康熙朝满文朱批奏折全译 [M]. 北京:中国社会科学出版社,1996:405-406.

④ 中国第一历史档案馆编. 康熙朝汉文朱批奏折汇编:第 2 册 [G]. 北京:档案出版社,1985:678-680.

⑤ 余缙. 大观堂文集 [C]. 四库全书存目丛书(史部第 67 册). 济南:齐鲁书社,1996:121.

⑥ 中国第一历史档案馆编. 康熙朝汉文朱批奏折汇编:第 2 册 [G]. 北京:档案出版社,1985:683-686.

⑦ 清圣祖实录(三)[M]. 北京:中华书局,1985:258.

授予保定府知府的职务，已经属于从轻处罚。根据地方志的记载来看，李绅文在任期间取得了一定政绩，"寻起保定府，平反疑狱，疏通夹河，以劳卒"。① 但是在康熙帝看来，这些政绩尚不足以抵消"革职效力"的处分。如果在题本中直接保举李绅文，赵弘燮很可能会受到弹劾，这应是"此事不便具题"的直接原因。

当然不论是何种保举，要想获得保举资格，被保举者必须掌握某种特殊的治理技术。在排除名不副实的前提下，这些被保举者都可以被视为经世官员。不过考虑到保举理由更加全面，所以题请补授中的被保举者更加值得深入考察。

需要注意的是，为了豁免经世官员存在的缺点，时人提出了多种豁免条件。如果将豁免条件设定为清廉，那么经世官员可以被称为"廉吏"；如果将豁免条件设定为清廉且取得出色政绩，那么经世官员可以被称为"循吏"。在康熙十八年（1679）的殿试策问中，康熙帝提出如下问题：为何使用循吏标准选拔出来的官员不仅没有取得出色政绩，而且还有可能走上贪污腐败的道路？在该科状元归允肃看来，循吏即便取得了出色的政绩，也可能因为存在缺点而无法通过常规选任程序的选拔。为了能够获得升迁，循吏将被迫讨好上司；为了能够讨好上司，循吏的工作重心将不得不从获取政绩转向收受贿赂。故而要想让循吏安心工作，必须确保循吏的某些缺点可以被豁免。而豁免的方法就是通过特殊选任程序进行选拔，"以一眚遽掩，几何其不以贪令耶"。② 类似的观点不仅可以在其他状元的殿试对策中找到，③ 而且可以在康熙帝颁布的谕旨中找到。④

二、康熙朝经世官员的功能

作为人事提名的不同方法，掣签补授、题请补授存在明显的竞争关系，因此只有扩大题请补授的范围、任命更多的经世官员，地方督抚才能获取更多的人事提名权力。就此而言，经世官员成为地方督抚争夺人事提名权力的重要工具。

① 吴坤修. 重修安徽通志 [C]. 续修四库全书（第653册）. 上海：上海古籍出版社，2002：552.
② 邓洪波，龚抗云编著. 中国状元殿试卷大全 [M]. 上海：上海教育出版社，2006：1413，1415.
③ 邓洪波，龚抗云编著. 中国状元殿试卷大全 [M]. 上海：上海教育出版社，2006：1447.
④ 清圣祖实录（三）[M]. 北京：中华书局，1985：97.

　　康熙朝殿试策论中经常出现如何做到人地相宜的题目，而常见的标准答案是掣签补授不利于人地相宜，题请补授有利于人地相宜。与考生倾向于宏观论证不同，地方督抚倾向于微观论证，后种论证套路大致为：先是强调特定政区的治理难度较高，需要使用特殊的治理技术；然后强调经世官员掌握特殊的治理技术，但是存在很多缺点，只能通过特殊选任程序进行选拔。为了减少潜在的阻力，在排除掣签补授的前提下，地方督抚经常会将题请补授设定为备选方案之一。在第 H632 件奏折中，四川巡抚年羹尧提议："嗣后川省道府缺出，伏乞皇上特简贤能，令其效力；或臣有真知灼见之人，许臣题请补用"；① 在第 H954 件奏折中，浙江巡抚王度昭提议："臣请嗣后紧要缺出，于疏内声明，恭请皇上于记名人员内选补；其现任有人地不相宜者，容臣虚公遴选，具题调补"；② 在第 H2430 件奏折中，济南府知府张焘需要离任守制，而山东巡抚李树德提议：要么让张焘留任守制，要么在济南府同知张振伟、高唐州知州刘天爵中间进行选择。③

　　出于人地相宜的考虑，康熙帝陆续划定了题请补授的正式范围。如康熙二十五年（1686），划定南宁、太平、庆远、思恩四府所属官缺由广西督抚保题补授；康熙二十六年（1687），划定保定、永平、河间三府捕盗同知由直隶巡抚保题补授；康熙二十七年（1688），划定台湾府所属官缺由福建巡抚于本省属员内题请调补；康熙二十九年（1690），划定河道官缺由河道总督于属员、地方官员内拣选补授；康熙三十七年（1698），划定元江、开化、广西、广南四府所属官缺由云南巡抚于本省属员内拣选题补；康熙三十八年（1699），划定茶陵、黎平、东川、平越四府所属官缺由各省督抚于本省属员内拣选题补；康熙三十九年（1700），划定辰州府所属官缺由偏沅巡抚于本省属员内拣选题补；同年，划定都匀、铜仁、黎平、威宁四府，独山、大定、平远、黔西四州，以及永从县所属官缺由贵州巡抚于本省属员内拣选题补；康熙四十年（1701），山西、陕西"有部颁关防、不与知府同城、分驻边卫之同知，并西宁、肃州通判员缺"，由该省督抚于本省属员内拣选题补；康熙四十七年（1708），划定陕西商州、镇

---

①　中国第一历史档案馆编. 康熙朝汉文朱批奏折汇编：第 2 册［G］. 北京：档案出版社，1985：772.

②　中国第一历史档案馆编. 康熙朝汉文朱批奏折汇编：第 3 册［G］. 北京：档案出版社，1985：784-785.

③　中国第一历史档案馆编. 康熙朝汉文朱批奏折汇编：第 7 册［G］. 北京：档案出版社，1985：933-934.

安、山阳、商南四州县所属官缺由该省督抚拣选题补。从类别上看，这些官缺属于苗疆缺、边疆缺、烟瘴缺以及管河缺等类别。

对于超出正式划定范围的题请补授行为，吏部或者科道官员经常提出批评。清代的题请补授行为原本属于应对战争状态的特殊举措，所以康熙年间都察院左副都御史金鋐坚持将其限定在交战地区，不能进一步扩大，"其不用兵省份，凡保举题补之例应行停止"。① 但是从效果上看，类似批评往往只能在短暂时间内奏效。② 尽管属于事后解释，康熙帝本人也倾向于有条件地承认超出正式划定范围的合理性，"近来督抚提镇题补太多，始不过州县官、千把总之类，今则司道副参亦皆题补矣。值此用兵之际，姑且行之"。③

由此也就不难理解，康熙朝题请补授的官缺，除了正式划定的道府州县级别的官缺，还包括布政使、按察使级别的官缺。与后者有关的奏折，笔者目前找到 5 件：在 M125 件奏折中，安徽按察使空缺，两江总督傅拉塔建议在两淮盐道赵世显、江常镇道杨嘉、江西省粮道苏昌臣中间进行选择；④ 在第 M2047 件奏折中，福建布政使空缺，福建巡抚满保提名的是福建运使刘瀚；⑤ 在第 H2891 件奏折中，四川按察使空缺，四川总督年羹尧提名的是永宁道高其佩；⑥ 在第 H2957 件奏折中，巩昌布政使空缺，川陕总督年羹尧建议在直隶守道李维钧、江西按察使石文焯中间进行选择；⑦ 在第 H2961 件奏折中，由于李维钧、石文焯均另有任用，年羹尧转而提名户部主事傅德为巩昌布政使。⑧

三、康熙帝对于争夺人事提名权力的态度

由于人事决定的权力掌握在皇帝手中，康熙帝实际上不太关注人事提名权

① 清圣祖实录（一）［M］. 北京：中华书局，1985：916。
② 康熙朝至少两次暂停保举，分见清圣祖实录（一）［M］. 北京：中华书局，1985：406；清圣祖实录（三）［M］. 北京：中华书局，1985：880.
③ 清圣祖实录（三）［M］. 北京：中华书局，1985：877.
④ 中国第一历史档案馆编译. 康熙朝满文朱批奏折全译［M］. 北京：中国社会科学出版社，1996：56-57.
⑤ 中国第一历史档案馆编译. 康熙朝满文朱批奏折全译［M］. 北京：中国社会科学出版社，1996：822.
⑥ 中国第一历史档案馆编. 康熙朝汉文朱批奏折汇编：第 8 册［G］. 北京：档案出版社，1985：726-727.
⑦ 中国第一历史档案馆编. 康熙朝汉文朱批奏折汇编：第 8 册［G］. 北京：档案出版社，1985：847-848.
⑧ 中国第一历史档案馆编. 康熙朝汉文朱批奏折汇编：第 2 册［G］. 北京：档案出版社，1985：851.

力的归属问题。与之相比,他更加关注另外的两个问题。

一是确保地方督抚恰当行使人事提名的权力。在现实生活中,保举者与被保举者属于上下级关系,再加上存在保举与被保举的关系,双方很可能形成利益共同体,进而将保举变成公权私用、党同伐异的重要工具。就此而言,总督、巡抚不宜简称为"督抚",因为极有可能存在总督、巡抚不和(或者前后任不和)的极端情况,如两江总督噶礼与江苏巡抚张伯行就向来不和,双方的矛盾连康熙帝出面调解都无法化解。① 为了争夺人事提名的权力,两江总督噶礼一方面将自己担任山西巡抚期间的下属保举到两江地区任职,即便暂时没有合适空缺也在所不惜;② 另一方面极力拉拢潜在的盟友。噶礼自称"不能通晓汉文诗词之意",他之所以断定(张伯行的支持者)陈鹏年游玩虎丘时所写诗句存在诽谤,实际上得到了新任江苏布政使金世扬的帮助;③ 他保举扬州府同知叶玉桥,很可能是想拉拢叶玉桥之父、安徽巡抚叶九思;④ 他之所以多次提携江宁府知府刘瀚,并将后者保举为凤庐道员,是因为刘瀚与陈鹏年等人不和。⑤

问题在于,康熙朝的殿试策论总是将总督、巡抚简称为"督抚",这也就失去讨论总督、巡抚争夺人事提名权力的可能性。在康熙二十四年(1685)乙丑科、康熙五十一年(1712)壬辰科、康熙五十二年(1713)癸巳恩科、康熙六十年(1721)辛丑科的殿试策问中,曾经出现如何防止地方督抚滥用人事提名权力的问题。从状元殿试卷来看,陆肯堂、王世琛、王敬铭、邓钟岳在对策中均建议强化保举者的职业伦理,如公平心态对待权力、拒绝贿赂请托、强化保举责任等,稍有不同的是,陆肯堂建议增加人事提名的竞争性,但是主张加强中央官员与地方督抚之间的竞争,并未主张加强总督、巡抚之间的竞争。⑥

二是确保吏部恰当行使人事监督的权力。从程序上讲,即便地方督抚与皇

---

① 范金民,孔潮丽.噶礼张伯行互参案述论 [J].历史档案,1996,4:84-92;杨珍.康熙五十三年噶礼获罪原因再探 [J].历史档案,2017 (2):94-100.

② 中国第一历史档案馆编译.康熙朝满文朱批奏折全译 [M].北京:中国社会科学出版社,1996:672,700,708.

③ 中国第一历史档案馆编译.康熙朝满文朱批奏折全译 [M].北京:中国社会科学出版社,1996:755,833.

④ 中国第一历史档案馆编译.康熙朝满文朱批奏折全译 [M].北京:中国社会科学出版社,1996:693.

⑤ 中国第一历史档案馆编译.康熙朝满文朱批奏折全译 [M].北京:中国社会科学出版社,1996:746,753,759.

⑥ 邓洪波,龚抗云编著.中国状元殿试卷大全 [M].上海:上海教育出版社,2006:1420-1421,1476-1477,1485,1503.

帝通过奏折达成了共识，地方督抚依然需要将人事提名以题本的形式递交给吏部、皇帝，这是吏部行使人事监督权力的前提。在立场更加接近于地方督抚的蔡方炳看来，人事监督的要点在于是否违背保举者的职业伦理。只要不违背保举者的职业伦理，吏部就不应该过多干涉地方督抚的人事提名，"否则既任以一方之事，而不得更置一方之才，分猷无人，提挈不应，何从展布乎"。①

在直隶巡抚、直隶总督任上，赵弘燮经常在奏折中抱怨吏部官员"妄行驳诘"。在第 H174 件奏折中，通州知州空缺，赵弘燮提名的是东安县知县王友直，吏部对此表示反对，理由是王友直有"任内有革职、勒限赔完"的处分，但赵弘燮认为吏部的反对理由并不成立，因为李光地在担任直隶巡抚期间，曾经出现清苑县知县佟国翼"任内亦有戴罪之案"，但是转任涿州知州的提名通过吏部审核的成功案例。李光地的类似提名可以通过审核，自己的类似提名却无法通过审核，那么只能说明自己受到吏部的不公正对待。② 查询地方志可知，王友直于康熙四十五年就任通州知州，③ 这证明赵弘燮的申诉起到了效果。

从赵弘燮的立场来看，他在奏折中不断抱怨的目的是为了让佟国翼的案例成为可供援引的成案；可是从吏部的立场来看，他们恐怕更愿意将佟国翼的案例理解为并不值得援引的特例。所以在第 H322 件奏折中，吏部驳回了许国杖调补清苑县知县的提名，理由是任内盗案未完。赵弘燮认为自己不仅遵守了保举者的职业伦理，而且遵循了人事提名的既有成案，根本不存在任何过错，所以过错方只能是吏部，并且是吏部官员利用人事监督的机会索贿不成的结果。④除此之外，赵弘燮至少还在另外三份奏折中抱怨自己受到了吏部的不公正对待。⑤

---

① 魏源编. 皇朝经世文编［C］. 魏源全集（第 14 册）. 长沙：岳麓书社，2011：102.

② 中国第一历史档案馆编. 康熙朝汉文朱批奏折汇编：第 1 册［G］. 北京：档案出版社，1985：377-378.

③ 高天凤. 通州志［M］. 刻本. 1783（乾隆四十八年）.

④ 中国第一历史档案馆编. 康熙朝汉文朱批奏折汇编：第 1 册［G］. 北京：档案出版社，1985：907-909.

⑤ 中国第一历史档案馆编. 康熙朝汉文朱批奏折汇编：第 1 册［G］. 北京：档案出版社，1985：978-980；中国第一历史档案馆编. 康熙朝汉文朱批奏折汇编：第 3 册［G］. 北京：档案出版社，1985：433-434；中国第一历史档案馆编. 康熙朝汉文朱批奏折汇编：第 7 册［G］. 北京：档案出版社，1985：950.

四、康熙朝经世官员的典范形象

在笔者看来,吏部之所以"妄行驳诘",很可能与吏部既定的人事安排屡次被赵弘燮破坏有关。在第 H606 件奏折中,真定府知府空缺,吏部原本提名的是云南府同知鲍鋐惟,赵弘燮的反对理由是赴任时间太长,并未掌握繁缺的治理技术,最终夺回了人事提名的权力;① 在第 H635 件奏折中,大名守道空缺,吏部原本提名的是镇远府同知李会生,赵弘燮的反对理由是赴任时间太长,而他提名的真定府知府祁国祚最终获得任命;② 在第 H812 件奏折中,祁国祚补授大名守道后,很快又被调任直隶守道,大名守道再次空缺,吏部原本提名的是中书舍人田呈瑞,赵弘燮的反对理由是仅仅掌握简缺的治理技术,尚未掌握繁缺的治理技术,而他提名的广平府知府年希尧最终获得任命;③ 在第 H1600 件奏折中,吏部原本提名了长芦运司的人选,赵弘燮的反对理由是赴任时间太长,最好由皇帝简放;④ 在第 1657 件奏折中,吏部原本提名了河间府知府的人选。赵弘燮的反对理由是不熟悉地方民情、很难尽快进入工作状态,所以他建议在河间府同知高鑛、管河同知刘之颖中间进行选择。⑤

此类史料尽管在现存的康熙朝奏折中较为少见,却能够提供准确理解"人地相宜"的重要契机,因为赵弘燮必须解释吏部的人事提名为何无法做到人地相宜,自己的人事提名为何可以做到人地相宜。归纳起来,"人地相宜"有两层含义:一是必须熟练掌握与之匹配的治理技术;二是必须熟悉地方民情,能够很快进入工作状态。根据人地相宜原则,18 世纪的官箴书(此处以黄六鸿、汪辉祖的论著为代表)至少引申出三种治理技术。

第一,对于刚刚步入仕途的州县官员来说,要想熟练掌握某种特殊的治理技术,肯定需要经历漫长的学习过程。因此,黄六鸿强调辩证地看待简缺、繁

---

① 中国第一历史档案馆编. 康熙朝汉文朱批奏折汇编:第 2 册〔G〕. 北京:档案出版社,1985:701-702.

② 中国第一历史档案馆编. 康熙朝汉文朱批奏折汇编:第 2 册〔G〕. 北京:档案出版社,1985:778-780.

③ 中国第一历史档案馆编. 康熙朝汉文朱批奏折汇编:第 3 册〔G〕. 北京:档案出版社,1985:304-306.

④ 中国第一历史档案馆编. 康熙朝汉文朱批奏折汇编:第 5 册〔G〕. 北京:档案出版社,1985:647-648.

⑤ 中国第一历史档案馆编. 康熙朝汉文朱批奏折汇编:第 5 册〔G〕. 北京:档案出版社,1985:783-784.

缺。从经济收益的角度看，简缺的收入肯定少于繁缺的收入；可是从学习机会的角度看，简缺、繁缺都能提供学习治理技术的机会。① 在汪辉祖看来，简缺、繁缺的治理技术是共通的，只是存在熟练程度方面的差别，治理技术相对生疏的州县官员更加适合简缺，治理技术相对熟练的州县官员更加适合繁缺。②

第二，作为基层官员，州县官员肯定需要处理与辖区民众的关系。从常理上讲，不同的利益群体存在不同的利益诉求，州县官员需要在不同利益群体之间寻求平衡。在黄六鸿看来，任期较短的官员往往通过拜访乡绅、阅读方志等渠道掌握地方民情，容易受到特定利益群体的误导；而任期较长的官员接触面较广，不太容易受到特定利益群体的误导。③ 在汪辉祖看来，为了引导州县官员追求长期政绩，应该延长州县官员的任职期限。④

第三，作为基层官员，州县官员肯定需要处理与上级官员的关系。从常理上讲，州县官员需要尊重上级官员的权威。根据康熙年间王嗣怀的观察，当时甚至有宁可得罪朝廷大员，也不能得罪地方大吏的说法，"朝廷之威虽若震霆，不闻日取一物而击之；大吏一怒，祸不旋踵"。⑤ 可是在黄六鸿看来，假若上级官员的意见与自己的专业判断出现冲突，那么即便受到处分，也应该坚持自己的专业判断。⑥ 与之相比，汪辉祖的观点更为激进，遇到两者冲突的情况，他建议州县官员不必事先请示，造成既成事实之后再向上级汇报。⑦

在现实语境中，如果完全遵循以上三种治理技术（特别是第三种治理技术），州县官员很可能会受到上级官员的处分（如钱粮盗案未完而受到处分）。有趣的是，18世纪官箴书的作者提前预见到类似的实践难题，不过他们并未采

---

① 黄六鸿. 福惠全书 [C] //刘俊文主编. 官箴书集成（第3册）. 合肥：黄山书社，1997：223.

② 汪辉祖. 学治臆说 [C] //刘俊文主编. 官箴书集成（第5册）. 合肥：黄山书社，1997：273，289.

③ 黄六鸿. 福惠全书 [C] //刘俊文主编. 官箴书集成（第3册）. 合肥：黄山书社，1997：556-557.

④ 汪辉祖. 学治臆说 [C] //刘俊文主编. 官箴书集成（第5册）. 合肥：黄山书社，1997：273.

⑤ 王嗣槐. 桂山堂文选 [C] // 四库未收书辑刊（第7辑第27册）. 北京：北京出版社，1997：324.

⑥ 黄六鸿. 福惠全书 [C] //刘俊文主编. 官箴书集成（第3册）. 合肥：黄山书社，1997：260.

⑦ 汪辉祖. 学治续说 [C] //刘俊文主编. 官箴书集成（第5册）. 合肥：黄山书社，1997：303.

取类似处分可以受到豁免的说服策略，而是采用改变排序的说服策略。

在康熙朝奏折、状元殿试卷中，常规选任程序、特殊选任程序均有其存在的合理性，前者坚持程序公正原则，后者坚持人地相宜原则，它们既存在相互竞争的关系，也存在相互补充的关系。作为特殊选任程序的受益者，① 陆陇其认为两种原则可以并行不悖，"鼓舞之道，莫过于循格之中行破格之典。使中才不得越次，而进以守铨法之常；而英流间得超擢以登，以通铨法之变"。② 与之相比，程序公正原则、人地相宜原则在 18 世纪官箴书中受到了截然不同的待遇。

由于预设读者大多为即将上任的州县官员，官箴书需要涵盖州县官员赴任、在任、离任期间需要用到的各种专门知识，稍有不同的是，由于掣签补授制度的出现，清代官箴书有时会在"赴任"之前加入"掣签"的条目。这就意味着，程序公正原则（以及由此引申的治理技术）只能被置于相对次要的"掣签"条目之下。假若清代官箴书并不设置"掣签"的条目（如田文镜的《钦颁州县事宜》、汪辉祖的《学治臆说》等），程序公正原则就会失去公开表达的机会。

而人地相宜原则（以及由此引申的治理技术）被置于最为重要的"在任"条目之下，该条目几乎在所有官箴书中都会保留。在阅读"在任"条目的治理技术时，读者只会注意人地相宜原则的存在。在人地相宜原则的映衬下，类似处分很容易被解释为敢于坚持原则、乐于自我牺牲的美德。由此带来的阅读效果是，在现实中被视为升迁障碍的缺点反而变成理论上值得仿效的优点。

结语

通过对《康熙朝满文朱批奏折全译》《康熙朝汉文朱批奏折汇编》等档案史料的考察可知，康熙朝经世官员具有两方面的特点：一是拥有掌握特殊治理技术的优点，二是存在很多难以回避的缺点（如出身、年资存在欠缺，钱粮、盗案未完受到处分）。由于存在缺点，他们无法通过常规选任程序进行选拔，只能通过特殊选任程序进行选拔，故而康熙朝的经世官员大多来自保举制中的被

---

① 陆陇其先后受到左都御史魏象枢、直隶巡抚格尔古德等人的保举，参见赵尔巽. 清史稿 [M]. 北京：中华书局，1977：9935.
② 陆陇其. 三鱼堂外集 [C] //景印文渊阁四库全书（第 1325 册）. 台北：台湾商务印书馆，1986：232.

保举者。如果豁免缺点的条件为清廉，那么经世官员可被称为"廉吏"；如果豁免缺点的条件为清廉、取得出色政绩，那么经世官员可被称为"循吏"。

经世官员受到保举的原因，应该被置于地方督抚、吏部争夺人事提名权力的语境中来理解。只有正式划定保举经世官员的范围，地方督抚的人事提名权力才会受到限制，反之，只有不断突破正式划定范围的限制，地方督抚才能获取更多的人事提名权力。对于康熙帝来说，只要恰当行使各自的权力，地方督抚与吏部围绕人事提名的权力博弈是可以接受的。不过因为受到史料方面的限制，康熙朝奏折中更多保留的是地方督抚不断突破正式划定范围的史料。

在现实语境中，常规选任程序、特殊选任程序分别具有程序公正、人地相宜的合理性。可是在18世纪的官箴书中，程序公正原则要么不被谈及，要么被置于相对次要的"掣签"条目之下，而人地相宜原则被置于最为重要的"在任"条目之下。由此营造出来的阅读效果是，经世官员所受的处分（尤其是钱粮盗案未完受到的处分）可以被解读为坚持人地相宜原则而做出的自我牺牲，原本被视为升迁障碍的缺点反而变成理应效仿的优点。通过这种方式，经世官员演变成为州县官员的效仿典范。

清代朱批记载补论

刘文华①

清代皇帝召见引见官员，观其体貌情态，听其言语论说，察其人品性格，综合考量，做出简短评价，朱笔书写于官员请安折等折件上，是为朱批记载（朱笔记载）。清代朱批记载对于皇帝选官用人有着极其重要的作用。关于清代皇帝的朱批记载问题，学界已有一定研究，基本上弄清楚了朱批记载的概念、使用场景及其作用，② 但是对于朱批记载的源起——雍正年间的朱批记载，朱批记载的归宿——光绪年间到底有没有朱批记载等问题，还应发掘史料进行深入探讨，而且对于朱批记载的管理运用，仍缺乏比较直接典型的案例予以揭示。本文即依据清宫档案对这三个问题进行探讨。

一、雍正时期的朱批记载情形

乾隆帝曾回顾称："记名道府人员朱批记载，乃皇考世宗宪皇帝留意人材，以便随时录用，实属法良意美，所当永远遵守。"③ 清代笔记也记载称："朱批记载，乃留意人材，以备录用者。事昉于世宗朝，乾、嘉以来，皆遵之。乾隆间，太监高云从以漏泄道府记载获罪。由此益慎秘矣。"④ 可见，朱批记载应始于雍正年间。

雍正年间的朱批记载，在现存雍正朝朱批奏折及履历档案中有很多具体事例，但都是个案，尚无综合性说明。不过，雍正帝在引见召见官员时，经常提及朱批记载之事。

---

① 刘文华，男，中国第一历史档案馆副研究馆员。
② 刘文华. 朱批记载考 [J]. 清史研究，2017（3）：146-156. 李刚. 清宫满汉文"朱批记载"档案研究 [J]. 满语研究，2017（1）：63-67.
③ 清高宗实录：卷963 [M]. 乾隆三十九年七月乙亥.
④ 吴振棫. 养吉斋丛录 [M]. 北京：中华书局，2005：297.

　　雍正帝在引见召见文武官员时，多次提到他们已经被记了名，自己会记着他们，如雍正二年十二月二十六日，皇帝对山东兖州镇标中军游击李登华等说："朕都记着你们。"① 雍正三年二月十二日，对请训的署理广西平乐守备王涛等人说："如今你们引见过，优劣之处，朕俱知之，再不得忘记。"② 雍正三年三月初九日，对赴任前请训的广西浔州副将齐元辅等人说："今朕看过你们了，再没有忘记你们的，朕时常看阅你们的名字，朕再不肯亏负一个人的。"③ 雍正三年五月初八日，对山西灵丘路参将李先荣等人说："但你七个人，朕是记了名的。"④ 雍正四年二月初九日，皇帝训谕新任湖广上荆南道高淳等人："着实要做好官，尔等名字朕都记着。"⑤

　　这种记名，显然不是后世的军机处记名制度（此时军机处尚未成立），纯粹就是表明雍正帝自己记得这些官员的名字及贤否优劣，这当然不是靠超人的记忆力，而是有书面材料。雍正二年十一月初十日，雍正帝对引见的广东南雄副将刘章等明确说："你们武官提督以下、游击以上，朕有一本册子，文官总督以下，知府以上，朕有一本册子，每日揭看。"⑥ 雍正三年三月初九日，皇帝对即将起程的直隶山永副将于义明确地说："你们记着，你们出去不要听信人撞编，我有折子记着的。"⑦

　　折子记的是什么？雍正帝也明确告知官员们。雍正二年十一月初八日，他对引见的广西桂林城守副将马召南说："文官不必说，你们武官自提督总兵副将

① 山东兖州镇标中军游击李登华奏为遵旨缮写面奉谕旨封固交总兵赵国瑛转奏事［A］. 雍正三年十月二十四日. 中国第一历史档案馆藏宫中朱批奏折. 档号：04-01-30-0153-016.
② 署理广西平乐守备王涛奏为奉旨封固面奉谕旨交提臣韩良辅代进事［A］. 雍正四年七月十六日. 中国第一历史档案馆藏宫中朱批奏折. 档号：04-01-30-0155-017.
③ 广西浔州副将齐元辅奏为接受面训缮折恭呈御览事［A］. 雍正三年九月二十四日. 中国第一历史档案馆藏宫中朱批奏折. 档号：04-01-30-0114-024.
④ 分守山西灵丘路参将李先荣奏为遵旨缮写面奉谕旨封固并竭力整伍练兵事［A］. 雍正三年八月十三日. 中国第一历史档案馆藏宫中朱批奏折. 档号：04-01-30-0152-028.
⑤ 湖广上荆南道高淳奏为面奉圣谕缮折恭呈御览事［A］. 雍正四年五月二十日. 中国第一历史档案馆藏宫中朱批奏折. 档号：04-01-30-0115-013.
⑥ 广东南雄副将刘章奏为遵旨缮写面奉谕旨封固进事［A］. 雍正三年九月初八日. 中国第一历史档案馆藏宫中朱批奏折. 档号：04-01-30-0152-009.
⑦ 直隶山永副将于义奏为遵旨缮折恭缴圣训事［A］. 雍正朝. 中国第一历史档案馆藏宫中朱批奏折. 档号：04-01-30-0169-035.

参游名字折子，其贤否一一详注，俱在几案间，闲暇之时，朕都一一阅看。"①雍正三年五月初八日，他对请训的广西泗城协副将王大绶等人说："你们弓箭汉仗貌相年纪，朕都详记于此。"②雍正三年九月十一日，他对请训的山西东路营参将杜森说："朕如今引见诸臣，你们的名字俱用尖圈、圆圈暗记年貌、履历，朕亲笔注定。"③这些折子就是朱批记载折，而且，雍正帝还宣称："尔等轮流引见各官优劣，朕俱逐一记在折子上，外厢可以挖补改移，朕前所收折子谁能改补？"④即折子上的记载除了皇帝之外是无人可以更改的。可见，雍正帝对于召见引见的提督、总兵、副将、参将、游击等武官，在折子上记录官员们的年纪、相貌、汉仗（指身体个头）、弓箭武艺（因引见时往往先箭亭射箭）情形，综合判断贤否优劣（有的用尖圈、圆圈区别，有的则加简短判断语）。武官如此，既然雍正帝称"文官不必说"，那文官大概也同样处理。这在此前研究、档案中都有很多详细的事例，此处不再赘言。

雍正帝还强调折子上的朱批记载，"近侍及大臣等俱不知之"⑤，"近侍"应指御前大臣、侍卫，"大臣"则应指大学士六部九卿官员，可见非常注重保密。雍正帝更强调自己用人独断，"不专在督抚提镇之保举"⑥"就是总督等在外保举进来，也要合着朕意，方才擢用"⑦。他批评被召见的官员们，"你们外官不

---

① 广西桂林城守副将马召南奏为遵旨缮写训旨封固交广西提督韩良辅转奏进呈御览事[A]. 雍正四年四月初二日. 中国第一历史档案馆藏宫中朱批奏折. 档号：04-01-30-0154-012.

② 广西泗城协副将王大绶奏为奉面谕缮折恭呈御览事[A]. 雍正四年七月二十二日. 中国第一历史档案馆藏宫中朱批奏折. 档号：04-01-30-0115-018.

③ 前任山西东路营参将杜森奏为遵旨缮写面奉谕旨封送大同总兵王以谦代奏并蒙恩补放江西九江副将谢恩事[A]. 雍正三年十二月十五日. 中国第一历史档案馆藏宫中朱批奏折. 档号：04-01-30-0153-026.

④ 天津镇涿州营参将李惟扬奏为遵旨缮写面奉谕旨封固交天津总兵徐仁转奏事[A]. 雍正三年十二月. 中国第一历史档案馆藏宫中朱批奏折. 档号：04-01-30-0153-025.

⑤ 前任山西东路营参将杜森奏为遵旨缮写面奉谕旨封送大同总兵王以谦代奏并蒙恩补放江西九江副将谢恩事[A]. 雍正三年十二月十五日. 中国第一历史档案馆藏宫中朱批奏折. 档号：04-01-30-0153-026.

⑥ 广西桂林城守副将马召南奏为遵旨缮写训旨封固交广西提督韩良辅转奏进呈御览事[A]. 雍正四年四月初二日. 中国第一历史档案馆藏宫中朱批奏折. 档号：04-01-30-0154-012.

⑦ 署理广西平乐守备王涛奏为奉旨封固面奉谕旨交提臣韩良辅代进事[A]. 雍正四年七月十六日. 中国第一历史档案馆藏宫中朱批奏折. 档号：04-01-30-0155-017.

知内里规矩，到京时往往各处夤缘，被人欺骗"①，告诫他们不要老是想着去巴结、请托，"你们在外面不要撞木钟"②"你们出去第一不要夤缘"③。雍正帝声称："御前请托，种种弊端，朕都知道，朕将折子对看，他们不能做弊，你们不要为人所愚。"④ 雍正帝想传达给众官员的意思是，请托巴结是没有用的，唯一能决定官员升迁降黜的只有雍正自己。至于雍正帝怎么判断该官员是否"合着朕意"，那就是在引见召见时当场评判，并朱笔记录，或随后下旨决定任不任用，或以后用人之际找出朱批记载查看，再下决定。总之，雍正帝宣称："朕之用人俱系独断，尔等记名人员不时即用，切不可被人撞骗，为人所愚。你等居官操守要紧，无论远迩，朕无不悉知。"⑤

雍正帝制作朱批记载的目的，是为了亲自评判官员贤否，以便用人时参考，确保真正掌控用人独断权。雍正帝将朱批记载的做法向官员们宣示，塑造全知全能、无远弗届的形象，借此告知各官员不要走门路请托，而是要保持操守、尽心职事、公忠为国，自己有各种途径知晓各官的努力与付出，会加以拔擢升迁。

总而言之，自雍正初年，雍正帝就已开始在引见召见官员时施以朱批记载，通过观察官员引见召见时的表现，加以判断，并朱笔记下，严加保密，时常阅看，作为自己用人独断时的重要参考。雍正帝的朱批记载做了良好的示范，并为乾隆帝及此后嘉、道、咸诸帝继承。

二、光绪帝"朱笔记载"问题

清代诸帝中，雍正、乾隆、嘉庆、道光、咸丰五位皇帝的朱批记载非常多，各帝的朱批记载，满文、汉文均有，数量都相当庞大。同治、光绪二帝幼年即

① 前任山西东路营参将杜森奏为遵旨缮写面奉谕旨封送大同总兵王以谦代奏并蒙恩补放江西九江副将谢恩事 [A]. 雍正三年十二月十五日. 中国第一历史档案馆藏宫中朱批奏折. 档号：04-01-30-0153-026.
② 广东南雄副将刘章奏为遵旨缮写面奉谕旨封进事 [A]. 雍正三年九月初八日. 中国第一历史档案馆藏宫中朱批奏折. 档号：04-01-30-0152-009.
③ 广西桂林城守副将马召南奏为遵旨缮写训旨封固交广西提督韩良辅转奏进呈御览事 [A]. 雍正四年四月初二日. 中国第一历史档案馆藏宫中朱批奏折. 档号：04-01-30-0154-012.
④ 天津镇涿州营参将李惟扬奏为遵旨缮写面奉谕旨封固交天津总兵徐仁转奏事 [A]. 雍正三年十二月. 中国第一历史档案馆藏宫中朱批奏折. 档号：04-01-30-0153-025.
⑤ 广东惠州协副将鄂萧奏为遵旨封固训旨呈请广东提臣万际瑞代进御览事 [A]. 雍正四年四月初八日. 中国第一历史档案馆藏宫中朱批奏折. 档号：04-01-30-0154-019.

位，其朱批记载，即使是亲政以后，也暂未看到。但是，清末军机大臣瞿鸿禨却称："德宗召见臣工，或以其人，或以其言，常有朱笔记载。"① 朱笔记载即朱批记载，瞿鸿禨的说法与现存档案情形似相悖。那么，光绪帝是否真在召见官员时施以朱批记载呢？这或许可以从现存履历档案中得到解答。

从光绪晚期的履历单中，可以注意到很多履历单首页天头处写有日期、"召见""见"等信息，这是何人所写，有什么用意？如周浩的履历单，天头写有"七月二十日到京召见，未请训，八月二十五日请训上任"。

时任直隶布政使的周浩于光绪二十九年六月奉旨调补江西布政使，"具折请觐，奉朱批，着来见，遵即交卸直隶藩司篆务，现在到京"。② 可见周浩是因调任江西布政使，具折奏请觐见，奉旨允准，于是来到京城，前赴宫门请安，呈递了这一件履历单。天头上的题字应该与此有关。又如万理清履历单，天头部分写"十二月初六日，见。截取"。万理清原是附贡生，报捐郎中，签分工部，后奏补工部虞衡司郎中，于光绪二十八年又捐免历俸，"经本部堂官以堪胜繁缺知府保荐，本月初四日经吏部带领引见，奉旨照例用"。③ 其中的"截取"指万理清是郎中俸满截取外放官员。万理清由郎中外放知府，按例应该上折谢恩。据研究，官员在陛见、请训、复命、谢恩时，可能会得到皇帝的召见，④ 显然，周浩是以调补江西布政使来京陛见，趋赴宫门请安，听候召见，其履历单上的"见"就是指两宫召见了周浩；至于万理清，则是因外放知府，照例应递折谢恩请训，履历天头的"见"，同样是指得到两宫的召见。

再如齐福，曾任大同县知县，庚子事变，两宫西逃经过大同时，曾"恭办西巡大差"，被召见过一次。后多次被督抚大吏保奏，得旨以道员补用。"（光绪）二十九年五月经前护山西巡抚吴廷斌以秉性沉毅、刚明耐苦、才猷卓越、志虑忠纯，历任地方于应行整顿各事无不切实措画，识议持正，不为苟同，颇得两汉循吏遗意，实为晋省不可多得之员等语奏保，奉旨送部引见。"于是，齐福赴京。十月十五日，经吏部带领引见，奉旨："着于二十日预备召见。"⑤ 而

① 瞿鸿禨. 瞿鸿禨集［M］. 长沙：湖南人民出版社，2010：158.
② 中国第一历史档案馆. 清代官员履历档案全编：第七册［M］. 上海：华东师范大学出版社，1997：299.
③ 中国第一历史档案馆. 清代官员履历档案全编：第七册［M］. 上海：华东师范大学出版社，1997：304.
④ 刘文华. 朱批记载考［J］. 清史研究，2017（3）：146-156.
⑤ 中国第一历史档案馆. 清代官员履历档案全编：第七册［M］. 上海：华东师范大学出版社，1997：315.

齐福履历单天头题字正好为"十月二十日，见"。可知齐福于十月二十日前赴宫门，呈递了这件履历单，预备慈禧太后与光绪帝召见，而两宫也确实召见了他，这可以由"十月二十日，见"六个字得到证明。

因此，笔者认为，这些履历单天头上的题字，某月某日是指召见的日期，"召见""见"都是指得到慈禧太后、光绪皇帝的召见。以下对此进一步说明。

如德麟履历单天头写："九月十二日到京，见，未请训，十月十四日请训。"德麟履历单末尾记载："（光绪二十九年）八月十一日奉旨赏给副都统衔，作为库伦办事大臣，照例驰驿前往，钦此。九月初十日到京。"① 德麟的履历单上写的是九月初十日到京，而天头题字中写的是九月十二日到京，为何不一致？德麟是库伦办事大臣，可以直接趋赴宫门请安召见，他九月初十日到京，然后前赴宫门请安，呈递了这件履历单。天头题字中的"九月十二日"应该是他宫门请安召见的日子，慈禧太后与光绪帝召见了他。此次召见，德麟主要是请安与谢恩，还未提到赴任，到了十月十四日，他才赴任请训，慈禧太后与光绪帝应该是再次召见了他。德麟是九月初十日到京的，而其履历单天头题字则是写"九月十二日到京"，这更说明题字日期是召见日期。

地方按察使、布政使以上高级官员，往往是到京请安召见一次，赴任请训召见一次，于是他们的履历单上的题字就写明了两次召见日期。如前引江西布政使周浩，就是"七月二十日到京召见，未请训，八月二十五日请训上任"；如联魁，"（光绪）二十九年正月初十日蒙恩补授安徽布政使，当即具折叩谢天恩，吁恳陛见，三月二十八日差弁赏回原折，奉朱批，着来见，钦此。先于三月初九日奉旨护理安徽巡抚篆务，三月十四日接印，四月二十三日交卸护篆。旋于五月初八日交卸藩司篆务，遵即束装北上，现在到京"，然后，联魁趋赴宫门请安，呈递履历单，慈禧太后与光绪帝召见了他。联魁履历单天头题字为："光绪二十九年五月二十日到京召见，未请训。六月初三日，请训上任。"② 又如外务部左丞瑞良，"（光绪）二十九年六月初七日奉旨河南布政使着瑞良补授"。瑞良本就在京供职，不存在从外地赴京陛见的问题，他在第二天赴宫门谢恩，呈递了履历单，并得到了两宫召见。他的履历单天头题字为："六月初八日见，未

---

① 中国第一历史档案馆. 清代官员履历档案全编：第七册 [M]. 上海：华东师范大学出版社，1997：301.

② 中国第一历史档案馆. 清代官员履历档案全编：第七册 [M]. 上海：华东师范大学出版社，1997：316.

请训。七月二十六日请训上任。"①

对于道府等中级官员，他们只有谢恩请训召见一次的机会，所以这些官员的履历档天头上的题字往往只有"某月某日，见"。如翰林院编修沈曾桐，原任文渊阁校理，"（光绪）三十二年京察一等记名以道府用，四月截取繁缺道员，奉旨，着照例用。钦此。十一月补授撰文官，三十三年四月初二日奉旨补授山西平阳府知府"。奉到旨意后，原本是京官的沈曾桐谢恩请训召见，呈递履历单。履历单天头上题字为："四月初五日，见，上任。"② 又如同样是翰林官员的夏孙桐，原任编书处提调，"（光绪）三十年八月充编书处帮提调。三十二年二月京察一等，奉旨记名以道府用，四月充编书处提调，十月充协办院事，十二月充文渊阁校理。三十年正月十九日奉旨补授浙江湖州府知府"。得旨之后，夏孙桐第二天就谢恩请训，呈递了这件履历单，得到慈禧太后与光绪帝的召见。其履历单天头的题字为："正月二十日，见，上任。"③

这些字迹都是朱笔书写，以主动式语态记录了比较详细具体的召见情形，非经历其事者不能知晓，且基本可以确定是光绪帝笔迹，因此，这些都是光绪帝朱批。瞿鸿禨所称的"德宗召见臣工，或以其人，或以其言，常有朱笔记载"④，所谓"其人"应指官员外观，"其言"应指官员言谈，至于"朱笔记载"，本意应该还是指像此前清代历朝皇帝那样对官员加以简短评价的朱批记载。但是，在现存光绪朝档案中并未见到对官员进行评价的朱批记载。因此，瞿鸿禨提到的光绪帝"朱笔记载"，实际上只能是光绪朝履历单中出现的光绪帝朱批。但是这些朱批只是简单记录时间、是否召见等内容，与通常的朱批记载并不相同，毕竟，此时的光绪作为一名傀儡皇帝，对官员任用已无太大影响力，即使对官员做出评价也没有大的作用。从档案记录来看，光绪帝在履历单中朱批的行为基本都在辛丑回銮之后，这与瞿鸿禨担任军机大臣的时间（光绪二十七年至三十三年）是一致的。从制度上说，虽然贵为军机大臣，瞿鸿禨也没有资格见到这些朱批的履历单，可能只是辗转听说光绪帝有在履历单上朱笔书写

---

① 中国第一历史档案馆. 清代官员履历档案全编：第七册 [M]. 上海：华东师范大学出版社，1997：319.

② 中国第一历史档案馆. 清代官员履历档案全编：第七册 [M]. 上海：华东师范大学出版社，1997：696.

③ 中国第一历史档案馆. 清代官员履历档案全编：第七册 [M]. 上海：华东师范大学出版社，1997：697.

④ 瞿鸿禨. 瞿鸿禨集 [M]. 长沙：湖南人民出版社，2010：158.

的行为，就附会为是朱批记载了。

三、朱批记载档案的管理运用

前此研究已指出，朱批记载档案是由太监专门负责保存管理的，① 但是具体如何管理运用，仍缺乏比较直接典型的事例予以揭示。宫中朱批奏折中有一件档案，正好明确体现了朱批记载档案如何管理运用的问题，以下加以详细探讨。

这件档案包封上写着："乾隆十二年四月十□日奉旨交下朱批记载名单一件，外有朱笔黄纸包封纸一件，在尔等处白收贮。钦此。此一件事系随乾隆九年八月初三日交下卷子一事收着，有出派主考时提奏事件，于本日奉旨将卷子交与郑爱贵使纸用，将此一件朱批折单在我等处白收贮。记此。"档案正文实际上是一份名单，具体内容如下。

一等四名
〇检讨夏之蓉，江苏进士，鄂尔泰、史贻直保。"中上"
〇编修蔡新，福建进士，鄂尔泰、张廷璱保。"中平"
〇侍讲学士万承仓，江西进士，任兰枝保。"中平"
〇编修官献瑶，福建进士，阿克敦保。"中上，明白人"
二等十七名
〇御史钱度，江苏进士，归宣光保。"中平，明白人"
〇编修宋邦绥，江苏进士，阿克敦保。"中平，明白妥当"
△侍讲学士沈德潜，江苏进士，张照、邓钟岳保。"中平"
……
三等二十二名
、编修汪士锽，安徽博学鸿词，钱陈群保。"中平"
△御史西成，满洲镶黄旗进士，德龄保。"中平"
△侍读双庆，满洲镶白旗进士，张廷玉、刘于义保。"中平，有出息"
……②

① 刘文华. 朱批记载考 [J]. 清史研究, 2017 (3)：146-156.
② 呈大学士鄂尔泰等保举中试进士任职名单 [A]. 乾隆十二年四月十一日. 中国第一历史档案馆藏宫中朱批奏折. 档号：04-01-38-0066-001. 原著录题名并不准确.

"中上"等评价为乾隆帝朱批记载,写在档案行间,一般在人名旁边,现在统一放在每条官员记录的最后。另外,各官员名字前还有朱笔圈、尖、点等由高到低的评价符号。除了一等中检讨夏之蓉、编修官献瑶,乾隆帝给予"中上"评价外,其他一、二、三等所有官员的评价都是"中平"。乾隆帝给予朱圈的是一等四人及二等前两人,二、三等其他官员则有尖、有点。

这件档案是在乾隆十二年四月十二日奉旨交下的,且包封上提及"有出派主考时提奏",可见是与乾隆十二年以前清廷选派各省乡试主考有关。乾隆前期,每届乡试之年,清廷常令朝臣保奏堪任各省乡试考官人选,加以考试,排列名次,以备挑选,如乾隆九年的乡试考官,就"特命大学士、尚书保举,复加考试引见"。乾隆十二年三月,皇帝又下谕旨:"向来各省乡试正副考官,有通行考试之例,亦有令大臣保举者,各科往往不同,而外间议论亦不一。今岁系大比之年,所有各省正副考官着将应行开列人员通行考试,其不愿考试者听,仍于应行开列中着大学士、九卿等将学问优长、精于衡鉴者各举所知,密封交送内阁进呈,候朕酌用。如此考试与保举并行,内有保举而考列优等者固可简任文衡,即未经保举而文艺入选者亦一并简用,则人材不致屈抑而众心亦当允服矣。该部即遵谕行。其非科甲出身及无真知灼见者亦不必强举。"① 乾隆十二年的乡试考官,是所有应行开列人员都可以参加考试,再辅以大学士九卿的保举,最后由乾隆帝参酌任命。

这件名单中的侍讲学士万承仓、侍讲田志勤、编修万年茂、赞善宋楠都是任兰枝保奏,查礼部尚书任兰枝于乾隆十年十月休致。休致后,任兰枝当然就没有保奏权了。而且,乾隆十二年各省乡试考官考试中,考列一等的是:"周渼、金甡、周长发、陈大晭、钱度、陈作梅、冯秉仁、朱荃、徐文煜、裘曰修、眭朝栋、德保、陆嘉颖、周玉章、汤大绅、王际华、王洛、郭肇鐄、陈锷、沈景澜。"② 人数多达20名,与前引档案一等4名无一重合;考列二等的38名,三等的多达75名,与前引名单二等17名,三等22名完全不相符合。所以,此名单不是乾隆十二年的考试各省乡试主考名单。

乾隆九年四月,御史欧堪善奏称:"今年乡试主考……唯现在保举人员,为数无多,考列一二等者,仅二十一员。"③ 这件名单中一等4名,二等17名,加

① 清高宗实录:卷287 [M].乾隆十二年三月戊午.
② 清高宗实录:卷288 [M].乾隆十二年四月辛未.
③ 清高宗实录:卷214 [M].乾隆九年四月庚申.

起来恰好是 21 名。检核名单上的保举官员，都是乾隆九年在任大学士、九卿官员。所以，这件名单就是乾隆九年的保举乡试考官考试等第名单。这件名单也是一件引见名单，乾隆对所有考列一、二、三等的官员都进行了引见，并在各个官员名字旁边朱笔写下评价。

这样一件包含乾隆帝朱批记载的保举乡试考官考试等第名单，关系着各省乡试主考的选派。事实上，乾隆九年甲辰科乡试各省正副考官，共计 16 处、32 人，其中大部分都出自此名单。顺天、江南乡试人数众多，极为重要，一般都派京堂以上高级官员担任正副考官，江西、浙江也是重要的科举省份，这两省的正考官派的都是内阁学士，而该名单基本上都是中下级官员，除了这 6 名考官外，其余各省的 26 名乡试考官均出自该名单。一等中的检讨夏之蓉是福建正考官，侍讲学士万承仓是福建副考官，编修蔡新是江西副考官（正考官是内阁学士张廷璩），编修官献瑶是浙江副考官（正考官是内阁学士王会汾）；二等的前三名，御史钱度是陕西副考官，编修宋邦绥是河南正考官，侍讲学士沈德潜是湖北正考官；三等前三名，编修汪士锽是四川正考官，御史西成是湖北副考官，侍讲双成是山西副考官。① 这件名单一共是 43 人，其中 26 人被选任为各省乡试正副考官，有 17 人落选，当中既有朱笔尖（△）的，亦有点（、）的，排列二等的 6 名，三等的 11 名。

这样一件包含朱批记载的重要文件，"奉旨交下"，肯定不是交给军机处，而应该是交给皇帝身边的太监，具体来说，应该是交给内奏事处的记档太监们。包封上还写着"有出派主考时提奏事件"，应该是指当要派遣各省主考时，要求内奏事处太监们将此件具奏，以备乾隆帝挑选。这实际上与军机处在任命某些重要官职时，提奏保荐记名名单给皇帝参考的职责是一样的，只不过这件包含皇帝朱批记载的保举等第名单比一般的内外大臣保荐名单更为机密。

包封上还提到"交与郑爱贵"，据《国朝宫史》记载，乾隆八年五月初九日上谕："张照、梁诗正乃国家大臣，郑爱贵竟偏向张照，不足梁诗正，有是理乎！郑爱贵虽未明奏，其面上形色早已难逃朕鉴，若明奏出，朕必立刻将伊正法。今将郑爱贵交与总管太监从重治罪，此系特恩宽典，嗣后务当警戒。总管苏培盛等将郑爱贵议以降一级，再罚一年月银请旨。奉旨依议。"② 可见，郑爱贵是太监。谕旨还提到"明奏""面上形色"云云，说明郑爱贵是在向乾隆帝

① 法式善. 清秘述闻三种［M］. 北京：中华书局，1982：170-174.
② 鄂尔泰. 国朝宫史［M］. 北京：北京出版社，2018：46.

奏报事务。很可能郑爱贵是一名内奏事处太监，常在御前奏报事务。至于档案包封纸上提到的"卷子"，可能是这些官员考试的卷子，"交郑爱贵使纸用"就是让太监郑爱贵当废纸使用了。

这件档案颇具典型性，除了表明朱批记载的高度保密，大臣们都接触不到外，一则反映了朱批记载的重要作用，皇帝将其作为简选官员时的重要参考；二则反映了朱批记载档案的管理运用，乾隆帝将这件档案发下交予身边的内奏事太监妥善保管，并要求他们在选派主考时适时提奏，内奏事太监实际上承担了秘书的职能。

总之，朱批记载是清代诸帝密记对官员的评价，在选官用人时发挥重大作用的制度，同时，它也是君臣关系的重要反映。朱批记载始于雍正初期，皇帝在引见召见官员时，根据其"身""言"加以综合评判，并朱笔记下，作为用人独断时的重要参考。此制历经乾、嘉、道、咸时代一直延续至同治时中断。虽然有人声称，光绪帝也曾经有朱批记载之事，但通过考察当时的宫中履历档案，可以确定，虽然光绪帝在官员履历上留下朱笔，但那不是朱批记载。由于朱批记载的高度保密，皇帝身边的内奏事太监在其保管利用上发挥着不可替代的作用。虽然清廷对太监干政防范甚严，但是，像朱批记载的保管利用这样的极机密事务还是只能让太监处理，由此而衍生的适时提奏、提醒之类的政事，也就同样只能让太监办理。在某种程度上说，内奏事太监在从事呈递奏折、引带官员、传宣谕旨这些事务性工作之外，也承担了一部分较为重要的皇帝秘书职能。这是由这些职能的高度保密要求决定的。

近年来，有学者从西汉的"宠：信任型"君臣关系入手，关注早期中华帝国的日常统治史，给中国古代政治史研究提供了新的视野与思路。① 然而，西汉的相关史料毕竟有限，清代档案、史籍中有关皇帝召见官员并施以朱批记载加以评价的记载则相当多，这为翔实研究清代君臣关系，进而深入探索清代政治史，提供了绝好的一手资料。

---

① 候旭东. 宠：信任型君臣关系与西汉历史的展开 [M]. 北京：北京师范大学出版社，2018.

清前期《品级考》与官员的升转秩序

王敬雅①

所谓"官员升转路径",即官员在升迁过程中所遵行的一定职位顺序。中国古代官员升转,历代皆有秩序可寻,如唐代"考诸司迁擢之制,在京或由侍御史,在外或由县令、或由掌书记。内擢先员外而后郎中,其由郎中升迁,或给事中、或中书舍人、知制诰,或外任刺史。此迁转之大凡也"②。时至明代,官员升转不但有了明确的路径,还表现出自己的特点:其一,内外皆历,即低级中央官流向地方,高级中央官员须有地方任事经历;其二,行政与监察轮历,也就是行政官迁向监察官,监察官流向行政官。③ 明代虽没有《品级考》可稽,但官员迁转的大体途径是依照规定的,即某缺官员对应的升迁职务是有限的几种。

清代定鼎之初,官员升迁并没有明确的路径指向,而且满汉官员并不对品,汉官"皆从旧制",满官则开放了另外一套相对独立的升迁系统。④ 杜家骥的研究中,注意到了官员品级之中的等次问题,指出《品级考》中同品级官员,因所在衙门不同,也有等次之差。⑤

明代官员升迁的路径存在于两个方面,一是规章制度层面上的,二是实际行政当中的。据留存史料来看,均不如清代明晰。官员的升迁不仅按照品秩,不同官缺的官员升转有不同的路径。

---

① 王敬雅,女,中国政法大学人文学院历史研究所讲师。
② [清] 劳格,[清] 赵钺. 唐尚书省郎官石柱题名考 [M]. 徐敏霞,王桂珍点校. 北京:中华书局,1992:4.
③ 唐克军. 明代官员升迁路径述论 [J]. 史学月刊,2004 (1):34-43.
④ 神谷秀二. 清初官员的品级与升转 [J]. 吉林师范大学学报 (人文社会科学版),2017 (4):43-49.
⑤ 杜家骥. 清代职官的复杂等次及相关问题 [J]. 历史教学,2020 (2):10-22.

一、《品级考》与官员升转路径

因为清代官职系统庞杂——尤其是文官，所以不同官员升迁的路径存在着很大差异。但区别于宋代官、职、差遣分开的制度，清代的官制与职制还是大体上统一的，官员在升迁后，职务也会发生相应的变化。之所以讲大体上统一，是因为清代也在一定程度上采取了官职与官衔分开的办法，这在清代官员的升转中非常常见。

就大部分情况而言，官员升迁之后，官品与职位统一发生了变化，清代记载各官职品的文献为《品级考》，它同时也是吏部进行官员升转时的依据。清代最早关于修撰《品级考》的记载在康熙皇帝即位之初，顺治十八年三月，康熙皇帝谕吏部：“设官用人，国家大务，除授升迁，宜立画一之规，方可永行无弊。所进《品级考》为时已久，官衔品级，尚有未符，宜再详订务期允当。”① 可见当时并没有契合实际的《品级考》，故下令修撰。次年，《品级考》修成，得旨：“据奏《品级考》止议汉官升转，满官未经议及，着将满官升转定例并议。又太常寺、光禄寺、鸿胪寺各官在内升转者多，六部司官不得在内升转，俱系明末陋规，非明初之制。又太常、光禄、鸿胪，既经归并礼部，应与六部司官一体升转。俱着再行会议具奏。”于是《品级考》进行了进一步完善。② 康熙三年，首部《品级考》书成，广东道御史李秀“请照律例刊刻颁行”③。但同月因“衙门品级各有大小，不便一体较”，皇帝命吏部“议定办法”，照这一情况来看，当时的《品级考》修订尚未成熟。④ 直至康熙十年，大学士奏报《品级考》告成，皇帝方命刊刻遵行。⑤

现在笔者可见最早版本的《品级考》为《清人说荟二集》中所录《国初品级考》，上书为“康熙九年”题定，在康熙十年大规模刊刻之前。之后历代，《品级考》时有增改，相隔时间并不一致，一般吏部修订则例时，均会对《品级考》有所增益。本文研究选取的，是乾隆七年《吏部则例》中所附之《品级考》，之所以选取此版本，是因为乾隆前期是清代官制改革后基本趋于平稳的时期，这一时期的官职设置具有一定代表性。同时，本文还选择了乾隆六十年

---

① 清圣祖实录：第2卷［M］. 北京：中华书局，1985：52.

② 清圣祖实录：第7卷［M］. 北京：中华书局，1985：128.

③ 清圣祖实录：第11卷［M］. 北京：中华书局，1985：187.

④ 清圣祖实录：第11卷［M］. 北京：中华书局，1985：175.

⑤ 清圣祖实录：第35卷［M］. 北京：中华书局，1985：476.

《吏部则例》所附《品级考》进行比对，一方面可以了解乾隆一朝官制改定的具体情况，一方面也验证了乾隆七年后官制的稳定性。

通过对《品级考》的考察，我们可以发现以下问题。

（一）对于"升"的界定

首先，《品级考》中对升的界定，并非品级的提高，而是对内外及各衙门规制的综合考虑。以正三品的太常寺卿为例，《品级考》定制"升内阁学士、翰林院掌院学士、左副都御使、通政使、大理寺卿"。其中除内阁学士为从二品外，翰林院学士、左副都御使、通政使、大理寺卿与太常寺卿同为正三品。此外，从二品布政使升太常寺卿、光禄寺卿、太仆寺卿，此三卿均为正三品官，品级皆低于布政使，但因其内用，故而约升。正五品光禄寺少卿，升从五品翰林院侍读、侍讲，盖因翰林院为皇帝近侍，衙门规格较高。

另外，官员升迁也并非按照九品十八阶逐次升转，按照《品级考》所定升转便不为越次。如通政使司左参议、光禄寺少卿为正五品，可直接升正四品左通政、大理寺少卿、少詹事；正六品国子监司业，同样可以直接升转为正四品左通政、大理寺少卿、少詹事；八品笔帖式可直接升补正六品太常寺寺丞、宗人府经历、各部院司堂主事、都察院都事、经历、大理寺寺正等。如满洲八品笔帖式升正六品太常寺寺丞，次而升从五品宗人府副理官，次而升正五品光禄寺少卿，次而升正四品大理寺少卿，一八品笔帖式仅需升转四次，即跻身高位。故而虽然《品级考》规定了官阶的升转次序，但实际运行时有很大的弹性空间。

（二）官员的属性：官职与官品

官员升迁中的内外互用，一直是中国古代官员升转的传统。正如前文中提到的，清朝在制定《品级考》时，比较注意内外官职的平衡，保持内升外转的畅通。但内外官员在升转上还存在着一定区别，如同为正五品，满洲散给事中、监察御史、宗人府理事官，便可外转布政使、按察使；但左右庶子、通政使司左参议、光禄寺少卿等就只能内升京官。在实际升转过程中，由于各官都有优先选取的人选，官职根据性质不同，形成了一些比较固定的升转序列。序列之间虽然有所交互，但中下级官员的升转还大多是在序列之内进行的。如京官而言，可以大体分为翰林院（包括国子监）、部院衙门、科道官员、专职衙门（钦天监、太医院、神乐署等）。外官大体可以分为民政官员和教职官员，民政官员到高层之后升转入部院衙门，教职则入翰林院。

因为官职性质的不同，他们的升转途径及速度也不尽相同，而同一系统当中的升转则有一些固定模式。如清人戴璐于《藤阴杂记》中记载："员外内用，九阶方得四品，故有九转丹成之号。谓员外、郎中、御史、掌道、给事中、掌科、鸿少、光少、通参也。余惟越通参，八阶遍历，整二十年，方转四品。"①

《品级考》的更改，对系统内官员的升转路径及年限产生了影响。以翰林官员为例，"康熙初，裁两坊衙门，兼裁侍讲"，但是翰林编检若升为侍读"必历司业"，"故是时为司业者，辄数月迁去"②。康熙十四年"复设坊局"，"于是修撰、编、检多升中、赞，而司业与之较俸升读、讲、谕、洗"，"亦非三年余不得迁矣"③。再如，《品级考》复位之前，"祭酒升内院学士后""遂升读、讲学士，多或一年，少或数月，即迁去"，至康熙十二年复位《品级考》，"改读、讲学士为五品；祭酒仍旧四品，与读、讲学士较俸升迁"，"故昆山徐公任祭酒者余三年，升内阁学士兼礼部侍郎以去。华亭沈公继之，时复设詹事府，遂升少詹事兼侍讲学士"④。

在《品级考》的设置中，官缺较多的官职，通常官员来源比较多，升转去向也比较广，如内官中的六部主事、员外郎、监察御史，外官中的知府、知州、外县知县等。另外，即便同为一官，由于品级不同，升转路径也是不一样的。如銮仪卫笔帖式升转，"六品笔帖式该卫具题，效力十年贤能以员外郎用，效力十年以主事用"，而七品笔帖式以下各依品级，"照《品级考》补用"。满洲科道官，"由员外、主事、补授，历四品、五品俸者"，"应升补郎中"；而"由六品、七品官补授者"则"应升补员外郎"。⑤

（三）官员的身份：满官与汉官

《品级考》将满洲、蒙古、汉军、汉人分列，一则各类人员所定官职不一；二则即使同一官职，不同满洲汉人间的升迁也存在差异。总体来说，由于满洲职缺相对比较简单，故而上升通道更为通畅。

如翰林院学士一职，为各部院侍郎之重要来源，汉人仅"詹事府詹事、少詹事、侍读学士、侍讲学士、祭酒"几项可升任；而满洲"詹事府詹事、太常寺卿、光禄寺卿、太仆寺卿、左通政、大理寺少卿、少詹事、太常寺少卿、鸿

① ［清］戴璐. 藤阴杂记：第2卷［M］. 北京：北京古籍出版社，1982：16.
② ［清］赵慎畛. 榆巢杂识［M］. 北京：中华书局，2001：34.
③ ［清］王士禛；文益人校点. 池北偶谈：第1卷［M］. 济南：齐鲁书社，2007：11.
④ ［清］王士禛；文益人校点. 池北偶谈：第1卷［M］. 济南：齐鲁书社，2007：11.
⑤ 清实录·圣祖实录：第11卷［M］. 北京：中华书局，1985：192.

胪寺卿、太仆寺少卿、内阁满洲蒙古侍读学士、翰林院侍读学士、侍讲学士、国子监祭酒、詹事府庶子"均可升补。同为翰林官员的国子监祭酒,汉人只能升为"学士、詹事、少詹事",仍在翰詹系统内升转,而满洲可升"内阁学士、翰林院掌院学士、詹事府詹事、太常寺卿、光禄寺卿、太仆寺卿",直接用为卿贰大员。

如布政使一职,满洲布政使除了同汉人一样,可以升常寺卿、太仆寺卿外,亦可升光禄寺卿,内升机会比汉人多。汉人布政使,只可由按察使升转;而满洲布政使"按察使、给事中、监察御史、宗人府理事官、各部院满洲郎中"均可升任,这使得满洲大员的途径大大拓宽了。

同样,员缺数量较多的监察御史,汉人可"升太常寺少卿、提督四译馆少卿、鸿胪寺卿、太仆寺少卿、顺天府奉天府府丞、布政司参议"几项,升途已经较为宽阔;而满监察御史则可用"左通政、大理寺少卿、少詹事、太常寺少卿、鸿胪寺卿、太仆寺少卿、内阁满洲侍读学士、翰林院侍读学士、侍讲学士、祭酒、庶子、布政使、按察使",可入部院衙门,可入内阁,亦可外转藩臬,几乎可用于各处国家机要。

因为满人的升转途径在制度上相当便利,故而满洲官员即使在不越次的情况下,升转也较汉人迅速不少。如鄂文恭(即鄂尔达),满洲正白旗人,以户部笔帖式入职,"于雍正元年犹一笔帖式也,旋授吏部主事,至八年已擢广东巡抚:由微末至疆臣,食俸仅六载,旗员遭际,殆果无出其右欤"①。仔细考察他的个人简历,鄂尔达于康熙四十二年至康熙四十八年,任公库笔帖式;康熙四十八年至雍正元年,任户部笔帖式;雍正元年,升吏部主事;雍正四年,升吏部员外郎;雍正五年,升吏部文选司郎中;雍正六年,任贵州布政使;雍正八年,任广东巡抚。鄂尔达的升转过程,没有一项是超出了《品级考》升转顺序的,但是如笔帖式升部主事、郎中升布政使等权利,都是满人所特有的。

(四)乾隆七年与乾隆六十年《品级考》对比

如前文所言,因为行政过程当中官员品级以及升任规制经常有所改动,所以《品级考》每隔一段时间就要重新编制修改。以乾隆时期而言,现在可以查看的就有乾隆七年、乾隆三十八年、乾隆四十八年、乾隆六十年几次修订的版本。为了反应《品级考》改动对官员升迁的动态性影响,这里我们选取乾隆七

---

① [清]陈康祺撰. 郎潜三笔:第七卷 [M]. 上海:上海古籍出版社,1996:501.

年和六十年编制的《品级考》做简单对比。需要指出的是，国家图书馆所藏乾隆六十年《品级考》，《铨选满官》部分正五品之后缺失，《铨选汉官》部分正九品之后缺失，但缺失部分对说明问题的整体性影响不大。

第一，职位补充。乾隆七年《品级考》漏载了部分官职，现在可见的乾隆四十八年《品级考》中已有补充，乾隆六十年《品级考》亦录之，现补充于下：

《铨选汉官品级考》

品级	官职及选任方式	来源	去向
正二品	各省总督：加尚书衔从一品，凡外官不分满洲蒙古汉军汉人应升人员一并开列	由都察院左都御史开列 各部侍郎、各省巡抚升任	
从二品	各省巡抚：加侍郎衔正二品	由内阁学士、都察院左副都御使、顺天府府尹、奉天府府尹、各省布政使升任	升各省总督
正四品	各省道员	由六科掌印给事中、给事中、各省知府升任	升太常寺少卿、鸿胪寺卿、太仆寺少卿、通政使司参议、光禄寺少卿、各省按察使
从四品	内阁侍读学士	由五品京堂及科道各保一员引见补授一次，各部郎中各保一员按依部分引见补授一次。由通政使司参议、光禄寺少卿、鸿胪寺少卿、六科掌印给事中、给事中、各道监察御史、各部郎中升任。	升太常寺少卿、鸿胪寺卿、太仆寺少卿、顺天府府丞、奉天府府丞
正五品	直隶州知州	由六部满汉堂司主事、步军统领衙门主事保送补授 知州、京县知县、外府通判、外县知县升任	升六部员外郎、各省知府、盐运司运同

品级	官职及选任方式	来源	去向
正六品	大理寺寺丞	由光禄寺署正升任	升六部员外郎、府同知
	都察院都事	由大理寺左右评事、太常寺博士、中书科中书、内阁撰文中书、内阁典籍、内阁办事中书、光禄寺署正、京县知县、兵马司指挥、通政司经历、通政司知事、銮仪卫经历、太常寺典簿、国子监监丞、国子监博士、国子监助教、钦天监五官正、直隶州知州、外县知县、汉军七品八品笔帖式升任	升各部员外郎
	太常寺寺丞：由礼部咨送注册	由本寺协律郎、赞礼郎升任	升加品级服俸
正七品	通政司知事	由正三品官荫生子爵荫生除外县知县、詹事府主簿、直隶州州同升任 拣选宗人府主事	升六部主事、京府通判、都察院都事、府同知
正八品	部寺司务	由国子监学正、国子监学录、国子监典簿、国子监典籍、翰林院待诏升任	拣选宗人府主事 升六部主事、都察院都事、府同知
	四氏学学录：由衍圣公会同巡抚拣选补用	由孔氏岁贡廪生捐贡廪生拣选	升四氏学教授
从八品	神乐署署丞：由礼部咨送注册	由乐舞生升任	升署正

第二，修改了部分官职的来源和升转方向。以满洲官员而言，吏部尚书、各部院尚书、左都御史，如原候选官缺内无人，可以由"内阁学士，都察院左副都御使，通政使司通政使，大理寺卿，詹事府詹事"升任。由各部院侍郎，除原来学士、左副都御使外，"通政使司通政使，大理寺卿，詹事府詹事升任。以上衙门如无人，方以太常寺卿，奉天府府尹，光禄寺卿，太仆寺卿，通政使司副使，大理寺少卿，詹事府少詹事，太常寺少卿，鸿胪寺卿，太仆寺少卿，内阁满洲蒙古侍读学士，国子监祭酒，左右春坊庶子"均可升任。内阁学士增

加了"奉天府府尹、通政使司副使、通政使司参议、光禄寺少卿、鸿胪寺少卿、六科掌印给事中、给事中、各道监察御史、宗人府理事官"等官缺可升选。虽然删除了一些可升任官职，但总体上来说，晋升的通道被进一步拓宽了。

与之相反，汉官升转的路径却被收窄了，尤其是寺卿一项。如布政使不再一同开列太常寺卿、太仆寺卿；太常寺卿、太仆寺卿、顺天府府尹也不能升各部侍郎及副都御使；通政使司副使（原名为右通政）不再升太常寺卿、顺天府府尹等。

第三，《品级考》的变化也反映出了具体官职发生的变化：如乾隆五十八年，上谕兼列虚衔"皆沿习前明旧例，殊属无谓"，"着交吏部详细查明，将内外文职似此无关职任兼用虚衔者分别删除"。后经吏部议定："翰林院掌院学士向兼礼部侍郎衔，并非实缺，遵旨奏明删除在案"，故删去翰林院掌院学士。随后，布政司参政、布政司参议、左佥都御史、右佥都御史等衔皆被删去。另外如知府由正四品改为从四品，通政使司右通政改为通政使司副使等，皆于书内有所反映。比较有趣的是，虽然《清朝通典》记载清代行人司"俱乾隆三年裁"，但乾隆七年的《品级考》中对其仍有记录，之后才删去。

二、官缺顺序的更改

如前所述，《品级考》的改定通常是与《吏部则例》一同完成的，虽然乾隆年间规定了则例十年更定一次，但实际的改定远没有这么频繁，所以在日常政务处理上，遇到个别官职需要更改升迁途径的情况，通常是由相关人员提出，吏部商定改动方案，最后由皇帝批准。

如雍正七年，吏部议覆条奏："嗣后太常寺少卿，鸿胪寺卿、太仆寺少卿缺出，停其以员外郎等官升用，将科道郎中不分满洲蒙古通行升补"，"通政司左参议，光禄寺鸿胪寺少卿缺出，停其以主事等官升用，将满洲员外郎等官升补"。① 雍正十二年，国子监祭酒觉罗吴拜条奏，各省教职论俸推升国子监汉监丞、典簿，"每有年力衰迈、学问平常者，难为士子表率"，"嗣后请于守部进士并学习期满举人内拣选引见补授"，吏部议覆如请，皇帝从之。②

除相关部门外，各地监察御史也经常就官员升途问题向皇帝条陈。如乾隆八年五月，监察御史西成条奏，"左通政，大理寺少卿，向系科道、郎中等升

---

① 钦定吏部铨选满官则例 [Z]. 雍正三年编纂，中国国家图书馆藏.
② 清世宗实录：第 146 卷 [M]. 北京：中华书局，1985：818.

缺。太常寺、鸿胪寺卿、太仆寺少卿，向系员外郎升缺。左右参议、鸿胪寺、光禄寺两少卿，向系主事升缺"，雍正年间经原任侍郎宗室普泰条陈，"将太常寺少卿等小四品京堂改由郎中等升授，左右参议等五品京堂改由员外郎升授"。但西成认为，"五品京堂虽与郎中品秩相同，但参议列在九卿，国之大事无不参议"，于是请求"将员外郎推升之例停止"，认为此项办法即使"京堂之选益加慎重"，又因"郎中升授改所遗郎中之缺，仍系员外郎升用"，"于员外郎升途并无阻碍"。皇帝朱批"该部议奏"。① 查乾隆七年修成之《品级考》中，员外郎并不能升补左右参议。笔者猜想此时员外郎推升左右参议一条，已经从《品级考》中删去，但因新修订《品级考》施行未久，故御史西成并不清楚。

乾隆五十年，御史喻升阶请求，将京察中能力不及之郎中，"专以都事、经历、寺丞、等官降补。不准补用主事"。吏部认为，"衙门都事等官止有四"，如照该御史所请，"该员一经被劾，补用无期"，且"都事等官，例与主事一体升用员外"，故"所奏应毋庸议"。皇帝认为"部驳甚是"，并不同意降谪郎中禁升主事，认为阻止官员升转，令其"名为降品授官，实则终身废弃"，不符"国家三年京察，所以进退人材"的初衷。而令"该堂官随时参劾，不令滥竽"②。可见官员升转上下牵连甚广，进退之阶都不是可以轻易改动的。

官员不按《品级考》标注序列越级升转，称为"越次"或"超擢"。在顺治时期，对于归降将领的超擢是普遍存在的。如顺治十一年，顺治皇帝认为之前降清的苏利、吴六奇"先经投诚，后复效力，所授官职不足以偿其功，宜加超擢"，故令苏利"升水军左都督"；吴六奇升"左都督统"③，明代被革词臣陈之遴，"来投阙下不数年间"即"超擢尚书"④。

康熙之后，依然存在着越次升转的情况。康熙七年谕吏部，再提超擢仍为用人之常法："国家政务，必委任贤能乃可赞成上理。今在京各部院满汉官员，俱论资俸升转，虽系见行之例，但才能出众者常以较量资俸，超擢无期。此后遇有紧要员缺，着不论资俸，将才能之员选择补用。"⑤ 如康熙时期卫既齐，皇

---

① 监察御史西成奏陈满官选法四条事 ［Z］. 档号 03-0050-032，缩微号 003-0407，第一历史档案馆藏.

② 清高宗实录：第 1235 卷 ［M］. 北京：中华书局，1985：600.

③ 清世祖实录：第 84 卷 ［M］. 北京：中华书局，1985：661.

④ 清世祖实录：第 99 卷 ［M］. 北京：中华书局，1985：771.

⑤ 清圣祖实录：第 25 卷 ［M］. 北京：中华书局，1985：352.

帝称其"以检讨又超擢为布政使",与《品级考》所载差异甚大①。雍正皇帝也自称"超擢教职为州,举生员为县"②。但值得注意的是,皇帝口中这种越次升转,是对个别人的特殊鼓励,而非常制,并且这种决定只能由皇帝做出,虽然督抚有权越次题升,但这种行为是被皇帝严格限制的。

康熙五十九年十月,因见"科道官内升,有即超擢至堂官者",康熙皇帝特下谕旨称:"科道官系从部员内拣选补授,每年内升外转,并未论其原升品级一体开列","果其卓然特出,虽为布衣朕亦可不次任用","若本属平常,而不查原升品级竟一体内升超用,未免越次"。于是,令"九卿将科道官由何衔升任、应作何分别、开列之处,会议具奏"。九卿议得,令科道升转查原升之官,"系郎中补授者,历俸二年;员外郎补授者,历俸三年;主事补授者,历俸四年,然后准其开列"。③雍正九年,署直隶总督唐执玉奏请"卢沟桥西路同知一缺,以雄县知县谢应魁拟补;河间府河捕同知一缺,以定州知州王大年拟补"。咨部后,均以不合例驳斥,令其另行拣选,但唐称"查通属一百四十州县,合例者止一二人,其于简僻小县,仅能供职,俱非可调之员",于是"请破格录用"。雍正皇帝朱批道:"似此越例保题,只可间行,未有除此不合例人员再无可题之人之理。况此数人果皆系超擢之才?否亦未必然。若有万不得已之情,具题奏请,将人一并送部引见再定。"④

虽然雍正皇帝一再强调,题升越次人员是不得已之举,不令常行,但据之后御史参奏的情况来看,此事在雍正朝却是频繁发生的。雍正十三年,河南道监察御史江皋奏称:

> 臣近见各省督抚荐举属员,有以知县而径升知府者,有以佐杂而径升州县者,且有因事降革,甫经题留,旋即升用者。其中或具疏题保,于该员任内一切参罚事故犹于疏内声明,其应准与否部臣得以遵例议覆。若具折奏请,一蒙俞允,该员即有参罚等案,碍于升转折内不及备陈,该部亦无凭置议。且督抚于题奏时,必称其人才具优长,操守廉洁,以及熟练地

① 清圣祖实录:第158卷 [M]. 北京:中华书局,1985:741.
② 清世宗实录:第53卷 [M]. 北京:中华书局,1985:806.
③ 清圣祖实录:第289卷 [M]. 北京:中华书局,1985:818.
④ 国立故宫博物院编辑委员会编辑. 宫中档雍正朝奏折:第18辑 [M]. 台北:国立故宫博物院,1982:248.

方事宜留心民生利弊，始得不次擢用。至升授之后，该员或不胜驱任，或顿易前操，保荐之督抚欲掩其从前滥举之咎，不得不曲为狗庇。或秉正不阿，一经觉察据实题参，又得以自行查出荐举仰蒙圣朝宽大之恩。

查外任各官，有历俸十数年并无参罚者，方得按其品级挨次推升，即三年大计荐举卓异，定例亦只以应升之缺即用。至此等题奏超升人员，按其历俸未必尽属年深，论其贤能谅无过于卓异。乃以一日之保荐，越升数级，于迁转故属太优。①

越次升转在雍正时期较为普遍，是与雍正皇帝用人的风格密不可分的，到了乾隆时期，越次升转的现象便没有那么严重了。不仅如此，为了防止官员越次升转，乾隆时期还出台一些铨选细则。如"向来内外各官，遇应升缺出，其开列人员有升转在出缺之后者，吏部例于本内声明扣除"，"所以重官阶而防越次也"。不过，后来因考虑到"升与转各自不同"，如右侍郎循例转左后，丧失了开列尚书的资格，"于情理未为允协"，"推之翰林读讲缺出，所有应升之左右中允、赞善亦然"。于是"除出缺在前升补在后之员，不应开列应升者，仍照旧办理外"，"其有旧例拘泥未妥者，概行酌量定议具奏"，由皇帝再行裁决。②

此外，不仅官员越次升转被严格控制，越次署理也是被禁止的。如乾隆三十年，引见兴汉城守营都司胡虬龙时，奏及杨应琚曾委任其"署理兴汉镇总兵事务"，皇帝听后"甚属骇闻"。称："总兵乃专门大员，偶遇缺出，应以副将护理。如副将无人，或次及参将，暂时承乏尚属可行。至都司官阶悬绝，若遽令越次署理，何能弹压兵丁、节制营伍耶。"并传谕各总督"提督、各该省总兵缺出，曾否有似此越阶委署之事。嗣后遇有镇篆需人护理，不得用游击以下人员，以符体制。着于各该督提，奏事之便传谕知之"。后各总督陆续回奏，如时任四川总督阿尔泰便回称："臣等遵查川省历年委护镇篆各案，多系副将参将内拣员护理，间有一时乏人，饬委中军游击暂行护理之时，未有委令都司护镇之案。"③

----

① 河南道监察御史江皋奏请严越次题升坐缺奏补之例以清铨政官方折 [M] // 中国第一历史档案馆编. 雍正朝汉文朱批奏折汇编：第 30 册，南京：江苏古籍出版社，1991：84.

② 清高宗实录：第 896 卷 [M]. 北京：中华书局，1985：1094.

③ 四川提督阿尔泰奏覆领遵旨谕嗣后总兵出缺不得越次署理以符体制事 [M] // 国立故宫博物院编辑委员会编辑. 宫中档乾隆朝奏折：第 26 辑. 台北：国立故宫博物院，1982：547.

　　综上所述，《品级考》在其制定之后，就较为严格地为各官升转所遵循。严格控制越次升转，是清前期官员铨选系统得以稳定运行的一个重要措施。同时，限制督抚越级保题，使官员认为，超擢升用皆出于皇恩，这也保证了皇帝在用人方面的绝对权威性。

第三章　明清区域社会与科举文化

"忠义亲藩"：历史书写下的
明代大同宗室与国家

吕　双①

文献征引与诠释是历史研究者构建历史图景的主要依据，然而不同史料背后的语境差异对研究者观点的形成无疑有着重要影响。其中，在理解史料基础上，加入对史料形成语境的思考，成为历史书写研究的重要内容。② 这种研究范式尤对探究一些颇具争议性的历史人物与群体具有启发。长期以来，明代宗室研究因牵扯王朝由盛转衰问题，加之与土地兼并和商品经济发展等重要议题相关，成为明史研究的重要课题。然而由于研究资料主要依赖《明实录》等官修史书的记载，以往学界对这一群体社会历史作用的认识与评价呈现出较单一的状态。因此，在构建这一兼具皇室身份和地方性的群体图景时，较难展现其特点，进而影响对这一群体背后明代分封制度再施行的理解。

近些年来，随着更广泛而丰富史料的利用，尤其是地方文献，包括方志、碑刻、文集等资料的使用，学界对这一群体的社会作用逐渐展现出新的态度与兴趣。③ 而这种变化的出现恰好反映了征引史料语境变化对历史人物或群体认

① 吕双，女，西安电子科技大学人文学院历史系讲师。本文受"中央高校基本科研业务费专项资金资助"，编号：XJS220807；本文为国家社会科学基金后期资助暨优秀博士论文项目《明代分封制下山西宗室的权势网络研究》的阶段性成果，项目编号21FZSB058.

② 徐冲. 历史书写与中古王权 [J]. 中国史研究动态，2016（4）：45-46；刘小龙. 明史领域的历史书写研究 [J]. 攀枝花学院学报，2018（6）：86-87.

③ 王岗、柯律格等从宗教、文化艺术等角度切入，在丰富明代宗室在这些领域的社会贡献同时，亦强调其对于帝国机制运行所产生的重要意义。详见 [美] 王岗. 明代藩王与道教：王朝精英的制度化护教 [M]. 秦国帅，译. 上海：上海古籍出版社，2019：12-13；柯律格. 藩屏：明代中国的皇家艺术与权力 [M]. 黄晓鹃，译. 郑州：河南大学出版社，2016：9-10、18-20. 更多关于明代分封制度和宗室的研究，详见梁曼容. 20世纪以来的中国明代宗藩研究 [J]. 中国史研究动态，2019（4）：30-40.

识的影响。由于宗室的皇室身份，在《明实录》等官修史书中对其着墨颇多，但记录的内容却只局限于朝廷所设定的分封制度框架下，这一群体对制度条法的履行（分封、赐名、婚嫁喜丧等）与违背（罚黜、诉讼、叛乱等），尤其随着明中期后宗室人口的激增，《明实录》中对宗室犯罪的记载大量出现。由此便形成了明中期以后，地方宗室地位下降，犯罪普遍增多的印象。可显然，仅依靠此类史料并不能解释为何在如此情况下明廷仍坚持将分封制贯彻始终，尤其是在宗室叛乱、犯罪屡次出现的形势下还保留着北部边疆九大王府的原因，更难以全面呈现这一群体及分封制对王朝的复杂影响。

永乐元年（1403年），明朝迁都北京，这一举措在展现朝廷对北部边疆重视的同时，也无限放大了北部边疆的问题。此后，都城时刻受到来自北方游牧民族（主要是漠南蒙古）的威胁，从而对整个王朝的发展产生了深远影响。这使得明代北部边疆的治理尤为重要。赵现海在对明代边疆制度研究的基础上提出"中国边疆假说"，充分强调了边疆社会对王朝发展的重要影响。[①] 大同作为明代九边军镇之一，在行政体系的府县制度外，军事的卫所制度以及分封制度均对这一地区的治理起着重要影响。而嘉靖时期，大同两次震惊朝野的兵变事件，加之漠南蒙古南下活动频发，使得大同社会的波动无不牵动着朝廷的神经。不过以往研究多聚焦于军事制度演变和兵饷供应问题的讨论，[②] 对分封制或宗室群体在区域的活动与角色，甚至包括其与国家的互动都缺乏关注。基于此，本文试以嘉靖前后大同代王府及由其繁衍的宗室群体与国家、地方之间的互动为研究个案，对宗室在《明实录》与地方文献所展现的冲突形象给予关注，进而反思分封制度在明中后期对朝廷以及边疆社会的意义。

一、嘉靖前大同府城的宗室处境与生活

明朝建国初期施行分封制度，这一制度的设立与施行对明朝影响深远。它将皇室子孙分布于帝国的大部分区域，使宗室问题不仅成为中央的问题，也成为地方问题。这些皇子在明帝国许多重要的府治、州治开府建藩，将京城的宫

---

① 赵现海. 明代九边长城军镇史：中国边疆假说视野下的长城制度史研究［M］. 北京：社会科学文献出版社，2012：20.

② 代表性的有赵现海. 明代九边长城军镇史：中国边疆假说视野下的长城制度史研究［M］. 北京：社会科学文献出版社，2012；李海林. 明代大同镇边防体系研究［M］. 太原：山西出版传媒集团·三晋出版社，2013；赖建诚. 边镇粮饷：明代中后期的边防经费与国家财政危机，1531-1602［M］. 杭州：浙江大学出版社，2010；等等。

廷生活最大限度地在帝国各处进行了实践。① 洪武时期，鉴于帝国尚未稳定的政治军事形势，十多位藩王在各地就藩，以藩屏帝室。张显清指出，从明初受封诸藩的地理分布来看，明太祖对诸藩的布局是意图形成以京师南京为中央，自北向南的三道防线。② 大同位于晋北，不仅是雁北区域的中心，更是山西乃至中原的藩篱，其军事地位在整个明代都十分突出。洪武二十五年（1392 年），代简王朱桂奉诏就藩大同。③ 大同府将原来的辽金西京国子监改建为代王府。④ 正德版《大同府志》中标注了代王府在府城的位置，并绘有王府内部结构图，见图1、图2。

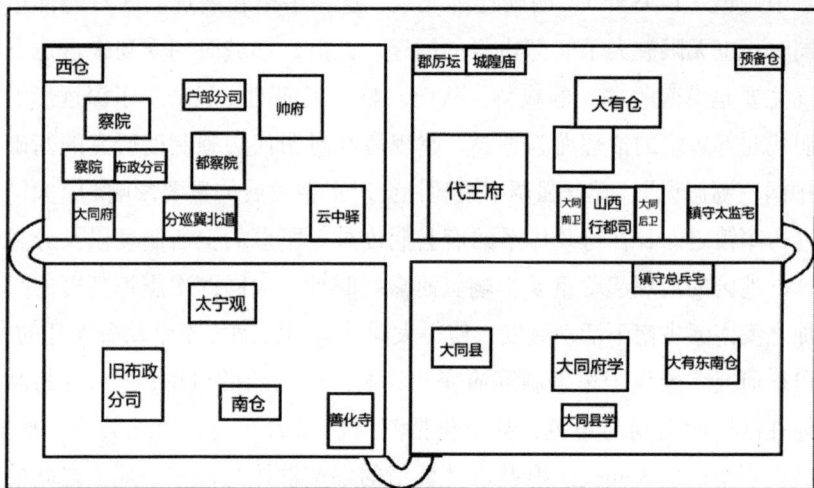

图中标注：
西仓 / 户部分司 / 帅府 / 察院 / 察院 / 布政分司 / 都察院 / 大同府 / 分巡冀北道 / 云中驿 / 太宁观 / 旧布政分司 / 南仓 / 善化寺 / 郡厉坛 / 城隍庙 / 预备仓 / 大有仓 / 代王府 / 大同前卫 / 山西行都司 / 大同后卫 / 镇守太监宅 / 镇守总兵宅 / 大同县 / 大同府学 / 大有东南仓 / 大同县学

图 1　正德年间大同府城图

根据（正德）《大同府志》绘制

正德版《大同府志》的两幅图意味深长。从图1可见，代王府被标注在大

---

① 柯律格. 藩屏：明代中国的皇家艺术与权力 [M]. 黄晓鹃，译. 郑州：河南大学出版社，2016：6.
② 张显清. 明代亲藩由盛到衰的历史演变 [J]. 社会科学战线，1987（2）：171.
③ 明太祖实录：第 220 卷 [M]. 台北：中央研究院历史预言研究所，1964-1967，洪武二十五年八月癸丑条：3222.
④ （正德）大同府志：第 3 卷 [M] //四库存目丛书·史部·地理类（第 186 册）. 济南：齐鲁书社，1996：238. 关于年份，明史的记载和地方志有偏差，可能是始建和完工的差异。乾隆版《大同府志》载："辽西京国子监在府城阳和街，明洪武八年建府学于此，二十九年改为代府，武宗幸大同，尝驻跸焉。"见（乾隆）大同府志：第 6 卷 [M] //中国地方志集成·山西府县志辑（第 4 册）. 南京：凤凰出版社，2005：113.

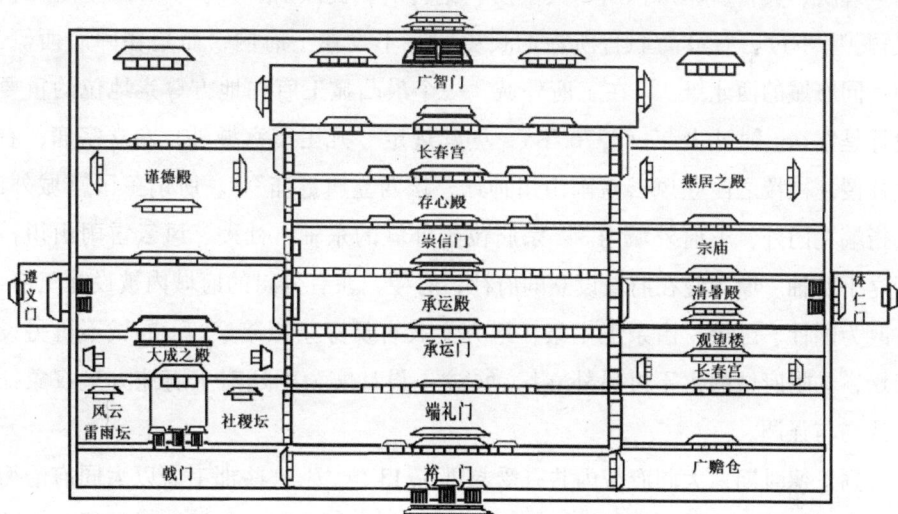

图 2 正德年间代王府图
根据（正德）《大同府志》绘制

同府城几乎中心的位置。葛兆光在翻检明代各方志府县图志后指出，这些明代方志地图事实上并非按照实际空间比例绘制，府县官署衙门往往被绘在城市中心，体现其在城市中政治权力的重要性。① 由此，代王府在府城图中的大小与位置，实际也是其在大同府城重要政治地位的印证。根据府志，在王府西门外立有"天潢宗派帝室亲藩"坊，东门外则是"钦承上命世守代邦"坊。② 此外，其东侧正是大同前卫、山西行都司、大同后卫等军事衙署，显露出明初受封于北疆的王府与地方军事衙署之间的密切关系。虽然明太祖之后，朝廷通过各种手段逐渐收回了分封藩王在地方政治、军事上的实权，但从正德大同府城图来看，代王府在明中期地方的权势中心地位仍十分突出。王府的内部结构图也进一步说明了这一点。

由图 2 可知，王府采用的是重城结构。③ 外城设有王府大部分府官官署，包

---

① 葛兆光. 古舆图别解——读明代方志地图的感想三则 [J]. 中国典籍与文化, 2004 (3)：5.

② （正德）大同府志：第 3 卷 [M] //四库存目丛书·史部·地理类（第 186 册）. 济南：齐鲁书社；台南：庄严文化事业有限公司. 1996：238.

③ 孙靖国. 明代王城形制考 [J]. 社会科学战线, 2009 (2)：246.

括审理所、典膳所、奉祠所、典宝所、纪善所、良医所、典仪所、工正所和仪卫司。① 不过王府最高职官所在的长史司并不设在王府内，而是在帅府西侧，即大同府城的西北维。② 在王府外城，一个最凸显王府在地方尊崇地位的重要设计是祭坛。洪武九年（1376年），朝廷规定"凡王国宫城外，左立宗庙，右立社稷，社稷之西立风云雷雨山川神坛，坛西立旗纛庙"③。所谓王国宫城外，实指端礼门外，王府外城内。④ 宗庙位于外城的东轴，社稷、风云雷雨山川神坛立于西轴。原本应在府城设立的府社、府稷，在有分封的府城内被设在王府，并改为国社、国稷，由亲王主祭，地方文武官员穿祭服陪祭。⑤ 府城不再另设祭坛，县附府城的也不再另外立坛。⑥ 这一设计实为朝廷对王府地方皇权象征的认同与强调。

到正德时期，大同府城内共有受封郡王13位。⑦ 这些郡王府以大同府治衙署为中心，集中坐落于府城西北维。⑧ 从而形成大同府城东北和西北两个政治中心。迅速增加的宗室人口，在不断加重大同府经济负担的同时，也使宗室及其附庸群体成为府城内非常重要的群体，并因其身份特殊，对大同府城社会风俗与风气产生影响。在府志中有这样一段叙述：

① （正德）大同府志：第3卷［M］//四库存目丛书·史部·地理类（第186册）. 济南：齐鲁书社；台南：庄严文化事业有限公司. 1996：238.
② （正德）大同府志：第3卷［M］//四库存目丛书·史部·地理类（第186册）. 济南：齐鲁书社；台南：庄严文化事业有限公司. 1996：238.
③ 明太祖实录：第103卷［M］. 台北：中央研究院历史预言研究所，1964-1967，洪武九年正月壬午条：1737.
④ "诏诸王国山川社稷坛俱建于端礼门外之西南." 见明太祖实录：第109卷［M］. 台北：中央研究院历史预言研究所，1964-1967，洪武九年闰九月甲辰条：1810.
⑤ 大明会典：第56卷［M］. 北京：中华书局，1989：351.
⑥ （万历）山西通志：第10卷［M］//稀见中国地方志汇刊（第4册）. 北京：中国书店，1992：97.
⑦ 天顺五年（1461），大同府城内有一次郡王迁徙，山阴王逊煁、襄垣王逊燀奉命徙于蒲州，宣宁王逊炌、隰川王逊爆徙于泽州，灵丘王逊烓徙于绛州，怀仁王逊熳徙于霍州。见明英宗实录：第324卷［M］. 台北：中央研究院历史预言研究所，1964-1967，天顺五年正月癸亥条：6708. 府城内的郡王分别为，广灵、潞城、昌化、博野、和川、宁津、枣强、饶阳、乐昌、吉阳、溧阳、进贤、河内。见明史·表第二：卷101［M］. 北京：中华书局，1974：2662-2682.
⑧ 广灵府、潞城府位于府治东南；昌化府、博野府、和川府、宁津府、乐昌府、吉阳府、溧阳府位于府治东北；枣强府、饶阳府、进贤府、河内府位于府治西北。（万历）山西通志，第11卷［M］//稀见中国地方志汇刊（第4册）. 北京：中国书店，1992：122-123.

其郡城内藩府有常禄之供，将士有世禄之养，商旅辐辏，货物涌贵，虽曰穷边绝徼，殆与内郡富庶无异，而奢靡过之。如元旦，贫富家皆极力办祭祀，酒食之类以丰丽相尚，老幼欢赏，越元宵后方止；五月十三日，民间祭飨关王庙，有幼儿女者，锁枷其项，以为免罪，凡三日，城中鼓声不绝，虽藩府亦然；七夕，婚姻之家，馈礼果肴外，又做泥美人，高二三尺，名"暮"，讹为"莫"；和乐，无此则不成礼。端阳馈粽、中秋馈瓜、重阳馈糕，宗藩、官宦或婚姻之家，彼此往来，颇为扰费。如中秋市瓜者，总计值银三二千两。衣服以锦绣为常，贫家妇女必得纱罗人乃不笑。①

这段文字描述了大同府城内几个重要社会群体对地方商业、风俗发挥的作用。大同虽地处边塞，但由于是重要交通要地，商业非常繁荣，城市发展并不比腹里地区富庶的市镇差。城内的宗室和将士因为有朝廷丰厚的禄米供养，对推动地方商业市场的兴起起着积极作用。尤其值得注意的是，此时宗室、地方官与普通民众间已形成了相互影响的关系。例如民间关王庙的祭祀活动，"藩府亦然"；而诸如一些节庆活动，王府宗室之间馈赠礼品的行为也为民间仿效。即便这一行为在志书编纂者看来是"颇为扰费"之举，可宗室作为城内身份尊崇的重要群体，其消费习惯在提高城市平均消费水平的同时，也成为普通民众竞相模仿的风向标。

永乐之后，随着藩王政治、军事特权逐渐被剥夺，以及朝廷藩禁政策的施行，宗室成为只能依靠宗禄，且活动局限于封地内的"寄生群体"。由此学界普遍认为，明代中期以后，地方王府的社会地位日趋下降。② 但从正德版《大同府志》来看，代王府仍在地方保持着政治中心位置，其皇权象征性不容忽视。加之宗室人口增长迅速，以代王府为核心，已发展起一个特殊的地方势力群体——宗室群体，对大同地方起着潜在的影响。正是在这种情况下，嘉靖年间大同异常突出的边防问题及危机，将代王府乃至整个宗室都推到了朝廷关注的焦点。下文将以嘉靖时大同府城内一系列危机为背景，宗室行为为线索，具体

---

① （正德）大同府志：第1卷［M］//四库存目丛书·史部·地理类（第186册）．济南：齐鲁书社；台南：庄严文化事业有限公司．1996：221-222.

② 代表性的见王春瑜．"弃物"论——谈明代宗藩［J］．学术月刊，1988（4）：66-67；赵中男．明宣宗的削藩活动及其社会意义［J］．社会科学辑刊，1998（2）：106；苏德荣．明代分封制度的演变［J］．郑州大学学报（哲学社会科学版），1996（5）：118. 更多研究见梁曼容．20世纪以来中国明代宗藩研究［J］．中国史研究动态，2019（4）：30-40.

观察王府及宗室群体在兵变及之后的地方活动及与朝廷之间的互动。

二、"忠义亲藩"：嘉靖年间两次大同兵变中的王府与宗室

大同，"川原平衍，无山设险"，因此多受漠南蒙古的侵扰。① 为了加强防御，明初朝廷便在大同镇城外分设东、中、西三路，北面设大边、二边，以远近联络。② 但由于明朝边政败坏，大边、二边这两道边墙已逐渐倾圮。尽管在成化、弘治时有过几次修筑，③ 可到正德末嘉靖初，二边均已失守，"弃为虏地"。④ 这一状况是嘉靖三年（1524 年）和嘉靖十二年（1533 年）大同两次兵变发生的共同动因。

嘉靖初，巡抚张文锦建议在镇城北九十里筑五堡。他的提议的确可以增强大同军镇的防御功能，因而也得到了嘉靖皇帝的批准。⑤ 但由于他急于贪功，忽略了这一时期边防士兵与各级官吏之间矛盾已日趋激化。他不愿招募士兵筑堡，而是想直接调派二千五百家镇卒迁往边地戍守。⑥ 因此导致了被奉命调派的各镇卒的不满。"诸镇卒窃相谓：'去城下二十里犹苦，虏抄掠无宁日。今五堡孤悬几百里，虏至，谁复相应援者？即死不愿徙也。'"⑦ 可对于被调派士兵的不满情绪，张文锦并未理会，加之参将贾鉴督工苛刻，最终诱发了兵变。

听闻兵变后，张文锦不知所措，派遣都指挥徐辅、大同县知县王文昌出城前往五堡安抚。为了防止叛兵投向蒙古，张文锦于是将其招入大同府城中。而府城内的代王府和宗室也因身份重要，出现在《明实录》及明人对此次兵变的记录中。涉及以下几个细节。先是七月二十七日，失控的叛卒先后焚大同府门、劫狱囚、焚都察院门，搜索巡抚张文锦。张文锦仓皇翻墙逃匿于隔壁的代藩博

---

① 九边考：第 5 卷 [M] //明代蒙古汉籍史料汇编：第一辑. 呼和浩特：内蒙古大学出版社，1993：261.
② 大明会典：第 130 卷 [M]. 北京：中华书局，1989：668.
③ 李海林. 明代大同镇边防体系研究 [M]. 太原：三晋出版社，2013：65-69.
④ 九边考：第 5 卷 [M] //明代蒙古汉籍史料汇编：第一辑. 呼和浩特：内蒙古大学出版社，1993：267.
⑤ 明世宗实录：第 31 卷 [M]. 台北：中央研究院历史预言研究所，1964-1967，嘉靖二年九月乙亥条：816-817.
⑥ 明世宗实录：第 42 卷 [M]. 台北：中央研究院历史预言研究所，1964-1967，嘉靖三年八月癸巳条：1088.
⑦ 徐学聚. 国朝典汇：第 163 卷 [M]. 北京：北京大学出版社，1993：7539.

野郡王府。但在叛卒胁迫下，博野王最后还是交出了张文锦，张文锦被叛卒裂尸。① 随后叛兵于大同后卫衙署捉到原大同总兵官朱振，逼迫其为叛军作主，朱振提出三个要求，令众兵应允。其中首要条件即是不许扰害宗室。② 可到了十一月初十，叛兵首恶郭鉴、郭疤子谋同吴雄等，误以为朝廷派兵来大同平叛，传写帖子怂恿众军于代王府前生事。叛军放炮呐喊，说："你本府如何讨有人马来征我每，倘有着殿下阻回便罢，若不，人马只到东塘坡上，我与你一箇磨烂。"③ 又威逼王府将府中钱粮送出。代王朱俊杖先是委曲答应，之后因担心被陷害，于十一月三十日偕其弟、其子扮作商贾行人，逃出大同。④ 不久，潞城王和博野王也以大同兵变为由，各携宫眷逃往应州。嘉靖皇帝听闻，命地方官厚加礼遇。⑤ 就在代王移居宣府后，大同城内的叛兵很快被平息下来。于是嘉靖四年（1525 年）正月，代王启奏自宣府返回大同。⑥

由上可见，在明人对此次兵变记录的细枝末节中，虽对代王府和代藩宗室有所涉及，可显然其与兵变事件本身及后续事态的发展并没有多少关联。其之所以出现在这些细节中，是因为代王府和宗室在府城内的重要地位。

首先，从城市空间布局来看，无论是亲王府还是郡王府，均与城中官署相邻。上文已述，大同府城内形成了东北维和西北维两个政治中心，日常或在空间上便于宗室与地方官交往。兵变中也就客观上易受到波及。叛卒动乱焚烧的大同府衙、都察院、大同后卫等官衙，均与亲王、郡王府相邻。

其次，在叛乱发展过程中无论是巡抚张文锦逃入博野郡王府寻求庇护，还是原大同总兵官朱振对叛兵提出不许扰害宗室的要求，都说明了宗室的特殊政

---

① 明世宗实录：第 42 卷［M］. 台北：中央研究院历史预言研究所，1964-1967，嘉靖三年八月癸巳条：1088.

② 明世宗实录：第 42 卷［M］. 台北：中央研究院历史预言研究所，1964-1967，嘉靖三年八月癸巳条：1089；皇明经济文录，第 36 卷［M］//四库禁毁书丛刊·集部（第 19 册），北京：北京出版社，2000：469.

③ 皇明经济文录：第 36 卷［M］//四库禁毁书丛刊·集部（第 19 册），北京：北京出版社，2000：470.

④ 皇明经济文录：第 36 卷［M］//四库禁毁书丛刊·集部（第 19 册），北京：北京出版社，2000：470；明世宗实录，第 46 卷［M］. 台北：中央研究院历史预言研究所，1964-1967，嘉靖三年十二月庚子：1180.

⑤ 明世宗实录：第 46 卷［M］. 台北：中央研究院历史预言研究所，1964-1967，嘉靖三年十二月丁巳条：1191.

⑥ 明世宗实录：第 47 卷［M］. 台北：中央研究院历史预言研究所，1964-1967，嘉靖四年正月辛酉条：1195.

治意义。叛军自七月起事，到十一月都未滋扰王府。到十一月初十叛军包围代王府时质问"你本府如何讨有人马来征我每？"其中所指人马实际是前往陕西剿贼路过大同城南水头村的官军，却被误以为是朝廷从京营辽东宣府等处调派的平乱军。[1] 而在叛军眼中，此时的王府不仅与朝廷画上了等号，他们甚至认为代王能将前来征讨的军队阻回，没想到却逼走了代王。当代王出逃后，主事地方官员匆忙召集叛军首领进行安抚，以免事态进一步恶化。[2] 可见，代王不仅在地方军民认知中代表着朝廷，其坐镇府城，的确能够起到一定稳定城内官民，甚至稳住叛兵的作用。

最后，嘉靖帝对代王和诸郡王擅离封地的行为并不是恼怒，而是极力安抚。这种态度反映出朝廷对王府继续"坐守地方"的政治需求。根据明制，亲郡王以及将军中尉俱不许擅出城郭。[3] 所以，当代王逃到宣府时其实是非常担忧的。宣府总兵上奏，代王"以窘迫辄弃封国，欲诣阙陈罪"。[4] 可嘉靖皇帝不但没有怪罪，反而赐书安抚。对其他出逃的代藩郡王也是请地方官厚待。等到兵变平息后，嘉靖皇帝再次致书代王：

> 叔代王：近该提督军务侍郎胡瓒奏称，大同叛逆首恶先后擒斩一十六人，地方以渐宁帖，可保无虞。王于正月初二日已启回府。惟王为宗室至亲，贤声素着，适遭变故，惧罹污蔑，避嫌远害，忠义可嘉。往返道途，跋涉良苦，朕深悯念。兹赏银一百两，纻丝四表里，米十石，羊二只，酒二十瓶，特差光禄寺少卿萧淮诣府慰劳。王其奉藩守职，以永享太平之福。专书以达，惟叔亮之。[5]

嘉靖帝的这封信言语颇为诚恳。他将代王逃离封地的行为称为避嫌远害，

① 皇明经济文录：第 36 卷 [M] //四库禁毁书丛刊·集部（第 19 册），北京：北京出版社，2000：470.
② 皇明经济文录：第 36 卷 [M] //四库禁毁书丛刊·集部（第 19 册），北京：北京出版社，2000：470.
③ 朱勤美.王国典礼：第 7 卷 [M] //北京图书馆古籍珍本丛刊（第 59 册）.北京：书目文献出版社，1991：276.
④ 明世宗实录：第 46 卷 [M].台北：中央研究院历史预言研究所，1964-1967，嘉靖三年十二月庚子条：1180.
⑤ （正德）大同府志：第 3 卷 [M] //四库存目丛书·史部·地理类（第 186 册）.济南：齐鲁书社；台南：庄严文化事业有限公司.1996：243.

是对朝廷忠义的表现，还专门派大臣前往慰问，更赏银赏物。而不光是对代王如此。兵变期间大同经济已极为吃紧，但新任巡抚蔡天佑为稳定宗室，特别为王府宗禄拖欠问题上奏，请以河东运司余盐银或内帑支为宗室禄米。后因"帑藏值乏，而运司盐课频年亏损，即边储亦不能支"，于是将府州县所派粮税及掣回的宣府民粮一十六万五千三百余石，专门用作代藩禄米供应。① 朝廷在兵变期间及之后对宗室的特殊关怀，一定程度上提升了代王及宗室群体在大同府城的声望。这在代懿王朱俊杖的墓志中也有更进一步的展现。

一般情况下，明代亲王的圹志均由翰林院撰写，② 格式非常固定，仅记录生卒年，王妃与子女状况，之后附上赞诗。但这位避嫌远害的代懿王墓志却很特殊。墓志称嘉靖帝认为碑阳圹志未能尽书其"大行"，特意命令书于墓碑碑阴。③ 转述如下：

> 嘉靖甲申，大同兵变，贼欲援我先王，以拒朝廷。用计避出。由是，贼不得假借其势，始孤。易于扑灭者，我先王之力也。上闻而嘉之，赐敕褒以忠义，遣官来慰。夫自古宗王生长富贵，性习恣染，其见称于后者，东平河间而已。我先主享国三十年，忠孝恭俭，终身如一，而避变之节，不污贼手，尤为卓识，千载之下岂无称之如河间东平者乎！④

代懿王朱俊杖薨于嘉靖六年（公元1537年），他的墓志中特别记录了他在嘉靖三年（公元1534年）所经历的这次兵变。这段记述对朱俊杖出逃宣府的行为大加赞赏，不仅将此举说成是其保节的必要选择，更将朝廷顺利平息兵变归功于代王出逃。嘉靖帝甚至敕赐代王"忠义"二字，并令建坊于棂星门前。

> 敕赐忠义崇坊，钜表以励宗工云。王薨，其子泰顺王服阕袭封，至癸巳岁，奉命建于棂星门前。⑤

① 明世宗实录：第46卷［M］. 台北：中央研究院历史预言研究所，1964-1967，嘉靖三年十二月丁酉条：1178.

② 大明会典：第98卷［M］. 北京：中华书局，1989：551.

③ 李白军、高峰等. 大同明代懿王夫妇合葬墓墓志考［J］. 文物世界，2001（5）：69.

④ 该碑文转录自李白军、高峰等. 大同明代懿王夫妇合葬墓墓志考［J］. 文物世界，2001（5）：69.

⑤ （正德）大同府志：第3卷［M］//四库存目丛书·史部·地理类（第186册）. 济南：齐鲁书社；台南：庄严文化事业有限公司. 1996：243.

明清时期，立牌坊是件极隆重的官方行为。棂星门是文庙、佛寺、道观、陵墓等庄重场所的正门。① 嘉靖皇帝这么做明显有强化王府皇权象征的意图。可饶有意味的是，这个牌坊修建于嘉靖癸巳年，即嘉靖十二年（1533），距甲申兵变已有近十年，离朱俊杖薨世时间也有六年。而正是在同一年，大同发生了第二次兵变。

嘉靖十二年（1533），漠南蒙古渡河屯驻于大同塞外，引起明廷恐慌。十月大同总兵李瑾提议派镇城马步卒从天城到左卫挖壕堑，绵延四十里。② 这一次同样是因为督工过严触及众怒，引发兵变。十月六日，乱卒王福胜、王宾等六七十人焚帅府杀李瑾，又放火烧都察院，而代懿王朱俊杖之子朱充燿这一次在得到消息后，并未有犹豫，急忙逃往宣府。③ 只是这次兵变却并未如其父墓志所言，因亲王撤离就可使叛兵无势力依赖而迅速平息。

朝廷闻变后，命令宣大总制刘源清等"随宜处置"。④ 然而总制刘源清和提督卻永因为贪功嗜杀，上疏言"宗室登城，自谓曰首恶矣"，又言"城中宗室士夫悉从贼，负朝廷矣"⑤。准备大举攻城。随后兵至城下大肆杀掠，卻永更筑塞城门以水灌城。城内巡抚潘倣与宗室镇国将军朱俊等六人"谕止之不听"⑥。朱俊甚至亲自出城见卻永，令其缓兵，但仍然不奏效。而为了阻止城中宗室及地方官、军民的奏疏送出大同，刘源清等更设置逻卒进行阻拦。⑦ 在这种情况下，大同兵变事态也逐步恶化，至十三年（1534）二月叛兵甚至欲引蒙古骑兵入城，并指代王府称："兵退以此酬汝。"⑧ 幸而因城中叛兵未能达成一致，又有陕西

① 金其桢. 论牌坊的源流及社会功能 [J]. 中华文化论坛，2003（1）：72.
② 孙允中. 云中纪变 [M] //明代蒙古汉籍史料汇编：第一辑. 呼和浩特：内蒙古大学出版社，1993：284.
③ 明世宗实录：卷155 [M]. 台北：中央研究院历史预言研究所，1964-1967，嘉靖十二年十月庚辰条：3506.
④ 明世宗实录：卷155 [M]. 台北：中央研究院历史预言研究所，1964-1967，嘉靖十二年十月庚辰条：3507.
⑤ 孙允中. 云中纪变 [M] //明代蒙古汉籍史料汇编：第一辑. 呼和浩特：内蒙古大学出版社，1993：286.
⑥ 明世宗实录：第156卷 [M]. 台北：中央研究院历史预言研究所，1964-1967，嘉靖十二年十一月癸卯条：3517.
⑦ 明世宗实录：第156卷 [M]. 台北：中央研究院历史预言研究所，1964-1967，嘉靖十二年十一月癸卯条：3517.
⑧ 孙允中. 云中纪变 [M] //明代蒙古汉籍史料汇编：第一辑. 呼和浩特：内蒙古大学出版社，1993：287.

游击袭击蒙古军迫使其撤退。① 之后不久，嘉靖帝重新召集诸臣讨论平息兵变的问题。此时他已意识到刘源清做法的诸多问题。"源清亦知事不可为，自劾求去。上责其避难负托，夺职闲住。"② 第二次兵变至此才有转机。之后新任总都御史张瓒借助城内官员和宗室的帮助很快平息了兵变。

在第二次兵变发生过程中，新一任代王朱充燿一个明显不同的处理之处是：他在听闻兵变的第一时间就离开了大同府。这虽使叛军无法以代王要挟朝廷，但也令第二次兵变中府城内仅剩爵位较低的宗室，他们明显难与朝廷派来镇压兵变的官员进行有效交涉，致使总制刘清源等对镇压毫无顾忌，既假称城内宗室已反，更大肆杀戮致使事态一度恶化。

如果说第一次兵变发生时，时任代王的朱俊杖仍顾及亲王职责与朝廷约束，一直在封地坚持了三个多月才撤离，那么第二次兵变时，其子朱充燿已无此顾虑。尤其是其父逃离大同的行为还得到了朝廷诸多嘉奖，无疑对朱充燿的选择产生了较负面的影响。兵变发生于嘉靖十二年（1533）底，可以推测朱充燿为其父在同年修建的"敕赐忠义"牌坊应建成于兵变前。朝廷本想要通过这一修建"以励宗工"，但实际这一举措不仅使新任代王意识到朝廷对处于动乱中亲王擅离封地的行为持宽宥态度，更为其逃跑提供了理由。于是在代王朱充燿返回大同后，便立刻上疏请求朝廷派大臣抚赈。③ 而从佥事孙允中对第二次兵变的记录来看，宗室在第一时间优先得到了朝廷的抚恤。"宗室良善已蒙朝廷赒抚，而四路官军……屡被乱兵之挫，复遭胡虏之残……乞行各处巡抚一体优恤。"④ 又一次，大同的动乱使宗室"因祸得福"。

在嘉靖前，对宗室在大同府城中的角色，仅能通过方志梳理出一些笼统的线索，但在两次兵变时，即便这一群体对事件本身的趋向推动作用不大，可无论是《明实录》等官修史书还是地方文献的记载，都似乎在努力重新塑造或强调着这一群体在地方的重要性。这虽与两次兵变及大同的特殊位置不无关系，

---

① 尹耕. 大同平叛志 [M] //明代蒙古汉籍史料汇编：第一辑. 呼和浩特：内蒙古大学出版社，1993：299；王士琦. 三云筹俎考，第1卷 [M] //明代蒙古汉籍史料汇编：第二辑. 呼和浩特：内蒙古大学出版社，1993：391.

② 明世宗实录：第159卷 [M]. 台北：中央研究院历史预言研究所，1964-1967，嘉靖十三年二月癸酉条：3561.

③ 明世宗实录：第161卷 [M]. 台北：中央研究院历史预言研究所，1964-1967，嘉靖十三年三月壬申条：3582-3583.

④ 孙允中. 云中纪变 [M] //明代蒙古汉籍史料汇编：第一辑. 呼和浩特：内蒙古大学出版社，1993：291.

可也无疑反映出朝廷极力削弱地方藩王实权的同时，仍需要其在地方社会、政治、文化层面代表皇权发挥影响。笔者认为，正是这种需求，才是理解后来记录代藩宗室地方活动的文献为何会呈现两种颇为矛盾图景的关键。

三、兵变前后大同代藩宗室的地方活动

就目前可收集到的文献来看，兵变前后大同宗室的地方活动呈现出两个极端的特点，一是他们生活的荒唐与经济上的困窘，以犯罪形式频繁出现于《明实录》里；二是他们对地方公共空间活动的捐资情况，以方志及寺庙碑刻形式得以保留。这样的文献虽难以全面呈现其地方生活状况，但史料在数量和特征上揭示了一些明显特点，至少可为解释这一群体在地的生活逻辑提供帮助。下文试就这两个特点分析其在兵变后的生活状态。

（一）嘉靖后代藩犯罪活动的特点及变化

雷炳炎对明代宗室犯罪问题进行了系统研究，笔者从他对《明实录》记载的明代宗室犯罪统计中，择出大同府宗室在嘉靖年间的犯罪记录，共有 26 起。① 值得注意的是，以嘉靖二十一年（1542）为分界，在嘉靖前期均是个人的犯罪行为，且以某个宗室的重复犯罪居多。例如，12 条记录中辅国将军朱聪溍的犯罪记录就有 4 条，奉国将军朱聪沵有 2 条，奉国将军朱聪浇有 3 条。② 某个宗室不断犯罪状况的出现与朝廷对宗室处罚过于宽宥有关。宗室就司法层面享有的特权及在地方司法管理中分别议处的情况，使得朝廷的条法难以对其形成有效约束。③ 但更令朝廷担忧的是，在嘉靖后半期，大同府城内开始出现宗室大规模群体犯罪行为。这些群体行为均为爵位较低的将军和中尉，犯罪主要目的是获取经济利益，或直接抢劫，或越关奏扰。安介生指出山西藩府人口增长速度突出，弘治时期供给困难就已显露。④ 而欠禄已逐渐成为引发宗室犯罪的重要诱因，且因宗禄问题往往涉及人数众多，极易引发集体性犯罪。⑤

针对宗室人口增长何时演化为社会问题，雷炳炎指出，不能单纯根据人口

---

① 雷炳炎. 明代宗藩犯罪问题研究 [M]. 北京：中华书局，2014：395-398；411-420；426-431.

② 雷炳炎. 明代宗藩犯罪问题研究 [M]. 北京：中华书局，2014：412-416.

③ 梁曼容. 明代法律特权及其上下分野 [J]. 古代文明，2019 (2)：115；吴艳红. 明代宗藩司法管理中的分别议处：从《鲁府招》说起 [J]. 中国史研究，2014 (2)：171-172.

④ 安介生. 明代山西藩府的人口增长与数量统计 [J]. 史学月刊，2004 (5)：99.

⑤ 雷炳炎. 明代宗藩犯罪问题研究 [M]. 北京：中华书局，2014：112.

数量多寡来衡量，应以其增长速度与地方财政之间的关系来判断。自嘉靖初期朝臣开始关注这一问题，说明此时宗室人口增长已引起国家的财政恐慌。① 具体到大同，在两次兵变过程中，地方官员都非常留意宗禄的问题，对宗禄及宗室抚恤的特别关注都说明，动乱后安定宗室对地方稳定尤为重要。安抚的方式主要为经济手段，落脚点无疑是维持边疆稳定。

可到嘉靖后期，由宗禄所导致的宗室经济问题开始演化成集体犯罪。在《明实录》所记录的嘉靖后的 14 条犯罪记录中，7 起是集体犯罪，是后期犯罪总数的一半。② 就在同一时期，北部边疆的军事问题也逐渐凸显，随着漠南蒙古势力的增强，其不仅不断骚扰北疆，甚至一度直逼京城。③ 这也进一步使得边疆宗室问题对朝廷而言如鲠在喉。因为其不单是地方经济上的负担，更涉及边疆社会的稳定。当新任大同总督翁万达再次欲重新修葺边墙时，大同几个宗室竟由于一次集体行窃受罚，欲密谋引蒙古军入内，杀代王谋反。此事震动朝野。

这一谋反行动源于嘉靖二十四年（1545），代藩和川王府奉国将军朱充灼与其他府的将军、中尉等多人抢劫了忧归的大同知府刘永。朱充灼等人因此被罚禄一年。④ 被罚禄后的朱充灼生活无以为继，于是心生不满，联合诸宗人，与罗廷玺、卫奉等共谋起事。卫奉则是在第二次兵变中潜入蒙古军，引蒙古军入大同城却被漏杀之人。⑤ 不过他们放火箭烧草场的行为引起了大同总督翁万达和总兵周尚文的注意，在未举事前便被发现，于是参与行动的八名宗室均被捉拿。⑥

值得注意的是，平定此事后总督翁万达上疏，以"大同狭瘠，禄饷不支，代宗日繁，众聚而贫。且地边胡虏易生反侧。请量迁和川、昌化诸郡王于山、

---

① 雷炳炎. 明代宗藩犯罪问题研究 [M]. 北京：中华书局，2014：53-54.
② 雷炳炎. 明代宗藩犯罪问题研究 [M]. 北京：中华书局，2014：416-420；428-431.
③ （万历）山西通志：第 25 卷 [M]. 稀见中国地方志汇刊，第 4 册. 北京：中国书店，1992：493-496.
④ 明世宗实录：第 297 卷 [M]. 台北：中央研究院历史预言研究所，1964-1967，嘉靖二十四年三月丁丑条：5664；朱国桢. 涌幢小品：第 5 卷 [M] //明代笔记小说大观. 上海：上海古籍出版社，2007：3232.
⑤ 朱国桢. 涌幢小品：第 5 卷 [M] //明代笔记小说大观. 上海：上海古籍出版社，2007：3233.
⑥ 朱国桢. 涌幢小品：第 5 卷 [M] //明代笔记小说大观. 上海：上海古籍出版社，2007：3233.

陕隙地就食"①。对于翁万达的提议，礼部建议仅于山西内迁移。嘉靖皇帝也表示同意。可除此之外，再未有记录可以证实这几支宗室确实进行了迁移。尤其是编修时间最为相近的万历版《山西通志》中，对此事也未提及。② 不难想象，翁万达的提议很可能会遭到和川和昌化等王府宗室的强烈反对，朝廷也可能出于稳定宗室的考量，最终并未实行。事实上，在两次大同兵变后，代藩宗室已一定程度意识到朝廷对其在地方的政治需求。维持边疆社会的稳定是朝廷关注的核心。这也成为代藩之后与朝廷博弈的筹码。而从朝廷之后处理代藩问题的谨慎态度亦可见其为难。

就在朱充灼谋反后，嘉靖二十七年（1548），朝廷专门针对代府禄饷不支问题命令河东运司"每年该解山西布政司正余盐内，动支四万三千一百一十六两八钱，径解大同府收贮，补给代府原额禄粮不足之数"。又题准："各该巡抚、转行司府州县官，将各王府应得禄粮，务要征收完足，如遇灾伤，亦须设法措置无碍银两补完，不许拖欠。其先年拖欠者，或待丰收之年，或遇积有多余银两，挨年带补。"③ 可即便如此，代藩的宗禄问题仍然未能解决。嘉靖四十年二月（1561），代藩奉国将军朱聪浸等以禄粮积欠数年为由赴京上奏，并"请下所司将积逋禄米共二十二季清查催补"④。也就是说，地方官拖欠其宗禄已有五年有余。但嘉靖皇帝对大同宗室群体越关上奏的违法行为并未处罚，还深表同情，且命令山西抚按官核实上报。⑤ 与此相似，万历十年（1582），怀仁王府奉国将军朱聪㵾等又越关奏称，自嘉靖四十年起至万历十年止，共二十一年，应得禄粮仍然分毫未获。万历皇帝同样免除了应将犯罪宗室发往闲宅的处罚，还令府官多方催处，每年量给一二季以资养赡。⑥

事实上，嘉靖之后，随着各地宗室越关奏扰的现象越来越多，朝廷早已改

---

① 徐学聚. 国朝典汇：第13卷 [M]. 北京：北京大学出版社，1993：1133.

② （万历）山西通志：第11卷 [M]. 稀见中国地方志汇刊（第4册）. 北京：中国书店，1992：122.

③ 大明会典：第38卷 [M]. 北京：中华书局，1989：273.

④ 明世宗实录：第493卷 [M]. 台北：中央研究院历史预言研究所，1964-1967，嘉靖四十年二月癸丑条：8192.

⑤ 明世宗实录：第493卷 [M]. 台北：中央研究院历史预言研究所，1964-1967，嘉靖四十年二月癸丑条：8192.

⑥ 明神宗实录：第131卷 [M]. 台北：中央研究院历史预言研究所，1964-1967，万历十年十二月辛卯条：2435.

变正德前对此类犯罪的宽宥态度，一再对此行为加重制裁。① 可从上述几例可见，在对代藩宗室越关奏扰的处置上却明显谨慎。这无疑与大同特殊的边塞位置有关，但也反过来促使代藩宗室犯罪频发。以上基本构成了嘉靖后，《明实录》中大同代藩宗室的主要地方表现与特色，而朝廷基于对边疆社会稳定的考量，对其犯罪行为处置谨慎。

可除了这类因犯罪所引发的互动外，两次兵变后，地方志和碑刻中却也出现了不少宗室积极参与地方公共空间的捐资行为。这与《明实录》所描绘的经济上颇为困窘的情况形成了不大相同的图景。

（二）代藩宗室在地方公共空间中的参与

在地方志中，代藩宗室在公共场所的活动，突出表现在对官方祠祀的重修。共有七处，且时间均为嘉靖后。② 其中尤以真武庙最为频繁。

上文已述，亲王封国设"国社""国稷"。③ 王府外城立宗庙、社稷等坛，由亲王主祭。④ 但除此之外，亲王并无义务参与地方其他祠庙的祭祀。可实际上代王从洪武时就开始参与真武庙的祭祀活动。根据府志，大同真武庙有二：

> 一在城东一里东塘坡，创始无考。明洪武二十九年代府修。成化十三年重修，巡抚李敏记。弘治八年又修，巡抚侯恂记。嘉靖间兵毁，二十六年重修，长史高璧撰文。三十三年修，郡人蒋应奎记。万历十三年重修，碑俱存。一在北关，明嘉靖三十一年代府修葺，长史高璧记。殿前有落星石。⑤

由上，城东真武庙在明代共经历了六次修缮，代府至少参与了洪武和嘉靖年间的重修。现存洪武二十九年（1396）所立碑记展现了明初王府的角色。⑥

① 雷炳炎. 明代宗藩犯罪问题研究 [M]. 北京：中华书局，2014：125.

② （乾隆）大同府志：第15卷 [M] // 中国地方志集成·山西府县志辑（第4册）. 南京：凤凰出版社，2005：284.

③ （万历）山西通志：第10卷 [M]. 稀见中国地方志汇刊（第4册）. 北京：中国书店，1992：97.

④ 大明会典：第56卷 [M]. 北京：中华书局，1989：353.

⑤ （乾隆）大同府志：第15卷 [M] // 中国地方志集成·山西府县志辑（第4册）. 南京：凤凰出版社，2005：284.

⑥ 玄帝庙记 [M] // 许德合编. 三晋石刻大全·大同市南郊区卷. 太原：三晋出版社，2014：77-78.

代简王朱桂不仅发起了扩修真武庙的行动，还在真武大帝圣诞时参与了祭祀。该碑由于保存状况不佳，多处字迹已难以辨认，包括撰记者的姓名。但其官职为大同县儒学训导。从他对代简王的赞扬，可见代简王此举的政治意义。明初藩王军事权力上升，代简王于洪武二十五年（1392）就藩，次年便奉命率兵出塞。① 真武庙的主神真武大帝作为战神自明初就颇受帝王偏爱，并被视为国家甚至是帝室守护神。② 代简王对真武大帝的祭祀不仅是为战事祈祷，更有为皇室祈福之意。

不过成化和弘治年间真武庙的两次重修都未见王府参与，这两次重修碑记也是由地方官员撰写。③ 而嘉靖二十六年（1547），方志中明确记载祠庙因为战事被毁，由代王府组织重修，王府长史高璧负责撰记。④ 可惜高璧记文现已不存，无法获得更多信息，不过王府再次关注真武庙无疑与嘉靖时期大同军事的动荡局势有关。除了城东真武庙外，代府在嘉靖三十一年（1552）也组织修葺了府城北关的真武庙，并由长史高璧出面撰记。⑤

就真武庙的多次修缮工程的组织来看，大同官方祠庙的修葺在嘉靖前主要是以地方官为主导。明制规定地方官不仅有祭祀的责任，亦有修葺祠庙的义务，"凡岳镇海渎祠庙、屋宇、墙垣，或有损坏，及府州县社稷、山川、文庙、城隍一应祀典神祇、坛庙颓废者，即令各该官司修理。合用物料，酌量所在官钱内支给收买。"⑥ 可地方官帑缺乏，无力承担修葺的状况也常常出现，因此地方官员往往会通过动员地方力量来完成这些工程。所以修建工程从发起、运行到最终完成，是社会各群体协调、互动的过程。就代王府在方志记载中反映出的对官方祠祀关注转变的时间来看，既迎合了地方官的实际需要，亦是嘉靖后大同兵变、虏患、宗室谋反等动荡局势下，代王府渴求通过各种途径，强化地方影

---

① 明太祖实录：第 220 卷 ［M］. 洪武二十五年八月癸丑条：3222；明太祖实录：第 226 卷 ［M］. 台北：中央研究院历史预言研究所，1964-1967，洪武二十六年三月辛亥条：3304.

② 萧登福. 玄天上帝信仰研究 ［M］. 台北：新文丰出版社，2013：23；33.

③ 重修真武庙记 ［M］//许德合编. 三晋石刻大全·大同市南郊区卷. 太原：三晋出版社，2014：80-84.

④ （乾隆）大同府志载："嘉靖间兵毁，二十六年重修，长史高璧撰文。"见（乾隆）大同府志：第 15 卷 ［M］//中国地方志集成·山西府县志辑（第 4 册）. 南京：凤凰出版社，2005：284.

⑤ （乾隆）大同府志：第 15 卷 ［M］//中国地方志集成·山西府县志辑（第 4 册）. 南京：凤凰出版社，2005：284.

⑥ 大明会典：第 187 卷 ［M］. 北京：中华书局，1989：945.

响力,尤其是向朝廷表现忠心的体现。事实上,正如对两次兵变记录中官修史书与地方文献均有意强调王府在地方的重要政治意涵相一致,兵变后,王府通过增加社会公共空间的参与,进一步强化王府甚至宗室群体对大同稳定的意义,应已成为代藩宗室在地方生存的重要策略。这在大同府城内另一个重要宗教空间——华严寺内,也可找到诸多线索。

大同华严寺建于辽清宁八年(1062),明洪武三年(1370)正殿曾被改为大有仓,明洪武二十四年(1391)由于僧纲司设置于此,寺院复立。① 文献中代府参与华严寺的活动最早是在代惠王时期。成化元年(1465)代王府组织重修华严寺,并令潞城僖顺王朱逊炓为此事撰记。② 之后,代王府又在万历和崇祯年间参与了该寺的修茸。③ 由于成化时的碑刻不存,无法得知当时代惠王组织重修工程的动因。不过就万历、崇祯的石碑来看,代王府以及代藩宗室的参与,与其说是为寺庙带来重要经济支援,毋宁说是彰显皇室身份,提升社会声望与号召力。

根据万历十一年(1583)十月的重修碑记,可知这次重修工程缘于万历八年(1580)大同府城瘟疫的暴发。④ 这次大同的瘟疫十分凶猛,"十室九病,传染者接踵而亡,数口之家一染此疫,十有一二,甚至有阖门不起者。"⑤ 在这种情势下,华严寺作为城内最重要的古刹和僧纲司所在,无疑担负着为地方做法事祈福的责任。地方善士纷纷捐资,寺庙也借此得以重修。重修碑文由代藩襄垣王府奉国将军朱聪箔撰写,以彰显宗室对此事的关注。⑥ 此外,碑文另有两点值得留意:其一,石碑虽然大部分文字已漫漶不清,但尚可辨识"国家""敕赐"字样,这些字因书写格式需要被突出刻于石碑最上端。据此推测,这次重修活动应是朝廷授意的,而由宗室出面撰写碑文也就自然在情理之中;其二,碑阴起始刻有"代藩各王府宗室",并列有捐款宗室共计22人,但核对明史中

① (成化)山西通志:第5卷[M]//四库全书存目丛书·史部(第174册).济南:齐鲁书社;台南:庄严文化事业有限公司,1996:138.
② (乾隆)大同府志:第15卷[M]//中国地方志集成·山西府县志辑,第4册.南京:凤凰出版社,2005:293.
③ (乾隆)大同府志:第15卷[M]//中国地方志集成·山西府县志辑,第4册.南京:凤凰出版社,2005:293.
④ 重修大华严寺增建碑记[Z].碑在大同市华严寺内,万历十一年(1583)立.
⑤ (万历)山西通志:第26卷[M].稀见中国地方志汇刊,第4册.北京:中国书店,1992:530.
⑥ 重修大华严寺增建碑记[Z].碑在大同市华严寺内,万历十一年(1583)立.

所录代藩各亲郡王姓名列表，这些宗室姓名均未在其中。① 这说明，参与华严寺此次重修工程的宗室爵位最高也只是镇国将军，代王和其他郡王并未参与其中。② 换言之，这些积极参与社会公共空间活动的主体是爵位较低的将军或中尉，与《明实录》记录的明中后期宗室犯罪主体就社会身份和处境上应相差不大，那么经济境遇并不十分宽裕的这一群体参与地方公共空间活动的动因或许更值得思考。

当地方出现灾情，宗室作为皇权在地方的象征，同样是以集体形式出面捐资，某种程度上亦能辅助朝廷安定民心，更重要的是提升群体的地方声望。朝廷与宗室间显然已形成了一种相互需要的关系。宗室对公共空间活动的参与与关注，作为地方的一种重要政治资源，到明末仍被不断强调着。崇祯年间，下华严寺重修，碑刻保存于寺内，摘录碑文如下：

> 云中有大刹四，下华严寺其一也。规模宏壮，树基巍峻薨栋，铃铎高出城堞，望之岿然独峙四方冠。盖走集其中，其来始千有余□。岁辛未，殿脊□颓，年久木蠹，所致识者虑□不易。稍兼时，复大□工角，虽集顾庄严，□□□忍暴以风日，即募缘有人，□应者稀。庞居士法讳严心，独发心焉，且伟一时。王公大人乐兴为善，不曰佛宗当葺，则曰胜既宣恢分。赏蹦俸倡之。于前□镇，檀信和之。于后□财鸠工，旬日之间，资用大备。盖居士曾舍□修海会殿，足迹几遍五台，施山放堂者数次，继而舍身□缁，一意归佛。众心信服，故感动较□耳。工起于崇祯四年七月，毕于次年五月。更饰金像，焕然曾新，时诎举盛，严心之功德侈矣愚因念两间伟业有大力者创于前，必有大力者修于后。下有创者开洞无功，不有修者中兴无继，有天下国家者亦如此矣。庞居士□以大力，弘大愿，其功当兴，此寺共不朽，捐资勒文之人亦当与此僧共不朽。刻名于石，以示后人。③

碑文虽有文字脱落，但对事件的记述大致清晰。此次重修是因寺庙年久失修，殿脊有倾倒之势，于是寺内僧人为此筹划募捐，不过起初响应者并不多，

---

① 明史：第 101 卷 [M]. 北京：中华书局，1974：2660-2685.
② 该碑碑文虽难以辨识，但上排碑文保存情况尚佳。根据碑刻的书写原则，若提到代王时，必会另起一行，而全篇碑记上排并未有"代国主"字样。
③ 重修下华严寺碑记 [Z]. 碑在大同市华严寺内，崇祯五年（1632）立.

直到一位庞姓居士出面作为主要赞助者，之后王公大人，也就是地方宗室也参与支持庞氏的善举，由此地方上其他信众才纷纷应和。显然这次重修中王府并非组织与领导者，后面的碑文也是再三赞扬庞姓居士的壮举，可是与此形成对比的是记文后所列出的最终参与捐赠的功德主名单。令人惊讶的是，这份名单中参与捐赠的宗室所属王府涵盖了大同府城中所有亲郡王府，甚至包括嘉靖年间翁万达上疏请求迁往别处安置的和川、昌化两王府的郡王、将军、中尉等。①这也证明了翁万达的建议应未施行。就参与宗室所捐银两数量来看，与地方其他参与捐赠的信士相比并没有优势，即便是捐资最多的代王也只是施银十两，名单中大有超过此施银数量，甚至是施金的信士。诚如碑刻中宗室所言，"胜既宣恢兮"，其捐资带来的经济支持有限，仅是锦上添花之举，但由于其身份地位显赫，刻立碑文时被列于最前列，位于石碑瞩目的位置②，从而形成了皇家对此事参与人数众多，极为看重的观感。这才应是寺庙及宗室双方所关注的。而就实际效果来看，宗室的积极参与，确实对几日内就完成筹资行为起到了积极影响。

四、小结

由上，明中期以后宗室群体无论是人数还是社会影响上，无疑已成为反映和影响大同府城社会生活的重要群体。作为地方上的天潢贵胄，其在地方开藩建府，并将宫廷生活带到地方，客观上缩短了地方与中央的距离，也使得这些皇亲的生活、行为成为大同百姓竞相效仿的对象。虽然永乐后藩王逐渐丧失了政治实权，但仍然以国主身份主持着地方祭祀。王府坐镇地方象征着朝廷对这一区域的看重。而在动荡局势中，宗室的人身安全往往最先受到威胁，无论是嘉靖年间的两次兵变，还是宗室内部的叛乱，都是以代府为条件，企图与朝廷或北方蒙古进行谈判。明末李自成攻入大同时，"杀代府宗室殆尽"③。可以说，宗室在地方的兴亡实则象征着明朝兴亡，由此不难理解尽管代王在两次兵变时均选择了临危弃城出逃，嘉靖皇帝还是表现出极大的宽容，甚至对逃跑代王敕赐"忠义"牌坊，嘉奖其行为。无论是官修史书还是地方文献，在动荡局势下

① 重修下华严寺碑记［Z］.碑在大同市华严寺内，崇祯五年（1632）立.
② 重修下华严寺碑记［Z］.碑在大同市华严寺内，崇祯五年（1632）立.
③ （道光）大同县志：第15卷［M］//中国地方志集成·山西府县志辑（第5册）.南京：凤凰出版社，2005：212.

都在尽力营造宗室协助朝廷镇守边疆的形象。换言之，即便此时的王府已不再享有地方实权，但其在地方对皇权的象征性仍然重要，尤其对地处边疆的大同而言，封地内的王府与宗室的活动更是牵引着朝廷的神经。

因此，在处理大同宗室在嘉靖后日益上升的群体犯罪时，朝廷也同样给予了较大包容。这种谨慎的处置方式，不应只看宗室犯罪次数增长的一面，亦不能脱离大同特殊的地方历史背景。与此同时，地方文献所展示出的代藩宗室在经济并不宽裕的境况下，仍在积极参与地方祠寺等公共空间的修建，恰恰是其强化对地方社会影响力的表现。由此，嘉靖后代藩宗室就不同语境文献所展现出的两种看似截然相悖的行为：一是不少低爵位宗室因穷困犯罪，二是其仍在地方寺庙重修中捐资助力。这背后实则体现着并不矛盾的社会运作机制。一方面，失去实权的宗室作为地方上的天潢贵胄，通过政治、文化层面的影响起着藩屏帝室的作用，而在兵变、灾情等动荡局势下，朝廷需要他们稳定民心，他们也确实在地方社会具有一定号召力，并有意识地强化着这种号召力；另一方面，也正是朝廷对他们的这种需求与纵容，间接导致了代藩宗室违制与犯罪行为不断发生。

总而言之，本文梳理、分析大同代藩宗室于特殊历史环境下与朝廷所形成的互动，试以个案尝试说明某类文献在呈现群体历史形象时存在的局限性。相较于《明实录》形成的在明代中期以后宗室社会地位逐渐下降，犯罪增多的普遍印象，充分利用不同类型文献进行综合分析，对呈现更立体的群体社会形象颇为有益。未来推进对这一群体的研究，仍须在把握明朝历史发展整体脉络的基础上，充分结合宗室在地方的具体特性，展开分析。

清代卫所裁并与地方社会资源的再分配
——以蔚州卫为中心

邓庆平①

卫所制度是有明一代重要的军政制度，普设于全国，所谓"自京师达于郡县，皆立卫所，外统之都司，内统于五军都督府"②。学界对卫所制度的研究一直颇有关注，主要集中在对卫所制度下的军户、军屯、军役等相关问题的讨论，著述颇丰，但多从军制史的角度出发考察卫所制度的相关内容③。然而，卫所制度又不仅仅是一种军制，早在 20 世纪 30 年代，谭其骧先生就提出明代的实土卫所是一种地方行政区划④。20 世纪 80 年代，顾诚先生从解决明前期耕地数字这一历史悬案出发，提出卫所在很大程度上是一种军事性质的地理单位⑤，并进一步提出明代的疆土管理体制存在着行政的"六部—布政司—府—县"与军事的"五军都督府—都司—卫—千户所"两大管理系统⑥。

卫所在清代仍以不同方式延续。除因承担漕运任务而被保留下来的漕运卫所一直存留至晚清外，其他卫所大多在清初被陆续裁撤，最终并入或改为州县，

---

① 邓庆平，女，中国政法大学人文学院历史研究所副教授。本文为中国政法大学 2020 年科研创新规划项目"法律社会史视野下的明代卫所军户研究"（项目号：20ZFG77001）的阶段性成果。
② 张廷玉等撰，郑天挺等点校. 明史：卷 89 [M]. 兵志 1. 北京：中华书局，1974：2175.
③ 相关综述文章可参见：于志嘉. 明代军制史研究的回顾与展望 [M] //民国以来国史研究的回顾与展望研讨会论文集. 台北：台湾大学，1992：515-540；赵明. 明代兵制研究六十年之回顾 [J]. 中国史研究动态，1993，8：14-20；张金奎. 二十年来明代军制研究回顾 [J]. 中国史研究动态，2002（10）：7-15；邓庆平. 明清卫所制度研究述评 [J]. 中国史研究动态，2008（4）：14-21；彭勇. 学术分野与方法整合：近三十年中国大陆明代卫所制度研究述评 [J]. 中国史学（日本），2014（24）：59-70.
④ 谭其骧. 释明代都司卫所制度 [M] //长水集. 北京：人民出版社，1987：150-158.
⑤ 顾诚. 明前期耕地数新探 [J]. 中国社会科学，1986（4）：193-213.
⑥ 顾诚. 明帝国的疆土管理体制 [J]. 历史研究，1989（3）：135-150.

这一改制过程经历了数十年乃至上百年的时间才得以完成，对全国的行政区划和基层社会生活带来了巨大的影响。对于清初卫所体制延续的原因，顾诚认为这说明明代的卫所在多数情况下是一种军事性质的地理单位，而不仅是一种单纯的军事组织①。张金奎认为与妥善安置卫所武官、稳定清初统治直接相关②。赵世瑜则认为，既有制度因素，如承担漕运而被保留下来的卫所，也有利益驱动的因素，如军户身份和军屯所附着的收益③。赵世瑜的分析，提示我们必须要在具体的地域空间中，从地方社会和日常生活的角度考察卫所制度在清代的延续及改革过程。本文试图从区域社会史的视角出发，选择明清时期华北边塞的一个重要区域——蔚州——作为个案，集中探讨明清卫所制度变迁，特别是清代卫所的裁改与基层社会资源再分配之间的关系，将制度实践与日常生活的互动关系通过具体的个案进行呈现。

一、从"州卫分治"到"州县合并"

今日河北省张家口地区的蔚县，史称蔚州，即秦汉之代郡。在蔚州的南北山脉中，有八大通峪，这是中原地区与北方游牧民族交流的孔道，故蔚州"素为临边用武之地"，隋末陷于突厥，后晋时又作为燕云十六州之一被石敬瑭割与契丹，此后在中原政权与游牧民族的历次王朝战争中屡遭兵乱。

明洪武二年（1369），明军攻至蔚州城下，元蔚州知州楚宝善举城归附④。其后，该地辖境被分割为民政与军事两套系统，即隶属于山西大同府的蔚州与隶属于万全都司、受宣府镇节制的蔚州卫，所谓"分州之余以为卫也"⑤，州、卫同城而治，而州属村庄与卫属屯堡、民田与军屯、民户与军户交错分布，州、卫辖境难以清晰分割。

清初仍按明制，蔚州、蔚州卫分立。至康熙三十二年（1693），蔚州卫改为

---

① 顾诚. 卫所制度在清代的变革 [J]. 北京师范大学学报（哲学社会科学版），1988（2）：15.
② 张金奎. 明代卫所军户研究 [M]. 北京：线装书局，2005：405.
③ 赵世瑜. 卫所军户制度与明代中国社会——社会史的视角 [J]. 清华大学学报（哲学社会科学版），2015（3）：114-127.
④ 乾隆蔚县志：卷30. 艺文·重修城楼记 [M] //新修方志丛刊·边疆方志：第28号. 乾隆四年刊本影印. 台北：台湾学生书局，1969：631-632.
⑤ 乾隆蔚县志：卷2. 建置沿革 [M] //新修方志丛刊·边疆方志：第28号. 乾隆四年刊本影印. 台北：台湾学生书局，1969：99.

蔚县，归直隶宣化府管辖①。蔚州卫改县后，蔚县与蔚州的辖境区分问题就浮现出来，因为这涉及知州与知县的管辖权限，所谓"疆域所在即职守所在也，涉于州者，概不敢及，惧侵官也"②。乾隆《蔚县志》中对蔚州与蔚县各自的管辖范围做过详细的区分，按照东、南、西、北、东南、西南、西北、东北各区域将蔚州、蔚县的辖地分割清晰，因过于烦琐，恕不赘述。这种划界被之后各种版本的蔚州方志所采用，但必须注意，这种辖境划分并不是完全清晰的，乾隆《宣化府志》曾这样评论：

> 县与州同城，城内南北中分，东属县，西属州。城以外，州县属地逐层相间，且有州县互属者。大概城南北至界上地，则州多而县少；城东内四十里地，州八而县二，外五十里，县九而州一；城西州属尽广灵界，县属多与广灵内地错杂相间。约而计之，州地多近城，四境则皆县地也。③

在如此描述之后，方志编纂者仍然感慨："州与县之地无从别也，强为别之，非讹则凿"，并因此推论明代蔚州卫与蔚州之地也是交错不可清楚析分的，"以卫改县，今州县所属地犬牙层错，州与卫地非截然可分也"④。

正是因为辖境难以清晰分割，导致蔚州与蔚县在户籍管理、钱粮征收、司法诉讼等各个方面都出现了权限不明、纠纷不断的局面，因而在雍正、乾隆时期，清廷又对蔚州、蔚县的政区划分进行了重新调整。

---

① 现存蔚县《李氏家谱》（美国犹他家谱中心藏清乾隆四十年刊本，编号652）为蔚州卫军户大族李氏家谱。该谱在记载李氏九世祖李云华生平时，曾提及"蔚有州、卫分合之议，公调护得免纷更"之事（卷七，《传·李恒岳先生传》）。在记载李云华之子李振藻生平功绩时，亦提及相似情形，内容则更为详细，"蔚向属宣府，为卫与州，分辖燕、晋。先是，当事者有归并州治之议，太公两次绸缪，得仍其旧。嗣后复议纷更，先生遵承其志，多方调护，获免。蔚人尤深德之"（卷七，《传·李约斋先生传》）。两处均提到州、卫就分合问题多次发生争议。据家谱所见，李云华生于明万历三十六年（1608），卒于清康熙三十一年（1692）；李振藻生于明崇祯元年（1628），卒于清康熙三十四年（1695）。据此推测，蔚州卫与蔚州有合并之议当发生于明末清初之时。
② 乾隆蔚县志·凡例［M］//新修方志丛刊·边疆方志：第28号.乾隆四年刊本影印.台北：台湾学生书局，1969：55.
③ 乾隆宣化府志：卷二.地理［M］//中国方志丛书·塞北地方：第18号.乾隆八年修二十二年重刊本影印.台北：成文出版社，1968：82.
④ 乾隆宣化府志：卷二.地理［M］//中国方志丛书·塞北地方：第18号.乾隆八年修二十二年重刊本影印.台北：成文出版社，1968：82-83.

清初卫所裁改导致的政区调整及各政区辖境交错不清的问题,在雍正年间引起了朝廷的重视。雍正三年(1725),皇帝下令地方大员查勘地界,以划清政区辖境。雍正四年(1726),直隶总督李绂奉旨赴蔚州,查勘蔚州、蔚县地界。经过勘察,他呈报了州县界址不清、民人杂居、管理不便的情况。

> 蔚州、蔚县系属同城,蔚州乃山西大同府所辖,蔚县则直隶宣化府所辖。缘蔚县系康熙三十三年间改设,当日虽立有界址,州西县东,究未能疆界井井,州县民人夹杂居住,城外乡村亦然。每有州民而在县纳粮当差者,有县民而在州纳粮当差者,错杂难分。遇有逃盗命案,动需两省详请关移,或至稽迟牵制。①

李绂综合考虑地方实际情况后,建议不将蔚县与蔚州合并,而是"将蔚州归与直隶宣化府管辖,而蔚州与蔚县则不必归并,盖彼虽属同城而治,而街判东西相沿已久,纳粮当差并无牵混",意在解决蔚县、蔚州因分隶直隶宣化府与山西大同府造成的管辖不便问题②。雍正六年(1728),蔚州改归直隶宣化府,所有应征地丁、正杂钱粮并起运存留各数,及户口、版图、地亩、学校、驿站、夫马等项,山西巡抚觉罗石麟逐一将其分析造册,移交直隶总督,此后,蔚州与蔚县同属直隶宣化府。

将蔚州划归直隶管辖,只是解决了蔚州、蔚县分隶两省导致的管辖不便,却没有解决蔚州、蔚县因疆界错壤、居民杂处带来的各种管理上的问题。乾隆年间直隶总督方观承就说:"宣化府属之蔚州、蔚县,共处一城,以街市分为东西管辖,而境内村庄复犬牙交错,有州民而居县地者,有县民而居州地者。凡遇词讼涉户婚者,案犯两地并拘;涉田土者,钱粮两地分纳。种种牵碍,清理为难。"③于是,乾隆二十二年(1757),方观承建议将蔚县裁并,归入蔚州,将蔚县下辖村庄、民户划归蔚州管辖。吏部议覆,皆如所请,议准施行④。至

---

① 李绂. 穆堂别稿:卷45. 移覆山西总督论归并蔚州蔚县文 [M] //续修四库全书编委会. 续修四库全书. 集部·别集类. 上海:上海古籍出版社,2002:622,第1422册.

② 李绂. 穆堂别稿:卷45. 移覆山西总督论归并蔚州蔚县文 [M] //续修四库全书编委会. 续修四库全书. 集部·别集类. 上海:上海古籍出版社,2002:622-623,第1422册.

③ 光绪蔚州志:卷3. 地理志上·沿革 [M] //中国方志丛书·塞北地方:第29号. 光绪三年刊本影印. 台北:成文出版社,1968:46.

④ 清高宗纯皇帝实录:卷534 [M]. 1757(乾隆二十二年三月己亥). 北京:中华书局,1986:735.

此，蔚州境内从明初形成的两套行政管理系统并存的局面结束。民国时期，蔚州改称蔚县，属察哈尔省。20世纪50年代后，蔚县改隶河北省张家口地区，沿袭至今。

概言之，在明清数百年间，蔚州经历了从蔚州—蔚州卫到蔚州—蔚县的分立，原有的州境被分割为二，至清中期方合二为一，这一过程不仅与卫所制度的兴废紧密相关，还对基层社会的管理体制、土地分配、户籍制度、赋役征派、文化教育等诸多方面产生深刻的影响。这些影响又集中体现在地方社会各种公共资源的共享与争端中。

二、公共设施的重新分配

笔者所论之公共设施，包括城墙、祠庙、敌楼、水渠、桥梁等公共建筑和设施。有明一代，蔚州与蔚州卫同城而治，辖境错壤，军民杂处，在诸多公共设施资源的利用与维护上，表现出州、卫共享的状态。如州城各项公共设施的修建。由于州卫同城而治，所以州城也是卫城，而城中的许多重要设施，如城墙和祠庙，都是同属州、卫的公共资源，由州、卫官员合作修建和维护；如蔚州城墙，是由蔚州卫的首任指挥使周房主持修建的，之后，城墙多次重修，据方志记载，蔚州历任知州皆"主其事"，卫所武官也"与有事也"①。

城内许多官方主祀的专门性祠庙往往都只设有一处，如城隍庙、玉皇阁、文昌阁、文庙、火神庙、马神庙等，即州、卫并未分设各自的祠庙系统。所谓蔚州卫"倚州为设施，故不另立庙"②，与蔚州共享城内的祠庙资源。州、卫官员协作完成这些庙宇的修建和维护，州、卫军民也共同捐资襄善。以蔚州城内最为宏伟的祠庙——城北的玉皇阁为例，该庙始建于洪武十年（1377），为首任蔚州卫指挥使周房创建，万历二十七年（1599）对其重修，完成于万历四十二年（1614）。工程完成后，立碑叙善，重修工程的负责人在碑阳末端题名，时任蔚州知州刘生和，蔚州的儒学训导、学正、吏目等人，蔚州卫指挥、管屯指挥、巡捕指挥诸人纷纷题名。碑阴中还有蔚州卫诸指挥使、掌印管屯千户、掌印百

① 乾隆蔚县志：卷8. 城池 [M] //新修方志丛刊·边疆方志：第28号. 乾隆四年刊本影印. 台北：台湾学生书局，1969：136.
② 李舜臣. 敦古堂拟古杂文：卷2. 创建蔚县城隍庙碑记 [M]. 国家图书馆藏清乾隆刻本：29.

户等武官的题名，而捐资善人也包括了分属州、卫各个村堡的军民士商①。

除了城中的祠庙，分布在乡村中的一些庙宇也属于州、卫的共同资源，在历次重修时，州、卫官员表现出积极合作的态度。如位于今蔚县常宁乡西金河口村的金河寺，据时人记载，明代宣德元年（1426）金河寺重建，正统五年（1440）完成，敕赐为金河禅寺②。重修后立碑，刻有"助缘信官"众人的题名③，从残碑可识别的题名来看，很多地方官员参与此事，万全都司指挥题名之下是蔚州的地方长官知州、同知、州判数人，接下来是蔚州卫的指挥使、千户等武官题名。该寺在康熙二十三年（1684）再次重修，并立碑记事，从碑文来看，时任蔚州知州耿夔忠与蔚州卫掌印守备张国均题名于碑阳末尾，撰写碑文的则是原任蔚州卫守备何藩及其弟何笈④。由于康熙二十三年蔚州卫尚未改县，因此蔚州卫的武官仍然与州官一起参与金河寺的重修，作为地方官员出席这一寺庙重建活动。

康熙三十二年，蔚州卫改为蔚县，州、卫对城墙、祠庙等公共设施资源的共享局面被打破，蔚州与蔚县作为并列的行政单位，虽然同城而治，但是在辖境和权限上有了更清晰的划分，州、卫曾共享的许多公共设施也经历了重新分割的过程。

明代蔚州城也称蔚州卫城，指蔚州城的整体，包括了所有的城垣、门楼、祠庙以及州、卫的衙署，并未区分过州、卫之间的界限，而城中的墙垣、祠庙也是州、卫官员合作修建、维护的。但是，蔚州卫改县后，以前共同属于州卫的城墙经过了州城垣与县城垣的重新划分，而在蔚县人看来，这一分割是不公平的。

> 特以县从卫改，而城之壮丽号为"铁城"也，卫指挥使周房之功为多。其后城头蔓草之除、蚁穴之塞，亦惟八所官军与有专责。况自改县后，其

---

① 蔚萝重修北城垣玉皇阁神祠碑志铭. 明万历四十二年立，石现存蔚县县城玉皇阁内. 关于玉皇阁此次重修的具体过程，可参见拙作：从"官军之庙"到"商人之庙"——从蔚县玉皇阁之例看华北卫所镇的社会变迁 [M] //赵世瑜. 大河上下：10 世纪以来的北方城乡与民众生活. 太原：山西人民出版社，2010：187-208.
② 罗亨信. 觉非集：卷3. 敕赐金河禅寺记 [M] //四库全书存目丛书编纂委员会. 四库全书存目丛书. 集部：第29册. 济南：齐鲁书社，1997：520-522.
③ 敕赐金河禅寺之碑 [Z]. 明正统十一年立，石现存常宁乡西金河口村金河寺遗址.
④ 重建金河寺碑记 [Z]. 清康熙二十三年立，石现存常宁乡西金河口村金河寺遗址.

隶乎县者，自万山楼而东、而北、而西，至玉皇阁止。是始乎卫者，县且仅存其半。①

显然，通过追溯蔚州卫官军在明代始建和维修城墙的功绩，蔚县人借以表达对州县城墙划界结果的不满。据乾隆年间编纂的《蔚州志补》记载，崇祯七年（1634）、八年（1635），城墙由"知州来临修"②；同时期的《蔚县志》则记载为："嘉靖、崇祯中屡加修葺，虽亦各有主者，要皆卫所与有事也，义不得而没已。"③这两种记载的不同在于，州志只提明代知州重修城墙的功绩，县志则强调卫所官军也参与了城墙的修葺，这叙事的细微差别，已经隐约透露出州、县双方在分割城墙这一公共资源中的矛盾冲突。

又如祠庙，在明代州—卫两套管理体系下时，祠庙一般属于蔚州与蔚州卫的共有资源，之间并无区隔，但是在清初蔚州卫改县后，出现了州、县如何分享祠庙等诸多问题。于是，某些具有行政象征意义的地方神祠，如蔚县的城隍庙，在蔚州卫改设蔚县后就开始了新建的过程。

明初，国家祭祀体系中确立了城隍的固定位置，只有县级以上行政单位才有资格设立城隍庙，城隍神的性质，相当于"冥界的专门官僚"，和现世的府、州、县相对应④。清代的城隍崇拜沿用明制，各级府、州、县都建有城隍庙，地方官员莅任，往往须先祭拜城隍神⑤。由于城隍是各级行政单位的地方保护神，城隍庙是县级以上行政单位才能设立的祠庙，所以明代蔚州卫并未单独建有城隍庙，至改县后，方由历届知县主持修建完成。康、乾时期蔚县人李舜臣在为新创修的蔚县城隍庙撰写碑文时，记录了其修建缘起及过程。

蔚县庙制多完成于因，惟城隍庙乃特起于创。其创为何？乃于康熙三十二年卫改为县，以是主民社者在县令，昭显应者在城隍。先成民而后致

① 乾隆蔚县志：卷8. 城池［M］//新修方志丛刊·边疆方志：第28号. 乾隆四年刊本影印. 台北：台湾学生书局，1969：135-136.
② 乾隆蔚州志补：卷二. 建置志·城池［M］//新修方志丛刊·边疆方志：第29号. 乾隆十年刊本影印. 台北：台湾学生书局，1969：135.
③ 乾隆蔚县志：卷8. 城池［M］//新修方志丛刊·边疆方志：第28号. 乾隆四年刊本影印. 台北：台湾学生书局，1969：136.
④ 滨岛敦俊. 明初城隍考［J］. 许檀，译. 社会科学家，1991（6）：21-30.
⑤ 吴滔. 清代苏州地区的村庙和镇庙：从民间信仰透视城乡关系［J］. 中国农史，2004（2）：95-101.

于神，古制之不可易也……历三十余年，前后工程始得告竣……按其兴造
之初，孔父母讳尚铣者，于康熙五十二年建正殿三间。营度之继，郭父母
讳允文者，于五十九年建寝宫三间，过殿三间，山门三楹，西司房五间，
已勒碑。结构之终，王父母讳育榑者，于雍正十一年建东司房五间，钟鼓
楼二座，东西耳房四间，东厢房三间，班房二间，皂隶八位，并彩绘两司
公案，告成于乾隆七年，出清俸以成事。一举作而三易，其乎创立良不易
矣……同邑绅衿农商之布金伙助者，亦必按名悉勒石末，不忘善念也。①

这段材料提到的几个关键性人物是三任蔚县知县：孔尚铣，山东曲阜人，
康熙四十五年（1706）任；郭允文，汉军厢白旗人，康熙五十八年（1719）任；
王育榑，山西猗氏县人，雍正丁未科（雍正五年，1727）进士，雍正九年
（1731）任②。三人中当以王育榑的贡献最著，按方志记载："时设县逾四十年，
以与州同城，规制多未备，至是始一一建立。"③三任知县合作，各自捐俸，先
后经过三十余年，新建了县城隍庙，蔚县绅民农商也多有捐资以助工程。

除蔚县新建城隍庙外，蔚州与蔚县对州、县城内以及乡村中分布的旧有庙
宇也进行了分割。崇祯时期修纂的《蔚州志》中，所载各祠庙、寺观，均不注
明哪些属于州，哪些属于卫④；在乾隆《蔚县志》中，则详细列出了"县地州
属""州地县属""州县互属"的庙宇，表现出蔚县在庙宇资源的隶属关系上进
行了严格区分；同时期的《蔚州志补》，则只记州属的庙宇。但是，在对某些庙
宇的归属问题上，州、县显然没有达成共识。如旗纛庙、马神庙、火神庙等，
《蔚县志》中记为县属祠庙，《蔚州志补》中则记为州属祠庙。蔚县认为其属县
的依据可能是因为这些祠庙在明代是卫官主祭，而蔚州认为其属州的依据可能
是因为这些祠庙一直建于蔚州衙署附近。

① 李舜臣. 敦古堂拟古杂文：卷2. 创建蔚县城隍庙碑记［M］. 国家图书馆藏清乾隆刻本：29-30.
② 光绪蔚州志：卷2. 本朝职官表［M］//中国方志丛书·塞北地方：第29号. 光绪三年刊本影印. 台北：成文出版社，1968：38-39.
③ 光绪蔚州志：卷19. 名宦记［M］//中国方志丛书·塞北地方：第29号. 光绪三年刊本影印. 台北：成文出版社，1968：265.
④ 崇祯蔚州志：卷3. 祀典［M］//日本藏中国罕见地方志丛刊续编（第1册）. 北京：北京图书馆出版社2003：480-483.

三、文化资源的分享与争夺

文化资源是基层社会重要的公共资源之一，既有学校、名胜古迹、地方文化名人等具体的物、人，也有风俗习惯、辞赋传说等更具有象征意义的非具象化的地方文化传统。自明至清，在蔚州—蔚州卫—蔚县的政区演变过程中，地方社会不同人群对文化资源的利用也呈现出分享与争夺共存的状态。

（一）乡饮酒礼的"何拘州卫"

乡饮酒礼是明代地方教化的重要机制，制定于洪武初年。洪武二年（1369）八月，明太祖敕命儒臣修纂《礼书》①，至洪武三年（1370）九月，《礼书》修成，赐名《大明集礼》，下诏颁行②，《大明集礼》卷二十九专载乡饮酒礼。不过，据学者考证，《大明集礼》虽然修成，但明太祖并未马上施行乡饮酒礼，直至一年半之后，才在洪武五年（1372）三月，下令各地举行，其颁令规定：不论是直隶或外省的府州县，在每年正月、十月各举行乡饮酒礼一次。卫所的卫学也多比照一般的儒学，在春秋两季举行乡饮酒礼③。其未施行者，在明中叶后亦多举行，如成化十五年（1479），巡抚宁夏都御史贾俊上奏说："宁夏在城四卫，近已设立学校，惟乡饮酒礼未举，宜行四卫每年轮支官钱举行，以优老正俗，使人皆知礼让。"④ 奏上后，获准施行。

乡饮酒礼的举行是一种文教礼化的仪式，乡民获得参与乡饮酒礼的资格，成为耆宾，也就具有了一种社会身份，因此乡饮酒礼的饮宴可以视为一种文化资源。参与乡饮酒礼，也就意味着享有了一种重要的地方文化资源。从蔚州和蔚州卫的情况来看，蔚州卫没有设立卫学，因此不可能在卫学举行乡饮酒礼，而卫人则可以接受知州的邀请参与蔚州的乡饮酒礼。蔚州的乡饮酒礼每年正月十五及十月初一日于州儒学明伦堂举行。首位成为乡饮酒礼耆宾的蔚州卫人是邹铭。据方志记载，成化二十三年（1487），蔚州大饥，村民"茹蒿稗俱尽"，

---

① 明太祖实录：卷44. 1369（洪武二年八月）[M]. 台北："中央研究院"历史研究所，1962：875.

② 明太祖实录：卷56. 1370（洪武三年九月）[M]. 台北："中央研究院"历史研究所，1962：1113-1114.

③ 邱仲麟. 敬老适所以贱老——明代乡饮酒礼的变迁及其与地方社会的互动 [J]．"中央研究院"历史语言研究所集刊. 第76本第1分，2005：7-12.

④ 明宪宗实录：卷190. 1479（成化十五年五月壬午）[M]. 台北："中央研究院"历史研究所，1962：3389.

邹铭"出粟百余钟，全活其里"，后得皇帝赐敕嘉奖，旌为义民①。延请邹铭为乡饮耆宾的是知州姜鄜，修武县举人，弘治六年（1493）至十年（1497）任蔚州知州。由此可知，蔚州卫人参与蔚州乡饮酒礼是弘治年间的事情。在弘治以前，卫人不能参加州的乡饮酒礼，故有"国家制礼无分文武，惟隆齿德。蔚郡州、卫同附，有司独奉州人与饮，而卫不之及，是乃私也。岂制礼者之初意哉"之论②。至姜鄜上任后，卫人始得以参与乡饮酒礼，乾隆《蔚县志》所记成为乡饮耆宾的蔚州卫人共有十三位。

蔚州知州姜鄜延请蔚州卫人邹铭成为乡饮酒礼耆宾之事，得到后世州、卫乡绅的广泛赞誉，"尔时贤主嘉宾人两荣之"③。对蔚州卫人而言，更是种极大的激励，"先是乡饮酒礼之行，卫人不得与，知州姜鄜破例行之""明宏（弘）治中，义民邹铭一与斯典，而邦人之称庆者，万口一辞，迄今有余慕焉"。故乾隆年间编纂《蔚县志》时，《乡耆》卷自邹铭始，"亦以见贤主嘉宾于典礼为有光云"④。从卫人不得与乡饮酒礼到与州人同与乡饮，这可以看作从蔚州对文化资源的独享到州卫共享文化资源的一次转变。而知州姜鄜的破例施行，也是打破州卫区隔的一种政治实践。

（二）《蔚县志》的编纂

明至清初，蔚州卫一直无方志，往往附录于蔚州方志中，崇祯和顺治朝的《蔚州志》确实都收录了蔚州卫的一些简略记载，"有附见州志中者，亦多缺失未备"⑤。至改县后，五十余年间仍然无志，这引起了县人的不满："无志，则居此土著何以析山川、分疆域、核田赋、辨关隘、稽学校、考祠庙、昭人物也?"⑥ 方志对于地方社会有着非常重要的象征意义，所谓"邑之有志，犹国之

---

① 崇祯蔚州志：卷3. 乡饮［M］//日本藏中国罕见地方志丛刊续编. 北京：北京图书馆出版社，2003：426.
② 崇祯蔚州志：卷3. 学校附乡射［M］//日本藏中国罕见地方志丛刊续编. 北京：北京图书馆出版社，2003：425.
③ 崇祯蔚州志：卷3. 学校附乡射［M］//日本藏中国罕见地方志丛刊续编. 北京：北京图书馆出版社，2003：425.
④ 乾隆蔚县志：卷24. 乡耆［M］//新修方志丛刊·边疆方志：第28号. 乾隆四年刊本影印. 台北：台湾学生书局，1969：511.
⑤ 乾隆蔚县志·序［M］//新修方志丛刊·边疆方志：第28号. 乾隆四年刊本影印. 台北：台湾学生书局，1969：47.
⑥ 李舜臣. 敦古堂拟古杂文：卷2. 蔚县石郊王父母创纂志书碑记［M］. 国家图书馆藏清乾隆刻本. 第20页.

有史"。因此，知县王育槑治蔚期间，一直"肫肫以蔚志系怀"，后于乾隆元年（1736）"设盛馔招集蔚中绅士，委其博采详搜，而复亲为持择"，他不但亲自主持编纂，还"出百五十金以成重务"，乾隆四年（1739）四月，县志"刊板告竣，刷印成帙，邑人纷集展阅"①。

知县主持编纂县志，对于蔚县的发展而言，有着特别的意义，正如县志序言中所说："蔚自王邑令始有志，即谓蔚自王邑令始有邑，可也。"② 编纂完成《蔚县志》，"正疆域，征文献"才成为可能③。尤其是"正疆域"，言下之意正是县志的完成，意味着蔚县真正成为一个脱离蔚州、独立发展的行政单位。

（三）文庙争端

蔚州文庙建于蔚州治北，始建于元至元年间，后经重修。在今天蔚州玉皇阁碑亭中还保留着一块元代重修文庙的碑记，可惜石碑已残，无法了解重修的具体过程，只能大概知道始建后历五十余年，"宇隘不容诸生"，于是"创建三大楹"，重整大成殿，修祭器，使得"先圣庙鲜伟非常"，负责重修的是署名"蔚州州官"的刘完泽铁穆尔④。

至明代，天顺年间的知州史魁、弘治年间的知州姜郜、万历年间的知州熊明诚与洪有声、崇祯年间的知州陈鹏举，都曾先后修葺文庙。庙正殿五间，东西庑各九间，碑亭二间，戟门三间，泮桥坊二座，棂星门三间。庙后基址为蔚州卫人朱永的宅第，"后施以广学宫"⑤。该文庙至民国时尚存，基本保留了明代的建筑原貌。清初顺治年间，知州曹士琦重修，州人魏象枢有碑记云："明末学宫倾圮，乏科第者凡十八年……会有曹侯者以淇令擢知吾州事，下车以来，有百废俱兴之志……遂捐俸修葺，无一烦民力，阅数月而工讫。"⑥

在明代至清初蔚州—蔚州卫分治格局下，由于蔚州卫不设卫学，"博士弟子

① 李舜臣. 敦古堂拟古杂文：卷 2. 蔚县石郊王父母创纂志书碑记 [M]. 国家图书馆藏清乾隆刻本：20-21.

② 乾隆蔚县志·序 [M] //新修方志丛刊·边疆方志：第 28 号. 乾隆四年刊本影印. 台北：台湾学生书局，1969：45.

③ 光绪蔚州志：卷 19. 名宦记 [M] // 中国方志丛书·塞北地方：第 29 号. 光绪三年刊本影印. 台北：成文出版社，1968：265.

④ 重修文庙碑记，元代，碑残，石现存蔚县县城玉皇阁碑亭.

⑤ 光绪蔚州志：卷 7. 学校志 [M] // 中国方志丛书·塞北地方：第 29 号. 光绪三年刊本影印. 台北：成文出版社，1968：94.

⑥ 魏象枢. 寒松堂全集：卷 8. 重修蔚州学庙碑记 [M]. 北京：中华书局，1996：406.

咸附州学籍中，故庙学之建，州与卫合而为一"①。文庙因原系"州、卫之人公建公修"，春秋祭典时，亦是州、卫公祭，一直并无争端，这种状况一直延续至清初改卫为县之前，州、卫士绅可以共同使用文庙，宣讲要义，宴会诸生。魏象枢为诗撰引曰："庚子仲夏，募造文庙，内先贤先儒一百二十主告成，瞻拜。是日，同李侯、任学博、林州幕、李恒岳、刘因其两上舍及廪长诸生，公宴明伦堂，讲一贯忠恕之旨。时大雨，因名其宴。"②顺治庚子年为顺治十七年（1660），时任蔚州知州为李英，诗文中所说的"李恒岳"即蔚州卫乡贤李云华。州、卫士绅合宴诸生于文庙明伦堂，州学诸生则包括了州籍与卫籍的各类生员。可见，蔚州、蔚州卫是在共享文庙这一建筑设施以及由文庙引申出来的诸多文化资源，包括学校教育、生员额数、文人宴饮等仪式性活动。

康熙三十二年，改蔚州卫为蔚县，学制也随之而变。卫籍生员变为县籍生员，不再附籍于州学，也有了单独的生员额数，"怀来、万全、蔚三县作中学，定额十二名"③。随之而来的则是蔚县是否单独修建文庙的问题，由此也产生了一系列州、县之间的矛盾冲突，这均体现在康熙四十一年（1702）至四十五年（1706）在任的蔚县知县王景皋上呈省级行政官员和学官的文牍中，该文献仅收录于乾隆《蔚县志》中。④

按王景皋的描述，在明代至清初的蔚州—蔚州卫体系下，"庙学之建，州与卫合而为一"，而蔚州卫改蔚县后，"议者以为州自州，县自县，遂欲亟为经始"，重建县文庙。蔚县"乡贤李振藻捐银五百两，议别建文庙，未果"。李振藻，蔚州卫人，万全都司生员，顺治中岁贡生。但是，创制维艰，"估计建庙之费需银万金，所捐不及十分之一，其捐房又民间住屋，非高屋大厦，而地基又曾烧窑，不堪起建"。由于无力另外兴建县文庙，王景皋提议"数年来因州治文庙原系州、卫之人公建、公修，若县另造文庙，州人应帮一半工费"，但"以异议无定，因循至今"，未达成一致。后经山西学宪的调停，令"州、县公共一庙，每逢丁祭，州先县后，永行遵守"。未料蔚州官民并不应允，不愿与蔚县士

① 乾隆蔚县志：卷10.学校［M］//新修方志丛刊·边疆方志：第28号.乾隆四年刊本影印.台北：台湾学生书局，1969：161.

② 魏象枢.寒松堂全集：卷6.时雨会［M］.北京：中华书局，1996：215.

③ 乾隆蔚州志补：卷8.学校志补［M］//新修方志丛刊·边疆方志.第29号.乾隆十年刊本影印.台北：台湾学生书局，1969：313.

④ 乾隆蔚县志：卷30.艺文·公祭圣庙覆详［M］//新修方志丛刊·边疆方志：第28号.乾隆四年刊本影印.台北：台湾学生书局，1969：579-584.

民同用文庙，共祭大典。蔚县知县王景皋再次上报情况，指出"州属文庙未改县之先，原系州、卫之人公建、公修，更有前明卫人抚宁侯之宅在内，碑记凿凿可考，其为州、卫公共之庙可知"，因此应遵旧例，"公同祭祀，州先县后，永为定例"。若州人仍旧"歧视"，则要求"将县属之地并历来捐银，谕令州人见还，另建县庙，各修祀事"。当然，这后一种解决办法在地方行政实践中是非常难以操作的，而且只能加深州、县之间的矛盾，上级官员不太可能支持此种解决方案，看王景皋的语气，也颇有以退为进、逼上级官员采纳前者之意。

王景皋的详文里没有说明该事的处理意见，但据光绪《蔚州志》记载，"康熙三十二年，改县，设教谕，乡贤李振藻捐银五百两，议别建文庙，未果。春秋仍祭于州庙，每祭，州先县次"①。可见，蔚州与蔚县的文庙之争最后仍以州、县共用合祭的方式处理，至蔚州、蔚县合并为蔚州，文庙争端才因政区的调整而最终结束。

（四）"蔚州十景"与"蔚县八景"

在中国的很多地区都有地方"八景""十景"等标志性景观，这些标志性景观大多由本地文人士大夫经过诗赋唱和等形式宣扬起来。有学者认为，将某一地域的自然或人文景观概括为"八景"，并以"八景"为题进行诗歌创作，是中国历史上特有的文化现象。据考证，"八景文化"的渊源，可以追溯到北宋中期宋迪的绘画作品《潇湘八景图》。因此，最早出现的"八景"作品是以绘画的形式对自然景观加以浓缩，将最能应和士人情趣、最贴近士人审美观念的部分凝练、提取出来，招致士人的关注，吸引游众观览②。之后，各种"八景"诗作成了一种专门性的文学创作现象。至明清时期，以"八景"为题的文学作品不胜枚举。围绕"八景""十景"咏诗吟赋的多为地方文人乡贤或地方官员，这是一种宣介和弘扬本地游览胜景和历史文化资源的行为，带有浓厚的乡土关怀和地方文化认同感。

蔚州在明代时就有了"十景"，收入崇祯年间编修的《蔚州志》中。据方志记载，蔚州"十景俱先年开载者"，先仅有八景，后"二景系弘治年间知州姜

---

① 光绪蔚州志：卷7. 学校志［M］// 中国方志丛书·塞北地方：第29号. 光绪三年刊本影印. 台北：成文出版社，1968：95.

② 刘金柱，田小军. 士人的乡土意识与"八景"文化——兼及河北柏乡"八景"现象［J］. 廊坊师范学院学报，2004（2）：23-25.

鄯新添"①。蔚州乡贤尹耕、李从正、知州来临、巡按胡希颜等人均作有蔚州"十景诗",还有一些署名"代王孙"的人也撰写了多组"十景诗",均收入崇祯《蔚州志》中②。至乾隆时补编《蔚州志补》时,仍将这些"十景诗"收入《艺文志》中。在这十景中,仅有一处明确注明位于州治内,其余均未标明其地位于州地或卫(县)地,这与崇祯方志中大部分事项的记载方式相同,如山川、桥梁、祠庙、学校等,均不特别说明州属或卫属。可见在"十景"这一文化资源上,州、卫仍保持了共享的传统。

至蔚州卫改县后,仿照"蔚州十景"的"蔚县八景"也被塑造出来。在知县王育楩主持编纂的《蔚县志》卷首,就出现了"蔚县八景图",用图文结合的形式展现蔚县八景。在"艺文志"部分收录了几组"蔚县八景诗",均为时任蔚县知县王育楩和蔚县人李舜臣互相唱和而成③。这二人一位是主持编修《蔚县志》的知县,一位是《蔚县志》主要的编纂人员。可以说,蔚县"八景"这一文化象征资源的塑造,多半正是出自此二人之手。

蔚县"八景"中的各个景点,都明确注明隶属于蔚县境内。如蔚县的"台山观日"一景,与蔚州的"台山积雪"一景,都是位于城东北小五台山的景点,前者仅是东峰观日的景点,后者则是整座小五台山的景点,而小五台中,"东、西、北、中四台俱县属,南台则州属也"④。因此,小五台东峰的观日景点就景点分布地而言,是隶属于蔚县的,而"台山积雪"并未强调州、县之别。"池桥柳烟""河堤草茵"等景点中的"池桥""河堤"都是县人李舜臣主持修筑的,其分布点也在县境内。

可见,"蔚县八景"是蔚县人在蔚县境内选择景点,通过知县与蔚县乡贤吟诗唱和、收入县志等方式塑造出来的本地标志性景观,这种方式是对"蔚州十景"的一种模仿,但之前的"蔚州十景"并未区分景观分布地的州—卫之别。"蔚县八景"的出现,是在蔚州卫改县,县境与州界清晰分割之后才出现的文化

---

① 崇祯蔚州志:卷1.景物[M]//日本藏中国罕见地方志丛刊续编.北京:北京图书馆出版社,2003:343.
② 崇祯蔚州志:卷4.艺文[M]//日本藏中国罕见地方志丛刊续编.北京:北京图书馆出版社,2003:625-646.
③ 乾隆蔚县志:卷30.艺文[M]//新修方志丛刊·边疆方志:第28号.乾隆四年刊本影印.台北:台湾学生书局,1969:663-670.
④ 乾隆蔚县志:卷5.山川[M]//新修方志丛刊·边疆方志:第28号.乾隆四年刊本影印.台北:台湾学生书局,1969:118.

现象。它的出现，说明蔚县自卫改县以后，已经逐渐形成了从制度上的独立政区到乡土意识和地域认同上的独立性的发展局面。

四、经济利益的纠纷

明代蔚州与蔚州卫在土地管理与赋役征派方式上多有不同，蔚州多为民地，编民里甲，无论是田赋的征收，还是差役的佥派，都是以编制在里甲户籍之中的人户为对象的，田赋一般分为夏税、秋粮征收；而蔚州卫下则主要为军屯，其征收的粮食称为子粒，由各级管屯官负责征收。州—卫两套系统下的赋役征派方式的不同是国家制度规定造成的，这引发了一些地方纠纷及民众的不满，明政府也对军屯子粒的征收科做过相应调整，不过，州、卫土地的征收科则始终未能完全调整一致。嘉靖年间的蔚州卫人尹耕曾感慨："军不与民同，由是民徭莫共；而卫所无名之徭，百出于军之身矣。"尹耕也讲到州—卫之间就赋役分配的矛盾："民愤军户之罔役也，则递运夫役之类，必与之较，曰军、民各半也；州县吏愤卫所官之营家逞私也，则供应廪饩之类，必与之较，曰州县、卫所各半也。"① 从中可以隐约感受到当时州—卫之间在赋役征派上存在一些矛盾，但是惜于言辞过简。

康熙三十二年，改蔚州卫为蔚县，从制度上确定了蔚县与蔚州的同级政区地位。于是，在诸如田赋、杂税征收、差役摊派等经济利益上，蔚县知县与蔚州知州频频计较，或争取划清界限，或力求获得相等的权益，多有纠纷。

关于蔚州与蔚县的田土征收科则的问题，在蔚州—蔚州卫分治之时，蔚州卫屯田征收科则向来高于民地，至蔚州卫改县后，卫所屯田完成民地化的过程，与蔚州民地并没有制度上的区别。但是从各自的田赋征收科则来看，二者仍然没有调整一致。知县王育榑上报省级官员说明蔚县的情况："卑县昔系蔚州卫，自康熙三十二年始行改设""屯田粮额较之民田，实属颇重。只因从前未经清厘，所以历年照额征收"，认为"一切田地赋税原应一体征收，未便少有偏祜，额征军屯田地科则较之民地稍重，理应钦遵谕旨，详请减免，以苏积困者也"②。乾隆元年获得上级批复，得以施行。在田土征收科则上与蔚州相比较，争取与蔚州民地相同的科则，改变原蔚州卫军屯子粒的征收体制，这一要求的

---

① 尹耕. 塞语. "官军户"条 [M]. 丛书集成初编：3227. 北京：中华书局，1985：23.
② 乾隆蔚县志：卷30. 艺文·详请减免屯粮以苏积事 [M] //新修方志丛刊·边疆方志：第28号. 乾隆四年刊本影印. 台北：台湾学生书局，1969：592-593.

基础就在于蔚州卫改县的事实。

又如庙会集场杂税的征收。蔚州向有东岳庙一座，"在东关外，每岁三月二十八日，居民进香"①，后该日庙会成为重要的集市，"庙会三月二十八日，在东关东岳庙，百货俱集，旬日而罢"，百货贸易，甚为热闹。城中的集市征收杂税，康熙十六年（1677），"为军需正值殷繁等事，据蔚州卫守备何藩请，定议分日征收杂税。十七年，奉文：杂税仍归蔚州征收报解"。至康熙三十五年（1696），"因改卫为县，经蔚县佟详请杂税双日分收，经直隶巡抚移咨山西巡抚会题，奉部文：单日州立集，双日县立集，各分地界征收"。"蔚县佟"即佟赋俊，满洲正蓝旗人，康熙三十二年至三十六年（1697）任蔚县知县。经他题请，直隶巡抚与山西巡抚合议，决定城中集市，单日州立集，双日县立集，各自按照州一县地界征收杂税。

康熙三十七年（1698），蔚县知县题请东岳庙会集场应该由州、县合收杂税，意欲与上述单日、双日分收杂税方式一致。直隶、山西各自委派人员调查，认为：

> 为请杜官吏侵渔等事，经蔚县以三月二十八日东关外东岳庙会集场应公收杂税，申详直隶与山西各委员查勘地界，勘明庙前庙后地基皆系州地，且系州民郝辅仁施基建盖，税银归州征收，其命盗案亦归州办理。取有庙图，各结存查立案。②

依据东岳庙地基隶属于州境而判令不允，庙会集场的杂税仍令统归蔚州征解，与蔚县无涉。此次蔚县与蔚州争夺东岳庙会集场杂税征解权益的事件，以蔚县失利告终，对这一事件的记载只保存在《蔚州志补》中，同时期编纂的《蔚县志》中并无记载。正是因为此时州、县之间存在某些权益的争夺与纠纷，两种版本方志的编纂者有各自的立场，因而在记载这些事件时，对于相关文献也各有选择的原则。这从上文所论之文庙争端事件并不被收入《蔚州志补》和光绪年间编纂的《蔚州志》中，也可以感受一二。

另外，针对一些杂役的摊派，蔚县也必与蔚州相较，甚至将一些杂役摊派

---

① 崇祯蔚州志：卷3. 祀典［M］//日本藏中国罕见地方志丛刊续编. 北京：北京图书馆出版社，2003：481.

② 乾隆蔚州志补：卷7. 赋役志［M］//新修方志丛刊·边疆方志：第29号. 乾隆十年刊本影印. 台北：台湾学生书局，1969：252-253.

借口产地等原因推诿于蔚州。如蔚州的炭常供官府之用，在明代就有此规，"蔚萝称最苦累者，无如运炭一节。每岁冬季该州相沿陋规，金派车牛人工，运送两镇各上司煨炭"。所谓"自炭以蔚闻，而窑户备之，车户运之"，给百姓的生活带来了沉重的负担，"长途风霜，谁怜跋涉之苦，且起脚交收，受尽衙役无限勒索，饮恨吞声，何敢控诉"①。另外，还有如"雕膀、黄鹰、狼狐、羔羊皮及羊毛"等物，以供上用，因"俱非土产"，每岁"按丁派费，逐户征银"，为里民大累。清初蔚州知州李英曾下令严禁"岁派运炭"以及"鹰、狐、羊"等皮毛征派，以缓民困②。现实情况似乎并未令行禁止。乾隆《蔚县志》仍可看到"运炭"之役与"狐白之皮"仍然摊派于蔚州与蔚县的百姓，"以为民累"。但是蔚县则称炭与"狐白之皮"，俱"为州产，而非县产"，试图借以逃脱杂役摊派。而县志中也只记县之"常产者"，不记"其他时有而非恒有"者③，如炭、狐等确未列入县志的《方产志》中。笔者无法得知蔚县是否真的因此而逃避了此二项杂役摊派任务，可能更多的只是表达了蔚县人借用某种资源分配的州—县区分格局，来获得更多经济利益的一种心理诉求。

结语

从明清蔚州的个案，我们不难看出，卫所作为一种特殊的政区单位，与州、县的关系是非常复杂的，同城而治的蔚州与蔚州卫在制度层面虽有明确的区分，蔚州卫在户籍编制、赋役征派等方面有着与蔚州不同的一套体系，而在公共设施、文化资源、经济利益的共享方面又有着打破州—卫区隔的特点。清初，蔚州卫改为蔚县，原州—卫系统下疆界交错、资源共享的状态被打破，在新的蔚州—蔚县系统下，资源进行重新分配，但是矛盾和纠纷却不断出现，这使得清廷几次三番进行政区调整，最后以合并州、县的方式解决。通过这个区域社会史的个案研究，我们看到的是地方社会历史与王朝典章制度变革的紧密相关。蔚州—蔚州卫—蔚县的政区演变以及由此引起的地方社会变迁，是明清州县—卫所这两套疆土管理体系演变直接影响下的产物。但地方社会又不完全是国家制度调整的被动接受者，国家制度在具体的地方情境下得到实践，并依据地方

---

① 顺治蔚州志：上卷卯集．政令集［M］．国家图书馆藏清顺治十六年刊本：44.
② 光绪蔚州志：卷10．金石志下·本朝永革二弊碑［M］//中国方志丛书·塞北地方：第29号．光绪三年刊本影印．台北：成文出版社，1968：138-140.
③ 乾隆蔚县志：卷15．方产［M］//新修方志丛刊·边疆方志：第28号．乾隆四年刊本影印．台北：台湾学生书局，1969：243-252.

实践的效果不断加以调整。这样的互动关系恐怕仅仅依靠检阅国家制定、颁布的典章制度是无法深入理解的，而是只能深入到实践国家制度的每个具体区域，借助大量地方文献的支持，我们才能真正理解国家制度的制定、调整与地方社会的具体实施之间互相影响的动态过程。

八股取士？

——明代科举考试后场论、策地位考辨

耿 勇①

　　传统中国的科举制度一直是中国史研究的重点问题，相关研究成果为数众多。具体到明代科举，此前的研究主要集中在两个层面：一是从制度史的角度着眼，探究科举考试的制度性规定及其运行；② 二是借鉴社会学的视角和概念，讨论科举制度与当时社会流动性之间的关系。③ 晚近以来，研究者日益重视从文化史角度探讨科举考试与当时知识、文化及思想间的关联。④ 其中，科举论、策在其中发挥的影响，诸如论、策与理学、考据学、"自然之学""历学"的关系，亦引起研究者的重视。⑤ 这些研究指出，以经学、历史、时务为出题范畴

---

① 耿勇，男，上海社会科学院世界中国学研究所助理研究员。

② 有关明代科举制度研究的最新成果，参见郭培贵. 明史选举志考论 [M]. 北京：中华书局，2006；郭培贵. 中国科举制度通史·明代卷 [M]. 上海：上海人民出版社，2017.

③ 1962 年，随着何炳棣《明清社会史论》（*The Ladder of Success in Imperial China*）一书的出版，明清科举与社会流动性的研究日益受到瞩目。

④ 目前，对于明清科举文化史的系统性研究，参阅 Benjamin A. Elman. *A Cultural History of Civil Examinations* [M]. Berkeley：University of California Press, 2000；Benjamin A. Elman. *Civil Examinations and Meritocracy in Late Imperial China* [M]. Cambridge：Harvard University Press, 2013.

⑤ 关于明代科举策问与当时理学、考据学、"自然之学""历学"之间关系的研究，详参 Benjamin A. Elman. *A Cultural History of Civil Examinations*, pp. 429 - 481；*Civil Examinations and Meritocracy in Late Imperial China*, pp. 256-268。此外，陈时龙以地域专经为切入点对明代科举与经学间关系的研究，亦极为精彩，参见陈时龙. 明代科举之地域专经——以江西安福县的《春秋》经为例 [J]. "中央研究院" 历史语言研究所集刊，2014, 55 (3)；陈时龙. 明代的科举与经学 [M]. 北京：中国社会科学出版社，2018. 至于明代科举与历史知识生产之间的关系，参见耿勇. 明代后期科举策问的变化与《皇明通纪》的出版和流行 [J]. 东方文化，2018, 50 (1).

的科举论、策，一方面是明王朝进行文化管控、传递考试标准的媒介；另一方面使大量以科举功名为志业的士子不能忽视论、策试题所要考察的知识。此外，官方和民间也编纂、出版了很多相应的读物，满足举子应考的需要。

明代乡试、会试的考试过程分为三场，"第一场试《四书》义三道，每道二百字以上；经义四道，每道三百字以上，未能者许各减一道。……第二场试论一道，三百字以上；判语五条，诏、诰、章、表内科一道。……第三场试经、史、时务策五道，未能者许减其二，俱三百字以上"①。虽然科举考试包含不同类型的试题，但从明代后期开始，有人批评当时考官取人"所重惟在经义"②，而论、策答卷无足轻重，甚至略而不阅。顾应祥曾说："今之司文衡者，止阅初场七篇，而于论、策则略而弗视。间有长于论、策者，则又以其初场欠醇，置而不取。"③ 明亡以后，顾炎武反思故国科举取士之弊，也指责当时考官阅卷"护初场所中之卷，而不深求其二、三场"④。这样的言论，深刻地影响到了今人对于明代科举考试的认识和评价，以至于将整个科举考试与"八股文"等同起来。

儒家思想——尤其是理学——是帝制中国的意识形态基础，以之为出题对象的首场经义，毫无疑问会被考官重视。然而，是否就如上引诸人所言，论、策对于士子的去取无足轻重，甚至考官并不评阅后场答卷呢？若果真如此，士子在平日准备考试的过程中，自然不需要理会论、策所要考察的知识，那么讨论其与当时文化和知识生产之间的关系，也就此丧失了最为基本的前提。

张献忠已经指出，上文所引对于明代科举只注重首场经义的批评，"或多或少都有夸张的成分，不乏愤激之语"，低估了后场论、策在其中所发挥的实际影响，与当时科场的实际运作并不相符。⑤ 尽管经义是考官衡量士子能否中式的一个重要因素，但后场论、策不仅不可或缺，而且关系到考生能否中式和排名的高低。下文中，笔者将从明代官方对于后场的制度性规定、后场答卷在科举取士中发挥的实际作用，以及士子考前准备三个方面，厘清后场论、策在明代科举考试中的实际地位。

---

① 姚广孝，等. 明太祖实录：第 160 卷 [M]. 台北："中研院"历史语言研究所，1962：2467.

② 王鏊. 震泽集：第 33 卷 [M]. 台北：台湾商务印书馆，1986：486.

③ 顾应祥. 静虚斋惜阴录：第 11 卷 [M]. 上海：上海古籍出版社，2002：500.

④ 顾炎武著，黄汝成集释. 日知录集释：第 16 卷 [M]. 上海：上海古籍出版社，2006：500.

⑤ 张献忠. 明中后期科举考试只重视首场吗 [N]. 中国社会科学报，2012：4.

一、"后场当重"：官方对于科举后场的制度性规定

按照常理来说，既然明代乡试、会试分为三场，那么录取的标准自然就应遵循官方规定，考生"三场匀称，方许中式"①。换言之，考官需要兼顾全部三场的成绩，不能仅凭某一个场次的成绩就做出决定。

明代前期的科举，"三场之制，虽有先后而无轻重"②，大致尚能遵循洪武时所定"三场并重"③的取士标准。正如王文禄所言："国初设科，三场策问经世之学，加意阅之，以通达时务为上，不偏重于初场之文。"④ 弘治、正德间，批评考官仅以首场经义决定去取的言论开始出现，如王鏊建议朝廷应该在进士科之外，另设制科网罗英才，理由之一就是科场考试"虽兼策、论"，但"主司所重惟在经义"⑤，以致所取之士不如往昔。

从嘉靖年间开始，为了防止科场取士过于偏重首场经义，官方多次颁布命令，要求考官兼重后场。嘉靖十二年（1533），礼部题准，报名参加乡试的考生需经提学官严加考试，"不熟三场初学之士"，不得入场。⑥ 此举的目的，是在筛选乡试应试资格的科考中，预先淘汰那些尚未熟练掌握三场所考知识的士子，确保参加乡试的考生能够完成三个场次的试题。至嘉靖四十三年（1564），礼部明确要求考官甄录士子，务必"参取后场，以采实学"⑦，即将考生后场考试的表现，纳作衡量取录与否的参考指标。

明廷有关科场录取士子需要"参取后场"的指示，目的在于防止考官过分偏重首场，尽量维持明初所定"三场并重"的原则。隆庆以降，对于科举考试的录取标准，官方在"三场并重"以外，更加强调后场论、策的重要性。隆庆元年（1567），经南直隶提学御史耿定向奏请，礼部尚书高仪认识到"近来经义率皆剽窃浮词，不足以观所蕴，而真才实学之士往往于论、策中得之"，故而议准此后乡试、会试阅卷，"查果三场俱优者，即置高选。其后场俊异而初场见遗

---

① 顾秉谦，等. 明神宗实录：第186卷［M］. 台北："中研院"历史语言研究所，1962：3475.

② 顾炎武著，黄汝成集释. 日知录集释：第16卷［M］. 上海：上海古籍出版社，2006：500.

③ 冯琦. 宗伯集：第57卷［M］. 北京：北京出版社，1997：7.

④ 王文禄. 书牍：第1卷［M］. 北京：国家图书馆出版社，2014：177.

⑤ 王鏊. 震泽集：第33卷［M］. 台北：台湾商务印书馆，1986：486.

⑥ 俞汝楫. 礼部志稿：第71卷［M］. 台北：台湾商务印书馆，1986：207.

⑦ 徐阶，等. 明世宗实录：第531卷［M］. 台北："中研院"历史语言研究所，1962：8648.

者，务必检出详看，虽未尽纯，亦为收录。若初场虽取，而后场空疏者，不得一概中式"①。可以看出，当考生三个场次的表现不尽一致时，取录的标准偏重后场；即使首场经义存在瑕疵，只要后场表现优异，亦可中式；反之，则可能被黜落。

自此以后，每届开科之期，明廷多从"重后场以罗实学"② 这一原则出发，要求考官阅卷，务必注重士子后场表现。如万历元年（1573）各地乡试举行之前，礼部申明科场阅卷，"苟得积学之士，虽前场稍有未称，必兼录以寓激劝之机。苟空疏雷同，即经书可观，亦不得概取"③。再如万历四十年（1612）乡试前，礼部于年初题准："宾兴得俊，必须三场俱称者始收。后场果博雅过人，即前场稍未纯，亦当简拔，以示兼重之意。若后场空疏，不得因前场已收而浪收。"④ 次年会试举行以前，礼部更是再次强调："取士本为世用，乃用世之才不能于制义中见奇，而二、三场或露一斑，并有通今博古、文辞成一家言者，此即头场不甚纰缪，各房无妨间取一、二卷，以示崇重实学之意。"⑤

明代后期，官方除了一再向考官强调"后场当重"这一取士原则外，还对阅卷程序做了部分调整，规定后场试卷"分房互阅"，以此防止考官仅凭经义决定去取。明代科举沿袭宋元旧制，考生须从《易》《诗》《尚书》《礼记》《春秋》中选择一种作为本经；对于第一场《五经》义试题，考生只需回答所选本经之试题。同时，在主、副主考官之下，另选同考试官若干员，分经阅卷，负责评阅某一经考生三个场次的试卷。在实际的操作过程中，这样的阅卷程序却对后场答卷十分不利。高仪曾说："三场以一人总阅，势必偏重初场。"⑥ 因为考试结束以后，首场经义的朱卷最先被送入内帘，考官容易产生"先入为主"的印象，而忽略随后送来的第二、三场答卷。⑦

隆庆元年，为了预防三场试卷仅由一人评阅而造成过于注重首场的倾向，南直隶提学御史耿定向建议，第二、三场试卷"令左右分考更互品校，校阅既

---

① 高仪. 高文端公奏议：第 2 卷 [M]. 台北故宫博物院藏明万历间刻本，3b-4a.
② 王世贞. 弇山堂别集：第 83 卷 [M]. 北京：中华书局，1985：1582.
③ 林景旸. 玉恩堂集：第 1 卷 [M]. 济南：齐鲁书社，1997：469；顾秉谦，等. 明神宗实录：第 13 卷 [M]. 台北："中研院"历史语言研究所，1962：424.
④ 顾秉谦，等. 明神宗实录：第 492 卷 [M]. 台北："中研院"历史语言研究所，1962：9260.
⑤ 顾秉谦，等. 明神宗实录：第 503 卷 [M]. 台北："中研院"历史语言研究所，1962：9543.
⑥ 高仪. 高文端公奏议：第 2 卷 [M]. 台北故宫博物院藏明万历间刻本，4a.
⑦ 郭培贵. 中国科举制度通史·明代卷 [M]. 上海：上海人民出版社，2017：378.

别，主考官仍加意评品"①。礼部尚书高仪也认为"分房互校，则后场亦可表见"②，故而题准："主考官止宜发初场试卷付同考，分经校阅，二、三场更易品订，毋专委一人，致令偏重初场，遗真才积学之士。"③ 按照明代乡试、会试的阅卷流程，三个场次的试卷全部批改完后，正、副主考官会同各房同考试官，"吊取墨卷于公堂，比对字号"④，方才确定最终的录取员额。首场与后场试卷分开评阅，避免了此前由一人总阅三场试卷而出现的"前场取中，始觅后场"⑤之弊，为后场表现优异的士子脱颖而出提供机会。

考官阅卷所凭之朱卷，保存了各种与阅卷有关的原始信息，原是考察明代科举阅卷过程最为直接的史料，但是因年代久远，明代档案现已残缺不全，并未存有此类资料。⑥ 然而清人钱泰吉在《甘泉乡人稿》中，详细地描述了家中所藏第六世祖钱应晋在万历四年（1576）浙江乡试的三场朱卷。从中可以很清楚地看出，明代后期科场阅卷的确遵循着"分房互校"的规定，录取结果非由首场成绩决定。

据钱泰吉记载，钱应晋的每场试卷编号均不同，第一场为"东洪十一"，第二场为"西宙二十二"，第三场为"东日十"⑦。编号之后，经过誊录的第二、三场朱卷与首场朱卷被分别派发给三位官员评阅：归安知县郑锐阅第一场，会稽知县马洛阅第二场，黄岩知县袁应祺阅第三场。⑧ 三个场次的朱卷上面不仅有阅卷官员用蓝、朱两色笔所做的批点和评语，而且在评语之上还标有每场的

---

① 耿定向. 耿定向集：第 2 卷［M］. 上海：华东师范大学出版社，2015：36.
② 高仪. 高文端公奏议：第 2 卷［M］. 台北故宫博物院藏明万历间刻本，4a.
③ 张居正. 明穆宗实录：第 6 卷［M］. 台北："中研院"历史语言研究所，1962：168.
④ 申时行，等. 明会典：第 77 卷［M］. 北京：中华书局，1989：450.
⑤ 周时雍. 兴朝治略：第 10 卷［M］. "中研院"傅斯年图书馆藏明弘光爱日斋刻本，45a.
⑥ 现存晚明"朱卷"，多由士人本人或其后代于考试结束后刊刻。尽管较之《乡试录》《会试录》，这些所谓"朱卷"保存的与考试有关的信息丰富，但由于它们并不是完全依照试场中之朱卷刊刻，故而所留存的考试信息并不完整。
⑦ 钱泰吉. 甘泉乡人稿：第 14 卷［M］. 上海：上海古籍出版社，1997：413.
⑧ 钱泰吉. 甘泉乡人稿：第 14 卷［M］. 上海：上海古籍出版社，1997：414. 值得注意的是，比对《万历四年浙江乡试录》，郑锐、袁应祺、马洛并不是该科乡试的同考试官；前二人为对读官，后者为誊录官，均属"外帘官"。据明制，只有"内帘官"（主考官和同考试官）才有资格评阅试卷，"外帘官"负责执行与考试有关的事务性工作。然而明代长期以来，乡试考官多为举、贡出身的外省教官，而"外帘官"多是进士出身的本省府州县官员，造成了"外帘官"侵夺"内帘官"主试权的现象。该科浙江乡试中，这三位外帘官能够参与阅卷，正是在这一背景下出现的。

成绩，"第一场拟取正卷第二……二场拟取备卷第二，三场正第十"①。全部阅卷工作结束后，正、副主考官吴伯诚、林守万综合衡量三个场次的成绩，钱应晋最终被录为《书》一房第八名，中浙江乡试第五十一名。② 值得注意的是，钱应晋三个场次的成绩，第一场经义最为优异，为本房正取第二名，第二、三场相对较弱，第二场仅为备取第二名，第三场为正取第十名，而其最终名次为本房第八名。显然，其最终名次受到了第二、三场排名的影响。由此可见，不仅明代后期的科举考试遵循了后场试卷"分房互阅"的规定，而且后场论、策的成绩也直接影响到了考试的最终成绩。

二、"兼重后场"：科场实际运作中的录取原则

明代科举考试中，首场经义的成绩并不能完全决定举子中式与否。如果考生缺后场朱卷，即使经义答卷十分优异，也会被考官黜落。一般来说，考生在后场考试中出现两类失误，必定会导致考官收不到其后场朱卷。第一种情况，考生若在规定的时间内无法完成稿卷、誊写完毕正卷，就会被强行赶出试场。洪武十七年（1384）的《科举成式》规定，士子黎明入场考试，"至晚纳卷，未毕者给烛三枝"③，若三烛燃尽仍未完卷，就会被逐出试场。至成化二年（1466），礼部对于考生纳卷时间做了更为严格的限定，规定士子四更入场，黎明散发试题，"申时初（下午3点），稿不完者扶出。至黄昏，有誊真一篇或篇半未毕者，给予烛一枝"④，烛尽仍未将正卷誊抄完毕者，勒令出场。士子因为没有按时完成考卷而被赶出考场，自然就缺乏正卷投交至"受卷所"，更不会进入之后弥封、誊录、对读等程序，导致考官收不到该士子该场的朱卷。

第二种情况，考生后场试卷因为"违式"而被"贴出"，墨卷不被誊录，考官同样不能收到该士子该场朱卷。明代科举规定，士子答卷需要"回避御名、庙讳，及不许自叙辛苦门地"⑤。誊录官若发现试卷存在以上违规之处，送提调官、监临官复查后，"贴于至公堂"⑥，考生所交之墨卷不再交由誊录生誊作

① 钱泰吉. 甘泉乡人稿：第14卷 [M]. 上海：上海古籍出版社，1997：414.
② 吴伯诚. 万历四年浙江乡试录 [M]. 宁波：宁波出版社，2016：6463；钱泰吉. 甘泉乡人稿：第14卷 [M]. 上海：上海古籍出版社，1997：414.
③ 姚广孝，等. 明太祖实录：第160卷 [M]. 台北："中研院"历史语言研究所，1962：2469.
④ 刘吉，等. 明宪宗实录：第25卷 [M]. 台北："中研院"历史语言研究所，1962：503.
⑤ 申时行. 明会典：第77卷 [M]. 北京：中华书局，1989：448.
⑥ 朱之瑜. 舜水先生文集：第15卷 [M]. 上海：上海古籍出版社，2010：474.

朱卷。

明代科举的这两项规定，的确造成了某些考生首场经义已在拟定的录取之列，最后却因为缺少后场朱卷而名落孙山。如弘治十八年（1505）会试，山东邹平县举人耿尚忠，"前二场文极如意"，而且试卷上有"美批圈点"，中式概率很高，却因为"查无三场"，为考官黜落。① 又如松江士人徐献忠，平日"读书日且盈寸，素称该博"，不仅江南士大夫对他在科举仕途上有很高的期待，徐氏本身"亦自有雄视当时，先登之志，视取科第如拾芥耳"②。嘉靖四年（1525），徐氏即已中举，但此后多次参加会试，均铩羽而归。至嘉靖二十三年（1544）会试，副主考官江汝璧看到徐献忠第一、二场考卷，"读而大奇之，欲取以冠多士"，但"搜其三场不得"，原因正是"以违式榜于堂"，再次落榜。③

士子按时纳卷，且试卷内容没有触犯官方规定的格式，能够保证其三场答卷经过弥封、编号、誊录、对读，最终顺利送入内帘。然而，这仅仅是官方对录取资格所做的最为基本的要求。进入阅卷程序以后，考官是否只以首场经义决定去取，不注重士子后场的表现，甚至不会评阅论、策试卷呢？仔细考察明代乡试、会试的实际运作之后，可以很清楚地看出，明代考官衡量士子去取与否，在注重首场经义的同时，大体上能够做到"兼重后场"④。换言之，后场应答的优劣直接关系着考生能否中式及排名的高低。

明代科场取士"兼重后场"，极为清楚地表现在历科《乡试录》《会试录》所录"程文"的数量上。洪武二十一年（1388），官方开始在考试结束后，选择该科表现最为优异的三场答卷，经考官"量加润饰"⑤，附刻于《乡试录》《会试录》中，作为程文，"以示模范于天下，使学者有所矜式"⑥。一般来说，每

---

① 李开先. 闲居集：第9卷 [M]. 北京：中华书局，1959：559.

② 何三畏. 云间志略：第14卷 [M]. 北京：北京出版社，2000：430.

③ 何三畏. 云间志略：第14卷 [M]. 北京：北京出版社，2000：430.

④ 温体仁，等. 明熹宗实录：第9卷 [M]. 台北："中研院"历史语言研究所，1962：467.

⑤ 顾秉谦，等. 明神宗实录：第530卷 [M]. 台北："中研院"历史语言研究所，1962：9972.

⑥ 夏言. 夏桂洲先生文集：第12卷 [M]. 济南：齐鲁书社，1997：557. 需要指出的是，景泰以前，《乡试录》和《会试录》收录的程文，考官仅对原卷稍加润色，改动不大；景泰以后，考官对原卷的改动较大，甚至出现代作的现象。尽管如此，也是"依墨作程"（《崇祯长编》卷5，崇祯元年正月丙戌，第231页），即选择该科表现最为出色的墨卷，在此基础之上，改作程文。

科考试所选程文，第一场，《四书》义三篇①、《五经》义十篇；第二场，论一篇、表一篇（少数科次增诰一篇）；第三场，策五篇，二十篇左右。作为该科考试第一名的解元、会元，其三个场次的答卷，也理应被选作程文。

在乡试层级，以当时最受瞩目的应天府乡试为例。《天一阁藏明代科举录选刊》《明代登科录汇编》和《中国科举录汇编》共存有 31 科《应天府乡试录》，解元三场程文信息完整者共有 28 科。除成化十二年（1476）刘继武、正德五年（1510）孙继先、嘉靖二十二年（1543）尤瑛、嘉靖二十五年（1546）袁洪愈、嘉靖二十八年（1549）唐一麐、嘉靖四十三（1564）年沈位的第二场论、表，以及万历元年江文明的第三场策未被收作程文外，其余 21 名解元，第一、二、三场均有答卷被官方采作程文。在会试层级，前述三种汇编中共收录了 41 科《会试录》，会元三场程文信息完整者共有 35 科。除宣德五年（1430）陈诏、景泰二年（1451）吴汇、天顺四年（1460）陈选、天顺七年（1463）储巏、成化二十年（1484）伦文叙、嘉靖十一年（1532）林春、嘉靖二十六年（1547）胡正蒙、嘉靖二十九年（1550）傅夏器的第二场论、表，以及成化八年（1472）吴宽、万历十四年（1586）袁宗道的第三场策问答卷未被录作程文外，其余 24 位会元，其三场均有答卷被考官采作程文。

大致来看，在《应天乡试录》《会试录》所选 20 篇程文中，45 位解元、会元被收录的三场程文，多数为第一场《四书》义一篇、本经义一篇，第二场论一篇，第三场策一篇。由此可见，在当时竞争最为激烈的应天府乡试，以及实质上决定士子能否考中进士的会试中，一方面，较之第一场、第三场，部分科次的考试确实出现了轻忽第二场论、表的现象，有 14 位解元、会元的第二场答卷表现不够突出，没有被采作程文。另一方面，七成以上的应天乡试解元和会元，其入选《应天乡试录》《会试录》的程文分别包括了第一、二、三场的答卷。换言之，大多数科次的科举考试中，考官是在综合衡量士子三个场次的表现之后才决定最后的取录结果，而非只凭第一场经义的成绩。

需要特别指出的是，在明代批评科场取士"止阅初场"的言论中，有一种更为激烈的意见指出，对于第一场七篇经义，不仅考官只重视《四书》义，而

---

① 尽管《四书》包括《大学》《中庸》《论语》《孟子》，然而并不是每书各出一道题目；依制，乡试、会试第一场，出《四书》义三道。这三道《四书》义的出题范围，在成化以前没有统一的要求，多由考官临时决定；从成化四年开始，正式规定："《大学》《中庸》内量出一道，《论语》《孟子》各出一道。"（黄佐. 翰林记：第 14 卷［M］. 台北：新文丰出版公司，1984：182.

且将首篇《四书》义放在最为重要的位置，去取仅在于此。黄淳耀曾言："三场所重者止于七义，七义所重者止于三义。"① 黄宗羲也说明代科举"去取只在经义，经义又以首篇为主，二、三场，未尝过目"②。然而，对历科《应天乡试录》《会试录》所收程文的统计表明，应天府 4 名解元和 15 名会元，其首场三篇《四书》义，考官没有采纳其中任何一篇刊作程文。也就是说，这 19 位解元、会元首场三篇《四书》义答卷，并不如其他排名靠后的考生出色。若如前人所言，考官阅卷唯重《四书》义，那么，这 19 位考生由于在《四书》义上的表现不如其他考生，就不可能被取为解元、会元。与此同时，较之《四书》义未被录作程文的解元、会元数量，第二场论、表没有被录作程文的解元和会元有 14 名，而第三场对策未被录作程文的解元、会元仅有 3 名。由此看来，明代的科举考试，首场《四书》义，甚或整个首场的经义，并不是决定士子能否被考官取中的唯一因素，第二、三场的论、策答卷之水平高低同样发挥着影响。

明代科举考试在实际运作中"兼重后场"，除在上文所述《应天乡试录》《会试录》所录程文的篇数上有明显的体现外，现存的明代资料中，也载有诸多与此相关的事例，这些事例更加直接和生动地反映出后场论、策的实际地位。

首先，不同于前文提到的科场"止阅初场七篇""去取只在经义"的论调，根据明人记录，当时有相当一部分士子是凭借出色的后场答卷，在众多考生中脱颖而出的。在乡试层面，如正德十一年（1516）浙江乡试，杭州府仁和县学生员王一槐，"前场已为外帘批倒"，而考官对其第三场策问答卷"视之颇佳"，批语"亦大称许"，最后得以压榜，中该科乡试第八十九名。③ 嘉靖十三年（1534），常州武进县人金九龄以儒士身份参加应天乡试，"主司阅经书义不甚许，至策则终篇嘉奖，遂得中式"④。而在会试层面，归有光的经历最具代表性。嘉靖十九年（1540），归有光曾八次赴京参加会试，皆落第而归；至嘉靖四十四年（1565）春，归有光再赴会试。据袁黄记载，多名同考试官在评阅过他的第一场经义试卷后，都认为"此去有司之绳墨甚远"，不符合当时科场的衡文标准，暂时摒而不取，但对第二、三场答卷评价甚高，叹为"真巨儒笔也"；最后，考官将其第二、三场试卷送交主考官高拱审阅，归有光"遂得中选"⑤。

---

① 黄淳耀. 黄陶庵先生全集：第 3 卷 [M]. 合肥：黄山书社，2015：315.
② 黄宗羲. 破邪论 [M]. 杭州：浙江古籍出版社，1985：205.
③ 郎瑛. 七修类稿：第 51 卷 [M]. 北京：中华书局，1959：742.
④ 恽绍芳. 林居集 [M]. 北京：北京出版社，1997：765.
⑤ 袁黄. 游艺塾续文规：第 3 卷 [M]. 武汉：武汉大学出版社，2009：210.

明代某些考官有关科场阅卷和决定中选名额过程的记录，更为直接地反映出后场论、策在科举中的实际地位。崇祯三年（1630），湖广临武知县徐开禧被聘为湖广乡试同考试官。考试期间，徐氏逐日记录了当时的经历，汇为《楚闱类记》一书。据该书记载，八月初六日，徐开禧入棘，被分派评阅《春秋》一房试卷。初九、十二、十五日，第一、二、三场考试依期举行。十三日，徐开禧开始阅卷，并在当天评阅了60份首场试卷，取中正卷4份，编号分别为"列十三""霜十四""月二""月十八"；备卷2份，编号为"月八""列十七"。十四日，评阅试卷115份，取中正卷2份，编号为"代十七""余十四"；备卷3份，编号为"月十七""余三""冈十九"。十五日，评阅试卷44份，未取中正卷、备卷。十六日，第二、三场朱卷开始送入内帘。待三场试卷评阅完毕后，各房将正卷、备卷悉数呈交给正、副主考官，由其裁定正式的录取名额。最后，徐开禧所负责的《春秋》房共录取7人，分别是"列十三""霜十四""月二""月八""余十四""月十七"和"代十七"。[①] 这7人中，"月八""月十七"二人首场七篇经义差强人意，仅被取作备卷，落榜的可能性较高。然而，此二人能够在首场发挥失利的情况下脱颖而出，依靠的无疑是后场出色的表现。如"月八"首场经义被取为备卷，至其三场朱卷全部呈交给主考官，主考官"翻二、三场，晓畅古今，是有本末之士也"，因而裁定录取。[②] 其他5份首场取中的考生，第二、三场表现同样优秀，如"霜十四"卷，"前后场宏博奇伟，居然有名家之致"[③]。

崇祯四年（1631）会试，翰林院侍讲陈仁锡担任《春秋》房同考试官。该科，陈仁锡录取考生26名，"从论、表取士十、从策场取十四"[④]。这26人中，14人因第二、三场论、策应答优异而被取中，其余12人则是取自第一场经义。可见，较之从后场录取的考生，凭借首场经义表现突出而得以中式的考生，在数量上并不占优势。更为重要的是，陈仁锡曾明确对外说明，其该科所取之士，"自首卷至三卷，皆初场败卷中人"[⑤]。也就是说，该科《春秋》房所录取之第一、二、三名考生，首场经义答卷并没有达到录取标准，先被陈氏黜落；这3名考生最终能够中式而且排名靠前，则是因为后场表现出色，得以弥补首场考

① 徐开禧. 楚闱类记：第1卷 [M]. 中国科学院图书馆藏明抄本. 15a.
② 徐开禧. 楚闱类记：第1卷 [M]. 中国科学院图书馆藏明抄本. 7b.
③ 徐开禧. 楚闱类记：第1卷 [M]. 中国科学院图书馆藏明抄本. 15a.
④ 陈仁锡. 陈太史无梦园初集：集3 [M]. 上海：上海古籍出版社，1997：517.
⑤ 陈仁锡. 无梦园遗集：第3卷 [M]. 北京：北京出版社，2000：110.

试的失利。

其次，在明代科举的实际运作中，除上文所述"缘后场入彀"① 的情况外，也存在大量因为后场表现欠佳而为考官黜落的士子。成化元年（1465），苏州才子桑悦十九岁即中应天乡试，可谓少年得志，但后来参加会试，因为"答策语不雅驯，被斥"②。万历五年（1577）春，举业名家袁黄第二次赴京会试。据袁黄自述，他在此次考试中，首场七篇经义答卷构思精巧，"实讲处多玲珑递过，缴处却作四比"；出场之后，袁氏及其友人都认为该科不仅可以中式，而且有被选为会元的可能。③ 然而在随后的第二、三场考试中，袁黄心浮气躁，"至二场、三场，只信手写去，不惟无一毫周旋世界之心，并文之工拙，亦所不计"④。最终的结果，"（首场）本房取首卷，以五策不合式，下第"⑤。首经义已被取中而因后场对策不佳而落榜的现象，一直持续到明亡之前。如冒襄自述，冒襄参加崇祯三年应天乡试，"头、二场已为姜居之先生击赏"，但"三场厄于病"，应答欠佳，最后落第而归。⑥

最后，后场论、策也会影响考生的排名高低。如正德十二年（1517）会试，翰林院编修陆深任同考试官。考试结束后，陆深在写给堂兄陆宗溥的信中说："今岁场中主于崇雅黜浮，贵理学，变文体，而一时负名之士或不在选，所得皆实学也。舒芬、王正宗二卷，皆本房奇作，舒以经学胜，王以后场胜。"⑦ 舒芬首场经义表现比较突出，同在一房的王正宗则是后场应答出色。而该科会试，尽管二人都被录取，但是王正宗中第九名，舒芬中第十一名。⑧ 由此可以推知，在影响考生名次高低的诸项因素中，后场论、策的重要性并不亚于首场经义；王正宗虽然首场不及舒芬，但是凭借后场的出色表现，排名较舒芬靠前。这种情况在乡试中同样存在，如万历三十七年（1609）秋，吴甡首次参加应天府乡试，中第二十六名。对于被取中的过程，吴甡自述："房师喻养微先生得予卷最早，已首录矣，大座师何昆柱、南玄象两先生以后场少弱，次之。"⑨ 由此也可

① 施闰章. 试院冰渊：第 1 卷 [M]. 合肥：黄山书社，1992：102.
② 张廷玉，等. 明史：第 286 卷 [M]. 北京：中华书局，1974：7353.
③ 袁黄. 游艺塾续文规：第 4 卷 [M]. 武汉：武汉大学出版社，2009：219.
④ 袁黄. 游艺塾续文规：第 4 卷 [M]. 武汉：武汉大学出版社，2009：220.
⑤ 袁黄. 游艺塾续文规：第 4 卷 [M]. 武汉：武汉大学出版社，2009：219.
⑥ 冒襄. 巢民文集：第 3 卷 [M]. 上海：上海古籍出版社，2010：475.
⑦ 陆深. 俨山续集：第 10 卷 [M]. 台北：台湾商务印书馆，1986：731.
⑧ 靳贵. 正德十二年会试录 [M]. 宁波：宁波出版社，2016：9.
⑨ 吴甡. 忆记：第 1 卷 [M]. 北京：北京出版社，2000：687.

看出，后场之表现不如首场精彩，导致吴牲最终名次靠后。

三、"恐后场挂漏"：考生应试前的准备

唐宋以降，随着科举考试成为大多数士子步入仕途最重要的渠道，科举所要考察的知识，也因之成为士子日常学习的重心，即所谓"科举以文艺取士，士只文艺是竟，父兄师友之所督勉，惟此而已"①。既然如此，在考试涵盖的诸项内容中，那些对录取结果发挥直接影响的部分，毫无疑问地会成为当时士子学习的重点，应于考前多做准备；反之，如果某一项内容对于考试结果无足轻重，士子自然无须理会。因此，透过考察士子的备考活动，也可以从侧面了解各项考试内容在科举体系中的实际地位。具体到明代，无论考生自身，抑或其亲友，在考前投注很多心力于首场经义的同时，也相当重视后场论、策，避免因后场内容违式、空疏而被考官黜落。

在士子追求科举功名的过程中，最终成功与否，依靠的不仅仅是其自身孜孜不倦的努力，他人的指导同样重要。与考试有关的指导和建议，或得自坊间刊刻的举业用书，或来自塾师、师友。这些提供给考生的指导意见，并非只关注首场经义，而是一再提醒后场考试的重要性，并传授相关的应试技巧和经验。

为了满足士子参加科举考试的需要，明人编辑出版了种类繁多、数量庞大的举业用书。在这些考试参考书中，论、策试题的答题技巧是一大重点。万历后期，李叔元纂成《新锲诸名家前后场举业精诀》一书。该书的前半部分综论一般举业文章的写作通则，以及首场经义的应答技巧，后半部分则是针对后场论、表、诰、判、策问试题，给出具体的备考建议和答题要领。该书的后半部分中，涉及第三场策问的内容所占比重最大，包括《作策要诀》《作策妙处》《作策病处》《写策格式》等。编者将当时的第三场策题划分为 12 大类、74 小类，详细地交代了每一类策题的答题策略。例如，对于"治道类"下以"赏罚"为主题的策问，李叔元告诉读者："如答赏罚，则是赏罚贵乎公，当赏则赏，当罚则罚，无过则狥情，断在必行，亦是力行之说。"② 除了梳理后场策问的答题套路，该书也为考生总结了策文的具体写法。较之首场经义分为"八股"，第三场五策的写法"本无定式"，然而李叔元告诉读者，每篇策文应分为

---

① 高拱. 本语 [M]. 北京：中华书局，1993：59.
② 李叔元. 新锲诸名家前后场举业精诀：第 4 卷 [M]. 台北"国家图书馆"藏明万历三十二年建邑书林陈氏存德堂刊本. 28b.

"破题""承接""引入讲"和"结题"四段,逐段作答。① 同样,在风行于晚明士子间的《游艺塾文规》中,针对后场策问考试,袁黄建议考生"将策目列于空薄之上,每目留空纸十余行……他日或闻人议论,或翻阅群书,定有互相触发之理。偶有所得,即随手札记于各条之后,久久淹贯,学问愈精。遇考而发之为文,即为名世之言"②。

在士子漫长而艰辛的科考生涯中,有所谓"父兄师友之督勉","父兄师友"不仅督促其用功钻研举业,而且也会根据自身的经验,提出相应的建议,指导子弟备考应试。这些家长、亲友,或曾被聘为考官,或曾参加各级考试,获得过科举功名。他们对考生的建议和指导,不但没有只重视经义而忽略后场论、策,反而是不断提醒考生要兼顾后场,以免功亏一篑。

以陆深、陆楫父子为例。陆深,松江上海人,弘治十四年(1501)应天乡试解元,弘治十八年中第二甲第一名进士,选庶吉士,授翰林院编修,后任国子监司业、祭酒、山西提学副使、浙江提学副使、翰林院学士等职,居官期间曾出任正德十二年会试同考试官、嘉靖二十年(1541)殿试读卷官。③ 嘉靖十三年秋,其独子陆楫首次参加乡试,陆深当时远在江西任职,特地寄信回乡,叮嘱陆楫需要特别留意的应试事项。除首场经义外,陆深也传授给儿子应答论、策试题的技巧,云:"五策先要识策眼,如君德便须与相业相并之类,只在策问中已含此意了;识得了大头脑,便纵横说去。其体方,双关文字多便好,要看事实。至嘱! 至嘱!"④ 该科乡试,陆楫虽能终场,但是并未中式。至嘉靖十五年(1536),陆深调任四川左布政使,因为来年又逢乡试之期,陆深在该年数次寄信回乡,指导陆楫如何准备次年的乡试。在其中一封信中,陆深叮嘱陆楫:"寄回《逆臣录》一部、《彰善瘅恶录》一部,可看其大纲。科场中首一问策,要问此两书也。知之! 知之!"⑤

有关兼顾后场论、策的建议,也见于林希元与林一松、林一梧父子间的例子。林希元,泉州同安人,中正德十一年福建乡试第四十四名;次年春,中进士,授南京大理寺评事,历官至广东海北兵备道佥事。林氏在《家训》中,勉

---

① 李叔元. 新锲诸名家前后场举业精诀:第4卷 [M]. 台北"国家图书馆"藏明万历三十二年建邑书林陈氏存德堂刊本. 39b-40b.

② 袁黄. 游艺塾续文规:第5卷 [M]. 武汉:武汉大学出版社,2009:483.

③ 夏言. 夏桂洲先生文集:第16卷 [M]. 济南:齐鲁书社,1996:43-44.

④ 陆深. 俨山集:第96卷 [M]. 台北:台湾商务印书馆,1986:622.

⑤ 陆深. 俨山集:第96卷 [M]. 台北:台湾商务印书馆,1986:625.

励二子用功苦读，以图中举："二子方今要紧，只在多读多作，一松尤以多作为先。每早读书、食饭后，就作一篇，了然后看书。作到一、二月后，当自有功效，笔下自然纯熟矣。又须论、表、判、策相间而作。大要以三分为率，二分头场，一分二场、三场，自然本末兼举。"① 至于《通鉴纲目》等回答论、策试题必备的参考书，林希元要求二人"日夜熟读，以立根本门户"，并特别提醒乡试落第的林一松："今科场中策一、二道亦能成言，只是简短寂寥，不丰赡，不周匝，皆寡读寡见无材料之故也，今宜以为戒。"② 可以看出，林希元在要求二子将三分之二的时间放在首场经义之上的同时，也督促二人重视后场论、策，不能置之不理。再如，天启七年（1627），临近应天乡试前，因党祸而被削籍在家的姚希孟，寄信给已经抵达南京的两个儿子姚宗典、姚宗昌，提醒各场考试的事宜。信中，姚希孟叮嘱二人："头场要对题目、春秋年号，后场表、策抬头，判则顶头，与写表不同之类，慎勿以三年之功而误以一字。"③ 论、策、表、判的答卷格式本属考试中的细枝末节，姚希孟却特地写信叮嘱，可见这些后场所考内容的确会影响考试结果。

那些没有应试经验的家长则通过各种渠道，尽可能地为其子弟应试寻求助力。其中，后场所要考察的内容也是他们关注的重点之一。以陈主德、陈昌积父子为例。陈昌积，江西泰和县人，其祖父陈必训仅为生员，父亲陈主德没有任何科举功名。④ 正德八年（1513），陈昌积首次参加乡试，赴南昌应试前，陈主德"恐（陈昌积）不谙制典，央师王大尹校预考三场文策两番"⑤。乡试分为三场，而陈主德两次请求王大尹提前出第三场策问试题，进而指授陈昌积回答后场策题的方法和技巧。由此可知，在时人心中，后场论、策的地位非同一般。

在平日备考及临近考试之前，不仅考生的父兄辈会提醒他们后场论、策的重要性，传授应答后场论、策试题的技巧和方法，师友之间亦是如此。从现存的资料可以看出，当考生就举业问题向师友请教时，他们所给的建议也同样涵盖后场。郭应聘，兴化莆田人，嘉靖二十九年进士，授户部主事，历官至南京兵部尚书。嘉靖末年，他致信舅父卓樵壶，请他转告自己对于乡梓士子的忠告。信中，郭应聘认为莆田士子"数年以来，入彀甚少"的症结，"未可委为主司之

---

① 林希元. 同安林次崖先生文集：第12卷 [M]. 济南：齐鲁书社，1997：671.
② 林希元. 同安林次崖先生文集：第12卷 [M]. 济南：齐鲁书社，1997：671.
③ 姚希孟. 文远集：第27卷 [M]. 北京：北京出版社，1997：685.
④ 严嵩. 嘉靖十七年进士登科录 [M]. 台北：台湾学生书局，1969：4457；毛伯温. 毛襄懋先生文集：第6卷 [M]. 济南：齐鲁书社，1997：307.
⑤ 毛伯温. 毛襄懋先生文集：第6卷 [M]. 济南：齐鲁书社，1997：307.

过",而是因为"吾莆士习,近来专攻首场,而论、策工夫全不肆习",即将全部精力集中于首场经义,平时不注重钻研后场论、策,才被考官黜落。① 郭氏从考官的角度提醒莆田士子:"聘三次与事秋闱,如初场取中十五卷,以二场定十卷,又以三场定五、六卷。此中去取,以何为凭?非二、三场相称,必不得与此。……若曰俟已进学、进场,习之未晚,此尤无志者所云,何足以语远大之望。……辛一转语寒门诸子弟,痛自省改,庶其出迷途而登之康衢乎!"② 万历间,余姚邵姓举子将平日所作举业文章呈送给冯琦评阅。冯琦看后回信,嘱附应答策问试题的方法,"后场不拘何题,后必以时事处之,一段结煞。观时事所重,即知后场所出矣。如泰交、谕教、政体、人才、士风、史学、御倭、救荒等项,皆可自出己见,略参古语,预拟一通。若靠旧策,却无用处也"③。

除此以外,从现存明代资料中也可以看到,考生在备考过程中并没有将所有精力倾注在首场经义上,而是对后场所考论、策同样费心准备。这一点,在嘉靖十七年(1538)进士谭大初的身上表现得十分清楚。嘉靖十六年(1537)广东乡试前,谭大初自述:"累日坐山房,取试录五十册,每日信手拈一册,初一、初二,头场;初三,二场;四、五,复头场;初六,三场,周而复始。始觉生疏,后觉顺畅,不俟秉烛,七篇、五策完矣!"④ 六天之中,谭大初虽将三分之二的时间分配给经义,但也用两天时间来温习后场内容。谭大初的备考方案在之后的考试中收到了成效。该年秋,谭大初在第一、二场考试结束后,将答卷重誊一份,呈交给提学副使吴鹏、按察司屯盐佥事李默。吴、李二人看后,于第三场点名之际,勉励谭大初:"头场好,二场更好,三场努力,高中决矣!"⑤ 可见,经过辛苦准备,谭大初前两场考试的表现不俗,且较之首场,第二场更为出彩;如果第三场发挥稳定,中选的概率极大。果不其然,谭大初中该科广东乡试第七十五名;⑥ 次年春,联捷进士。

与谭大初相比,某些士子备考后场投入的时间和精力更多。如正德、嘉靖时期的阁臣费宏,中成化十九年(1483)江西乡试第二十名;次年春,入京会试,落第。依照当时的规定,会试副榜举人不愿就选教职者、下第举人,均须

---

① 郭应聘. 郭襄靖公遗集:第22卷 [M]. 上海:上海古籍出版社,1995:461.
② 郭应聘. 郭襄靖公遗集:第22卷 [M]. 上海:上海古籍出版社,1995:461.
③ 冯琦. 宗伯集:第81卷 [M]. 北京:北京出版社,2000:270.
④ 谭大初. 谭次川自订年谱:第1卷 [M]. 北京:北京图书馆出版社,1999:287-288.
⑤ 谭大初. 谭次川自订年谱:第1卷 [M]. 北京:北京图书馆出版社,1999:288.
⑥ 王本才. 嘉靖十六年广东乡试录 [M]. 宁波:宁波出版社,2016:7581.

"入监卒业"①。据载，费宏进入国子监后，"专事博洽，以资策学，至丁未，果状元及第"②。费宏在国子监三年间专攻后场的举动，清楚地说明了后场论、策在当时并不是毫无影响、乏人问津的。

再如赵用贤，隆庆五年（1571）中进士，选庶吉士，累官至吏部左侍郎。据其同侪李诩记载，赵氏未中举以前，"恐后场挂漏，夜读郑淡泉《策奥》，不背诵不休，直至体疲头晕，亦不稍辍，其艰苦如此"③。对于三个场次的考试，赵用贤唯独担心后场应答不佳而影响考试结果，日夜背诵郑晓所编的《策奥》，这也清楚地表明了后场在当时科举中的重要地位。同样，万历时期的生员吴麟徵，"策学专笃，以当世之急务自负，经年永夜，不废吟诵"④，也相当注重学习后场策问。

结论

明代的科举考试，为时人改变自身所处的社会阶层提供了一个相对公平的渠道。为实现这种社会流动，士子首先需要考取各个层级的科举功名，才能获得与之相对应的政治、经济和社会特权。而要成功通过各级考试，在众多的竞争者中脱颖而出，关键在于士子能够恰当回答考官所出试题。因此，不仅当时士子日常知识活动的重心聚焦于科举考试所考内容，而且官方和民间也配合科举考试的内容，编撰、出版了数量众多的举业参考书，生产和再生产出各类符合科举考试需要的知识，为士子参加科举考试提供帮助。

在明代乡试、会试两级科举考试之中，尽管以儒家学说为出题对象的第一场《四书》义、《五经》义深受考官重视，但是士子之去取所依据的并不只是首场成绩，第二、三场论、策的答卷也会直接影响最终的录取结果。一方面，明代中后期，随着考生数量的增加，为了防止科场取人过于偏重首场经义，官方除了一再命令考官阅卷"参取后场"，严禁录取后场论、策试卷空疏纰漏之人外，也相应调整了阅卷程序，令后场试卷"分房互阅"，尽量维持"三场并重"的原则。另一方面，科举考试的实际运作基本遵循着"兼重后场"的录取原则。大量事例表明，后场论、策答卷之优劣，不仅关系到考生的排名高低，更会影响到最终的录取结果。正因如此，无论是考生本人，还是其父兄、师友，抑或举业

---

① 申时行. 明会典：第 77 卷 [M]. 北京：中华书局，1989：1093.
② 陆楫. 蒹葭堂稿：第 7 卷 [M]. 上海：上海古籍出版社，1995：645.
③ 李诩. 戒庵老人漫笔：第 6 卷 [M]. 北京：中华书局，1982：225.
④ 吴蕃昌. 先忠节公年谱略 [M]. 北京：北京图书馆出版社，1999：22-23.

用书的编者，均极为重视后场论、策所考的内容，绝非置之不理。由此看来，前人所言明代科举考试仅凭首场经义取人，甚至将整个科举考试简化为"八股取士"，并不准确。厘清后场论、策的实际地位，不仅可以丰富今人对于明代科举考试的认识，而且也是探究科举考试内容与当时知识生产二者关系的重要前提。

　　本文原题为《止阅初场？——明代科举考试后场论、策地位考辨》，发表于《史林》2019 年第 3 期。

清代孔氏"科举家族"探研

——以进士功名为中心

王学深①

据笔者目力所及,"科举家族"一词最早的提出者为张杰教授。他在《清代科举家族》一书中提出地方望族与科举连续成功的相关性,进而家族凭借科举"长期保持望族的家声"②。这一观点与艾尔曼(Benjamin A. Elman)教授所提出的,晚期帝制时期地方精英凭借科举进行"政治、社会与文化再生产"③ 的观点有着异曲同工之处。根据张杰教授的研究,"科举家族"应该满足三个条件:"世代聚族而居""世代应举"和"五贡或举人以上功名"。笔者同意这种划分方法和研究切入视角,一方面,"科举家族"归根结底是以家族为依托的,自然"聚族而居"成为"科举家族"形成的基本条件;另一方面,应举是中国古代,特别是本文论及的清代时期,男子获得功名的主要方式。根据清制规定,五贡(恩、优、岁、副、拔)被视为正途出身,可铨选教职,这在一定程度上可被视为步入仕途的基本功名要求。正因如此,何炳棣教授将贡生视为决定社会地位的关键功名和与平民阶层的分界线④,而张仲礼教授则以贡生分隔上层绅士和下层绅士⑤。此外,以家族作为研究单位,特别是囊括了三代以上族人的功名情况和婚姻网络中的姻亲成员的功名与仕宦信息,在讨论科举的流动性或举业上的成功时会更为全面,进而避免单纯强调科举在流动性方面的绝对性

---

① 王学深,男,中国政法大学人文学院历史研究所讲师。
② 张杰. 清代科举家族 [M]. 北京:社会科学文献出版社,2003:19.
③ Benjamin A. Elman. *Political, Social, and Cultural Reproduction via Civil Service Examinations in Late Imperial China* [J] Journal of Asian Studies. Feb 1991, Vol. 50, Issue 1, pp. 7–22.
④ 何炳棣. 明清社会史论 [M]. 台北:联经出版社,2013:30.
⑤ 张仲礼. 中国绅士:关于其在十九世纪中国社会中作用的研究 [M]. 上海:上海科学院出版社,1991:6.

因素，而忽视大家庭的角色①。

众所周知，在地方社会中的家族有大家族和小家族之分，这与他们的人口规模、经济实力、科举成功与否息息相关。正因如此，依托于家族为基本条件而形成的"科举家族"也同样应有大小之分。笔者通过对于史料的爬梳和对"科举家族"的个人认知，认为"科举家族"可分为三类：大型科举家族、中型科举家族和小型科举家族。具体而言，大型科举家族不仅需要满足以上所列出的三个条件，而且在本省和全国范围内都应享有声望。家族人口众多且世代举业较为兴盛，具有延续多代的稳定性是大型科举家族的特点。中型科举家族除同样应满足三个条件外，其家族的声望更多的是集中于地方，特别是本家族所属的府州县之内，举业功名较为兴盛，人口规模适中。相较于前两者，小型科举家族举业偏弱，勉强满足科举家族的条件，其声望更多的是在家族所居州县之内，举业的成功缺乏稳定性。虽然家族中不乏贡生、举人或进士功名产生，但连续性不强，人口规模也相对较小。在此之外，还有一些家族会长期从事举业，在某一代偶然考中举人或进士，但前后代际间的功名获得缺乏稳定性，笔者将其称为"业儒家族"，在下文中做一并考察。

清代科举家族的不同形态往往分属于不同家族与姓氏。那么，在清代是否有同宗或同族之内拥有以上不同形态"科举家族"的事例？如果有，宗族内部不同科举家族的发展形态和差异又各自呈现什么特点？通过对史料的研读、梳理与分析，本文笔者将目光投向清代孔氏大宗族，并以进士群体作为研究对象，以探讨清代孔氏宗族内部不同规模的"科举家族"间发展形态的差异、功名与宦绩的状况、婚姻网络与授业师群体的各自特点。

一、清代孔氏"科举家族"的三种形态

笔者通过《元明清三朝进士题名碑》《清朝进士题名录》和《明清进士题

---

① Hartwell, Robert. *Demographic*, *Political*, *and Social Transformations in China*, 750 - 1550 [J] Harvard Journal of Asiatic Studies, No. 42, 1982, pp. 365-442.

名碑录》三部文献资料中共辑录出 63 位清代孔氏进士①，但是由于部分孔姓进
士史料缺失，家族信息难以辑考，因此笔者为了统计的准确性，将确知源自衍

---

① 顺治三年，孔傅孟，三甲第 241 名，顺天府宛平。顺治六年，孔自洙，二甲第 50 名，浙江
桐乡。顺治十二年，孔文明，三甲第 175 名，山西泽州。顺治十二年，孔迈，三甲第 194 名，
河南汝阳。康熙九年，孔兴钎，三甲第 128 名，山东曲阜。康熙九年，孔暹，三甲第 176
名，河南汝阳。康熙十五年，孔兴坛，三甲第 109 名，河南仪封。康熙三十六年，孔尚先，
三甲第 14 名，山东宁海州。康熙四十二年，孔毓仪，三甲第 8 名，江苏高淳。康熙四十五
年，孔豸，三甲第 223 名，浙江诸暨。康熙四十八年，孔毓玑，二甲第 7 名，江苏江阴。康
熙四十八年，孔傅忠，三甲第 18 名，浙江桐乡。康熙四十八年，孔毓珩，三甲第 141 名，
江西新城。康熙四十八年，孔衍治，三甲第 201 名，山东曲阜。雍正二年，孔傅堂，三甲第
184 名，山东曲阜。雍正八年，孔傅心，三甲第 200 名，河南虞城。乾隆一年，孔傅大，三
甲第 106 名，广东南海。乾隆四年，孔傅炯，三甲第 51 名，山东曲阜。乾隆四年，孔云，
三甲第 55 名，福建上杭。乾隆四年，孔傅正，三甲第 70 名，广东保昌。乾隆十九年，孔毓
文，三甲第 11 名，江苏勾容。乾隆三十六年，孔继涵，二甲第 40 名，山东曲阜。乾隆三十
六年，孔广森，三甲第 10 名，山东曲阜。乾隆三十七年，孔广什，三甲第 36 名，河南汝
阳。嘉庆四年，孔昭铭，二甲第 65 名，江西新城。嘉庆六年，孔昭虔，二甲第 21 名，山东
曲阜。嘉庆六年，孔继鸿，三甲第 130 名，山东曲阜。嘉庆六年，孔傅性，三甲第 168 名，
山西忻州。嘉庆七年，孔继墥，三甲第 146 名，山东曲阜。嘉庆十三年，孔傅曾，二甲第 20
名，浙江萧山。嘉庆十四年，孔傅纶，二甲第 14 名，浙江钱塘。嘉庆十九年，孔昭显，三
甲第 33 名，山东曲阜。嘉庆十九年，孔继尹，三甲第 54 名，云南通海。嘉庆十九年，孔傅
习，三甲第 113 名，山东曲阜。嘉庆二十五年，孔傅钺，二甲第 35 名，山东曲阜。嘉庆二
十五年，孔昭佶，三甲第 9 名，山东曲阜。道光九年，孔广义，三甲第 87 名，安徽舒城。
道光十三年，孔继勋，二甲第 38 名，广东南海。道光十三年，孔昭慈，三甲第 77 名，山东
曲阜。道光十三年，孔昭然，三甲第 109 名，山东曲阜。道光十五年，孔傅藤，二甲第 100
名，山东宁海州。道光十六年，孔庆镠，二甲第 21 名，山东曲阜。道光十六年，孔继镳，
三甲第 1 名，顺天府大兴。道光十八年，孔庆铦，三甲第 86 名，山东曲阜。道光二十七年，
孔广泉，二甲第 80 名，浙江萧山。道光三十年，孔继中，二甲第 93 名，浙江萧山。咸丰六
年，孔宪觳，二甲第 32 名，山东曲阜。咸丰十年，孔昭浃，三甲第 60 名，山东曲阜。同治
二年，孔广谟，三甲第 111 名，江苏兴化。同治十年，孔继钰，三甲第 86 名，山东曲阜。
同治十三年，孔广鑑，三甲第 105 名，山东宁海州。光绪二年，孔宪曾，二甲第 87 名，山
东曲阜。光绪三年，孔祥霖，二甲第 64 名，山东曲阜。光绪三年，孔傅勳，二甲第 129 名，
直隶天津。光绪九年，孔昭乾，三甲第 26 名，江苏吴县。光绪九年，孔广钟，三甲第 115
名，江苏元和。光绪十二年，孔宪教，二甲第 67 名，湖南长沙。光绪十五年，孔繁昌，二
甲第 84 名，贵州贵筑。光绪十五年，孔昭宷，二甲第 132 名，江苏宝应。光绪十六年，孔
繁僎，三甲第 182 名，山东曲阜。光绪十八年，孔昭倩，三甲第 134 名，山东曲阜。光绪二
十一年，孔庆墭，三甲第 112 名，山东曲阜。光绪二十九年，孔昭晋，二甲第 122 名，江苏
吴县。清朝孔氏进士 63 人的辈分集中于孔氏第 64 世至第 75 世之间。其中，顺治朝进士 4
人，康熙朝进士 10 人，雍正朝进士 2 人，乾隆朝进士 8 人，嘉庆朝进士 12 人，道光朝进士
10 人，咸丰朝进士 2 人，同治朝进士 3 人，光绪朝进士 12 人。两次孔氏进士数量的绝对值
峰值分别出现于嘉庆朝和光绪朝，说明清后期相较于清前期孔氏族人科举更为成功，绝对值
数量更多。这 63 位孔氏进士出自清朝 44 科会试—殿试，占清代总 112 次开科数的 39.3%。
一科中进士数最多的榜次为康熙四十八年己丑科，同榜进士 4 人。

圣公裔的 31 名进士所属家族作为研究对象。这些进士分别来自曲阜孔氏 25 人、吴县孔氏 2 人、南海县孔氏 2 人、天津孔氏 1 人和长沙孔氏 1 人①。这些确知信息的孔氏进士集中在孔裔第 64 世至第 75 世之间，以尚、衍、兴、毓、传、继、广、昭、宪、庆、繁、祥为字辈排序。

在这些孔氏进士的朱卷之上，不仅明确记载了家族世代传承的脉络、迁出山东曲阜的时间和先祖信息，而且也记载了不同地域的孔氏家族间的互动联系。基于以上限定，笔者在下文以"科举家族"的视角集中分析与对比这些进士所归属的家族发展模式。第一，以曲阜孔氏家族为例，展现出作为世代绵延的科举大家族形态，在清代科举领域内孔氏族人不断地复制着他们的成功，并因为清代崇儒尊孔，使得曲阜孔氏的科举功名又往往与皇权的恩赐息息相关。第二，以江苏吴县和广东南海县孔氏家族为例，二者均是从山东曲阜迁出后独自发展的孔氏家族，但吴县孔氏迁出较晚，而南海县孔氏迁出较早，二者家族人口规模适中，科举功名在地方较显，均发展成为清代中等规模的科举家族。第三，以直隶天津和湖南长沙的孔氏群体为例，二者在迁出祖籍地后都呈现形单影只的特点，不仅本支家族较小，而且直接反映在科举领域内，前者逐渐发展成为小型科举家族，而后者是"业儒家族"的代表，都展现出家族发展相对单薄和力量弱小的一面。

（一）曲阜孔氏

有清一代曲阜孔氏共产生 25 名进士，其中 9 人馆选进入翰林院，占整个孔氏进士群体翰林人数（16 人）的 56.3%。最早中进士者为康熙九年（1670）的孔兴钎，最后一位是光绪二十一年（1895）的孔庆墴（表1）。按时间分布为康熙朝 2 人，雍正朝 1 人，乾隆朝 3 人，嘉庆朝 7 人，道光朝 4 人，咸丰朝 2 人，同治朝 1 人，光绪朝 5 人（图1）。在科名甲次方面，三甲进士 19 人，二甲进士 6 人。清代曲阜孔氏的进士群体——25 人的排辈集中在孔裔第 64 代至第 75 代之

---

① 清代众多孔氏分支中，曲阜孔裔进士数量占据着功名上的绝对优势，进士数量达 25 人。在曲阜之外其余的 38 位进士中，有 7 个州县分布进士 2~3 人，依次为山东宁海州 3 人，河南汝阳 3 人，浙江萧山 3 人，江西新城 2 人，江苏吴县 2 人，广东南海 2 人，浙江桐乡 2 人。在以上 8 个地域之外，其余 21 个州县分布进士均为 1 人。若以省份为单位统计，63 位孔氏进士群体分布依次为山东省 28 人，占比 44.4%。江苏省 8 人，占比 12.7%。浙江省 7 人，占比 11.1%。河南省 5 人，占比 7.9%。广东省 3 人，占比 4.8%。直隶 3 人（含顺天府 2 人），占比 4.8%。山西省 2 人，江西省 2 人，分别占比 3.2%。安徽省 1 人，湖南省 1 人，贵州省 1 人，福建省 1 人，云南省 1 人，分别占比 1.6%。

间，且有进士本支先祖数代承袭衍圣公爵位者。目前，在《清代朱卷集成》中，存留有孔宪曾、孔宪毂、孔庆塎、孔祥霖四人的进士朱卷，均将家族始祖追溯至孔子。通过对以上家族信息的分析，可以较好地还原曲阜孔氏"科举家族"的样貌。

表1　清代曲阜孔氏进士

朝代	年份	姓名	科名	籍贯	序号	备注
康熙	九	孔兴钎	三—128	山东曲阜	1	曲阜孔裔
	四十八	孔衍治	三—201	山东曲阜	2	曲阜孔裔
雍正	二	孔傅堂	三—184	山东曲阜	3	曲阜孔裔
乾隆	四	孔傅炯	三—51	山东曲阜	4	曲阜孔裔
	三十六	孔继涵	二—40	山东曲阜	5	曲阜孔裔
	三十六	孔广森	三—10	山东曲阜	6	曲阜孔裔
嘉庆	六	孔昭虔	二—21	山东曲阜	7	曲阜孔裔
	六	孔继鸿	三—130	山东曲阜	8	曲阜孔裔
	七	孔继墣	三—146	山东曲阜	9	曲阜孔裔
	十九	孔昭显	三—33	山东曲阜	10	曲阜孔裔
	十九	孔傅习	三—113	山东曲阜	11	曲阜孔裔
	二十五	孔傅钺	二—35	山东曲阜	12	曲阜孔裔
	二十五	孔昭佶	三—9	山东曲阜	13	曲阜孔裔
道光	十三	孔昭慈	三—77	山东曲阜	14	曲阜孔裔
	十三	孔昭然	三—109	山东曲阜	15	曲阜孔裔
	十六	孔庆锄	二—21	山东曲阜	16	曲阜孔裔
	十八	孔庆铨	三—86	山东曲阜	17	曲阜孔裔
咸丰	六	孔宪毂	二—32	山东曲阜	18	曲阜孔裔
	十	孔昭浹	三—60	山东曲阜	19	曲阜孔裔
同治	十	孔继钰	三—86	山东曲阜	20	曲阜孔裔

朝代	年份	姓名	科名	籍贯	序号	备注
	二	孔宪曾	二—87	山东曲阜	21	曲阜孔裔
	三	孔祥霖	二—64	山东曲阜	22	曲阜孔裔
光绪	十六	孔繁僕	三—182	山东曲阜	23	曲阜孔裔
	十八	孔昭倩	三—134	山东曲阜	24	曲阜孔裔
	二十一	孔庆墿	三—112	山东曲阜	25	曲阜孔裔

资料来源：江庆柏. 清朝进士题名录［M］. 北京：中华书局，2007；朱保炯，谢沛霖编. 明清进士题名碑录（上下册）［M］. 上海：上海古籍出版社，1979；元明清三朝进士题名碑录拓本. 朱汝珍. 词林辑略［M］. 台北：明文书局，1985.

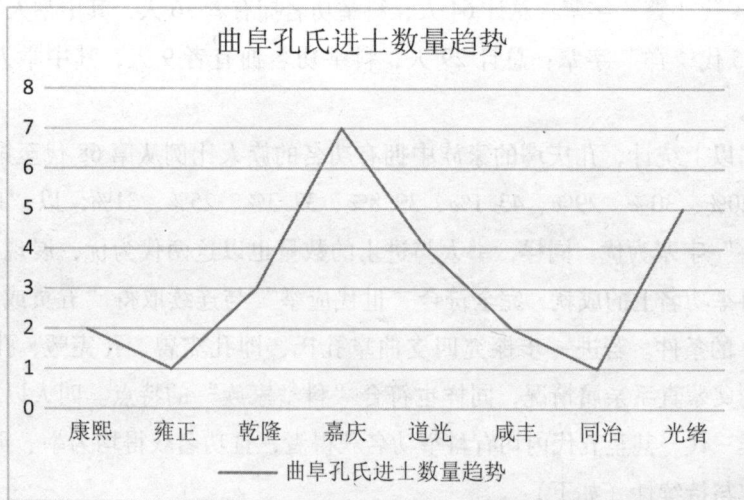

图1　清代曲阜孔氏进士朝代分布与趋势

以孔庆墿朱卷为例①，直系先祖溯源至第 67 代衍圣公孔毓圻，展现出正统衍圣公裔的身份。接下来，朱卷中的家族背景分别记述了第 68—75 代族众官职与功名的情况。笔者以此为依据，并以拥有生员、监生、贡生、举人、进士作为功名统计原则，总结如下：

第 68 代"传"字辈：总计 5 人，其中科举功名拥有者 1 人，无举人、

---

① 顾廷龙. 清代朱卷集成：第 221 册［M］. 台北：成文出版社，1992：196-201.

进士。

第 69 代"继"字辈：总计 10 人，科举功名拥有者 3 人，其中举人 2 人、进士 1 人。

第 70 代"广"字辈：总计 31 人，科举功名拥有者 9 人，其中举人 3 人、进士 1 人。

第 71 代"昭"字辈：总计 58 人，科举功名拥有者 25 人，其中举人 10 人、进士 4 人。

第 72 代"宪"字辈：总计 88 人，科举功名拥有者 35 人，其中举人 8 人、进士 1 人。

第 73 代"庆"字辈：总计 96 人，科举功名拥有者 31 人，其中举人 5 人、进士 3 人。

第 74 代"繁"字辈：总计 64 人，科举功名拥有者 16 人，其中举人 1 人。

第 75 代"祥"字辈：总计 29 人，科举功名拥有者 9 人，其中举人 3 人、进士 1 人。

根据以上统计，孔庆塎的家族中拥有功名的族人比例从第 68 代至第 75 代依次为 20%、30%、29%、43.1%、39.8%、32.3%、25%、31%，以"昭"字辈和"宪"字辈为优。同样，举人与进士的数量也以这两代为优，展现出这一家族在科举功名上的成就，完全符合"世代应举"与连续取得"五贡或举人以上功名"的条件。若进一步探究四支曲阜孔氏，即孔宪曾、孔宪毅、孔庆塎、孔祥霖的父辈直系亲属情况，同样也符合"科举家族"的特点。四人以本人为基点上推三代，甚至五代内均有科举功名获得者，且功名获得均为举、贡以上，具有稳定与持续性（如下）：

孔宪曾系：孔开韶——孔贞宁——孔尚陞——孔衍钰——孔兴滋——孔毓玮（贡生）——孔传炯（进士）——孔继申——孔广禧（举人）——孔昭慈（进士，翰林）——孔宪曾（进士）

孔宪毅系：孔毓圻（衍圣公）——孔传钲——孔继涵（进士）——孔广闲——孔昭焜（举人）——孔宪毅（进士）

孔庆塎系：孔毓圻（衍圣公）——孔传铎（衍圣公）——孔继涑（举

人）、孔继汾（本生高祖，恩贡）——孔广廉、孔广规（辈本生曾祖，恩贡）——孔昭芬——孔宪恺（恩贡）——孔庆塎（进士）

孔祥霖系：孔毓圻（衍圣公）——孔传铎（衍圣公）——孔继濩（衍圣公）——孔广棨（衍圣公）——孔昭焕（衍圣公）——孔宪圭（恩贡）、孔宪均（嗣本生曾祖，恩贡）、孔宪堃（本生曾祖，恩贡）——孔庆镠、孔庆鋕（进士）——孔繁渥（举人）——孔祥霖（进士）

尤其是孔祥霖一系，家族本支内曾连续五代承袭衍圣公爵位，而且有祖孙同为进士的情况出现，尤为突出地体现出曲阜孔氏政治权势与科举功名相互交织的特点。从第69代至第75代，共产生贡生22人、举人30人、进士10人，而且其家族人口规模较大，本支每代所录人数分别是下文将要述及的孔氏族内中型和小型科举家族的2~4倍，因此可视为孔氏家族内的大型科举家族。

值得注意的是，在举人与进士功名之外，很多曲阜孔氏家族成员拥有的功名是贡生，又以"恩贡"为多，且历代绵延不绝而不及备述。这也体现了曲阜孔氏族人作为衍圣公后裔在清代所享有的朝廷恩赐和相应的政治权力。这种提升衍圣公一脉功名与地位的做法是清代崇儒的重要体现。早在顺治九年（1652），朝廷就颁布了对包括孔氏在内的"五氏后裔"的优崇规定，"五氏子孙观礼生员十五人，送监读书，准作恩贡"①。其后，清廷在康熙八年（1669）、雍正二年（1724）、乾隆三年（1738）、乾隆五十年（1785），又多次临雍加恩五氏后裔。特别是在康熙帝和乾隆帝出巡至曲阜时，曾施恩泽于孔氏后裔，赐"恩贡"功名。此外，大量曲阜孔氏没有功名的族人，被授予至圣庙官三品至九品的执事职衔，这些特点实际上形成了孔氏科举家族在政治和科举上的双向促进作用，也是孔氏科举家族与其他科举家族的不同之处。

（二）江苏吴县孔氏家族与广东南海县孔氏家族

江苏吴县孔氏家族在清代共3人高中进士，按时间先后分别为孔昭乾、孔广钟和孔昭晋（表2）。值得一提的是，光绪九年（1883）孔昭乾和孔广钟为同榜叔侄进士，而孔昭晋则是孔氏进士群体中最后考中进士者。根据现存的孔昭乾和孔昭晋的朱卷信息可知，二人祖先支脉一致，有共同祖父，直到父辈才分

---

① 赵尔巽，等纂. 清史稿：卷106 [M]. 北京：中华书局，1977：3105.

支，可谓同祖同宗同源，这一家族背景对于还原江苏吴县孔氏家族具有重要的帮助作用。

表2　江苏吴县孔氏进士

朝代	年份	姓名	科名	籍贯	序号	备注
光绪	九	孔昭乾	三-26	江苏吴县	1	第55代迁吴
	九	孔广钟	三-115	江苏吴县	2	第55代迁吴
	二十九	孔昭晋	二-122	江苏吴县	3	第55代迁吴

吴县孔氏以孔裔第55代孙孔克信作为始迁祖。孔克信曾执教尼山书院，后于元末至正十三年（1353）游学江南并出任平江府知府一职。但卸任后因恰逢元末明初战火不得北返，遂占籍吴郡为家。① 虽然从第55代孔克信至第60代孔承儒的历代传承记载清晰，但并没有明确记载家族迁至吴县的时间。根据朱卷中第61代孔宏禄为吴庠生的记载②推测，吴县孔氏最晚应在第61代"宏"字辈时迁居苏州府吴县。至家族第66代孔兴礼时曾重修《北宗支谱》，第70代衍圣公孔广棨还曾为该谱作序，并赠送给孔兴礼宗图和匾额③，凸显了本支吴县宗室在孔氏家族的地位和与曲阜孔氏的互动。

孔昭乾和孔昭晋二人直系家族的科举功名情况不及曲阜孔氏，但优于下文所要述及的天津和长沙孔氏。按中进士时间先后，孔昭乾直系家族情况如下：

> 五世祖孔兴礼（无功名）——高祖孔毓义（无功名），本生高祖孔毓智（监生）——曾祖孔传升（无功名），本生曾祖孔传洛（举人）——祖父孔继璩（贡生）——父孔广渊（生员）——孔昭乾（进士）。④

与孔昭乾类似，孔昭晋从五世祖孔兴礼至祖父孔继泉脉系的功名一致，其父孔广源同样为生员功名，至孔昭晋则高中进士。⑤ 通过二人的家族背景信息可知，二人家族从曾祖孔传洛起开始功名渐显，至"昭"字辈二人同中进士时

---

① 顾廷龙. 清代朱卷集成，第89册［M］. 台北：成文出版社，1992：97.
② 顾廷龙. 清代朱卷集成，第89册［M］. 台北：成文出版社，1992：98.
③ 顾廷龙. 清代朱卷集成，第89册［M］. 台北：成文出版社，1992：99.
④ 顾廷龙. 清代朱卷集成，第167册［M］. 台北：成文出版社，1992：415-421.
⑤ 顾廷龙. 清代朱卷集成，第89册［M］. 台北：成文出版社，1992：97-102.

已经连续四代均有科举功名，只是二人父亲功名稍低。但实际上，若放眼整个吴县孔氏家族，二人的堂叔孔广钟也同样考中进士功名，实现了家族连续四代贡生以上功名，具有科举功名的稳定性特点，可以视为吴县地方的"科举家族"之一。

根据孔昭晋的朱卷，吴县孔氏世代功名具体统计如下：

第 63 代"贞"字辈：总共 3 人，科举功名拥有者 3 人，无举人、进士。

第 64 代"尚"字辈：信息缺失无载。

第 65 代"衍"字辈：总共 4 人，科举功名拥有者 2 人，无举人、进士。

第 66 代"兴"字辈：总共 5 人，科举功名拥有者 2 人，无举人、进士。

第 67 代"毓"字辈：总共 9 人，科举功名拥有者 3 人，无举人、进士。

第 68 代"传"字辈：总共 7 人，科举功名拥有者 4 人，其中举人 1 人。

第 69 代"继"字辈：总共 5 人，科举功名拥有者 5 人，无举人、进士，其中贡生 1 人。

第 70 代"广"字辈：总共 12 人，科举功名拥有者 5 人，其中进士 1 人。

第 71 代"昭"字辈：总共 17 人，科举功名拥有者 7 人，其中进士 2 人。

根据朱卷中的家族信息进一步探析吴县孔氏第 63 代至第 70 代整个家族的科举功名可知，虽然吴县孔氏家族中人口数量不多，但每一代拥有科举功名者占比较高，从第 65 代至第 71 代整个家族的科举功名占比，分别达到 100%、50%、40%、33.3%、57.1%、100%、41.7%和 41.2%，科举功名在吴县孔氏家族中的占比，甚至比上文述及的曲阜孔氏家族的还要略胜一筹。只是吴县孔氏在举人和进士功名获得人数的绝对数量上不及曲阜孔氏，从第 63 代至第 71 代仅有举人 1 人、进士 3 人，这与家族规模、地缘因素和政治权威等原因有直接关系。吴县孔氏在政治影响力方面远不及曲阜孔氏，这从家族中"恩贡"功名的持有者远少于曲阜孔氏族人可知，这也体现出一种脱离曲阜后更为纯粹的"科举家族"模式，与清代各地普遍存在的"科举家族"情况类似。

广东南海县孔氏家族在清代共有 2 人考中进士功名，一人为乾隆元年（1736）三甲第 106 名的孔传大，另一人为道光十三年（1833）二甲第 38 名的孔继勳。目前二人朱卷均已无存，但是孔继勳之孙孔昭仁和族孙孔昭莱二人的乡试卷中所记载的信息，依旧可以帮助我们最大限度还原这一家族样貌。根据孔昭莱的朱卷显示，这一支南海孔氏家族属于孔氏宗族店北户分支，一说始迁祖为孔裔第 38 代孔戣，以其出任岭南节度使为起点①，但学者王承文通过考证认为孔氏入粤始祖应为唐末孔氏第 41 代孙，即孔戣的曾孙孔昌弼②。另一说南海孔氏始迁祖为孔裔第 54 代孔思友，在元代有儒名，曾官至山西布政使，卸任后遂居于山西太原府平定州③。第 55 代孔克义于明洪武元年（1368）从军，于次年调拨南京凤阳府，三年调拨广东广州左卫，其后寄居番禺，为南海孔氏入粤之祖④。至第 58 代孔元祖时，本支孔氏一部分族人迁居香山县，一些人则留居南海。

本支孔氏第 67 代至第 71 代族人科举功名情况较为清晰，以孔昭莱朱卷信息为例，具体如下：

第 67 代"毓"字辈：总共 11 人，科举功名拥有者 6 人，其中举人 1 人。

第 68 代"传"字辈：总共 17 人，科举功名拥有者 7 人，其中举人 1 人、贡生 3 人。

第 69 代"继"字辈：总共 30 人，科举功名拥有者 14 人，其中贡生 1 人、举人 2 人、进士 1 人。

第 70 代"广"字辈：总共 33 人，科举功名拥有者 9 人，其中举人 3 人。

第 71 代"昭"字辈：总共 20 人，科举功名拥有者 8 人，其中举人 4 人。

通过以上南海孔氏家族科举功名统计可知，本支家族规模与江苏吴县孔氏相仿，与曲阜孔氏相比则偏小。从第 67 代至第 71 代的五代人连续有举人和进士功名获得者，共产生贡生 4 人、举人 11 人、进士 1 人。若以孔昭仁朱卷为样本分析，则家族规模更小，这与广东南海孔氏自曲阜迁粤后各支系分散居住有关。以孔昭仁和孔昭莱先祖为例，即有分居番禺、南海和香山三地者，也导致了各支家族规模相对偏小，与吴县孔氏规模类似，是上文所述及的中型科举家族的代表。

（三）直隶天津和湖南长沙孔氏家族

孔传勋是光绪三年（1877）二甲第 129 名进士，在他的朱卷中较为完整地保留其家族迁徙和科举功名的信息。与曲阜孔氏大型科举家族和江苏吴县孔氏、广东南海县孔氏中型科举家族相比较，孔传勋一支则凸显衰落的状况。根据孔

---

① 来新夏. 清代科举人物家传资料汇编：第 70 册 [M]. 北京：学苑出版社，2006：53.
② 王承文. 广州孔氏族谱所见晚唐北方家族迁移岭南考 [J]. 岭南文史 2018（2）：44-51.
③ 来新夏. 清代科举人物家传资料汇编：第 25 册 [M]. 北京：学苑出版社，2006：197.
④ 来新夏. 清代科举人物家传资料汇编：第 25 册 [M]. 北京：学苑出版社，2006：198.

传勤的家族信息记载,其先祖是孔裔第 63 代孔学礼,于顺治年间由山东迁居天津①。其后,家族世代居于天津未再迁徙。天津孔氏直系家族信息和科举功名情况为:

> 第 63 代孔学礼——第 64 代孔士翰——第 65 代孔汝刚——第 66 代孔春熙——第 67 代孔聚贤(原名孔毓培)——第 68 代孔传勤(进士)。

由此可见,孔传勤本支父系并没有科举功名的获得者,直到孔传勤高中进士后,家族成员才得到相应的朝廷封赠。不仅孔传勤本支科举功名不显,而且其整个家族都无法与曲阜孔氏或江苏吴县孔氏科举家族相比较。根据孔传勤家族资料记载,迁居天津的这支孔氏第 65 代至第 68 代的科举功名情况,兹录如下:

第 65 代:总计 5 人,没有人获得功名。

第 66 代:总计 12 人,科举功名拥有者 1 人,其中举人 1 人。

第 67 代:总计 22 人,科举功名拥有者 3 人,无举人、进士。

第 68 代:总计 13 人,科举功名拥有者 6 人,其中进士 1 人、贡生 1 人。

通过以上直隶天津孔氏家族的统计数据可知,不仅这一家族规模相对较小,而且在科举方面并不是特别成功。虽然自第 66 代至第 68 代连续三代均有贡生以上科举功名获得,但只有贡生 1 人、举人 1 人、进士 1 人,而且直到第 68 代家族科举功名稍显后,家族成员才统一按照"传"字排辈,而从孔传勤先祖的名讳也可看出,在此之前家族人员的起名较为无序。这实际上也体现出本支孔氏在整个孔氏宗族中的边缘化地位,也与天津当地著名的科举家族,如赵之符家族、查氏家族和周人龙家族等存在一定差距②。综上,天津孔氏家族在地方是小型科举家族的代表。这一形态与大型科举家族曲阜孔氏已无法相提并论,甚至比迁出后中型规模的吴县孔氏家族和南海孔氏家族还要偏小。究其原因,在于本支孔氏家族因不属于衍圣公嫡脉,因此在政治资源上并没有享有特权与优势,加之本支孔氏迁出曲阜时间较晚,在地缘竞争上无法与天津土著家族相匹敌,这些导致了本支家族的科举功名并不显著。

与天津孔传勤家族情况类似,湖南长沙孔氏家族自从曲阜迁出后同样功名

---

① 来新夏. 清代科举人物家传资料汇编:第 98 册 [M]. 北京:学苑出版社,2006:199.

② 张献忠. 清代天津科举家族与地方社会 [J]. 山东社会科学,2016(8):75-84.

不显。相较于孔传勳家族勉强可算地方较小的科举家族而言，长沙孔宪教一支则更为单薄，甚至无法以"科举家族"予以定义。孔宪教是光绪十二年（1886）二甲第 67 名进士。孔宪教本支因第 55 代先祖孔克森赴湖北荆门任官，故而家族从曲阜迁出，子嗣在两湖安家①。孔宪教本支先祖从第 55 代至第 72 代传承有序，但是没有人获得科举功名，直到孔宪教中进士后自高祖以下才得到朝廷封赠。就长沙孔宪教整个家族而言，除孔宪教本人之外，整个家族科举功名不显，即使有科举功名持有者，也均为生员、监生功名，尚与定义"科举家族"的最低标准——贡生功名有一定距离，且举贡以上功名的获得不具有持续性，因此或可将其家族称为"业儒家族"。在长沙孔氏家族中，第 69 代 3 人中，没有功名获得者。第 70 代 8 人中，2 人获生员和监生功名。第 71 代 23 人中，同样仅有 3 人获生监功名。至第 72 代孔宪教这一辈，在 38 人中虽有 7 人拥有科举功名，但 6 人为生监群体，1 人获进士（孔宪教）。因此，通过长沙孔宪教的家族信息分析，从曲阜迁出后，本支长沙孔氏家族不仅无法与曲阜孔氏相比较，就是与上文中的直隶天津孔氏也存在着一定差距。长沙孔氏家族虽然世代聚集且从事举业，但更多所获为生监功名。按照上文中"科举家族"的定义，至孔宪教这一代只能将该家族称为"世代业儒"，为功名渐显的地方家族，与本文开篇定义的"科举家族"还有一些差距。

二、清代孔氏"科举家族"的宦绩分析

在上文中，笔者通过考察曲阜孔氏、吴县孔氏、南海孔氏、天津孔氏和长沙孔氏等家族信息，比较、分析了在广义同宗同源的孔氏家族内部所存在的三种"科举家族"的形态，展现出清代孔氏进士群体随着地缘的迁徙、政治影响与科举功名的相互作用，所衍生出的各地孔氏家族不同的发展模式。本小节笔者将结合《职官录》《爵秩全览》《缙绅全书》《朱卷》等文献，进一步比较、分析在三种"科举家族"背景下，步入官僚队伍内的孔氏族人的宦绩情况。

首先，考察山东曲阜孔氏。根据目前笔者所掌握的资料，可以辑考出 22 位曲阜孔氏进士的官职，其中官居二品者 3 人、三品者 1 人、四品者 4 人、五品者 2 人、六品者 3 人、七品者 9 人。任官职位最高者为布政使，最低者为翰林院检讨、候补知县。在这 22 人中，知府、主事和知县是曲阜孔氏进士群体任职最为普遍的官职（表 3），而其中很多人均在学术文化方面有深刻造诣，如孔继涵和

---

① 来新夏. 清代科举人物家传资料汇编：第 14 册 [M]. 北京：学苑出版社，2006：145.

孔广森就是其中的代表。其次,笔者根据现存朱卷信息,共辑考出 7 位江苏吴县和广东南海孔氏成员,共有进士 4 人和举人 3 人,其中官职四品者 2 人、五品者 2 人、六品者 2 人、七品者 1 人(表4)。通过这 7 人的宦绩可知,他们与曲阜孔氏进士群体类似,也同样以郎中和主事职衔为多见。虽然没有如曲阜孔氏进士有实授布政使、按察使者,但同样有因功加布政使衔者 2 人,如孔继勳和孔广镛父子。此外,孔继勳、孔广镛、孔广陶 3 人不仅创建实业且热衷于学术与收藏,同样享有盛名。最后,直隶天津和湖南长沙的孔氏两位进士也与其他孔氏进士宦绩相仿,其中天津进士孔传勳曾官至礼部额外主事,而长沙进士孔宪教在翰林院散馆后授顺昌知县。通过考察另外一些孔氏进士的宦绩,也可佐证孔氏进士群体职位更多的以部主事和地方州县官为主的特点,如贵筑衍圣公裔进士孔繁昌官至知县①。

表3 曲阜孔氏进士职官

姓名	功名	职位	官品(不分正从)
孔兴钎	进士	翰林院散馆,官至道台	四品
孔傅堂	进士	官至思南府知府	四品
孔傅炯	进士	官至江宁布政使	二品
孔继涵	进士	官至户部主事	六品
孔广森	进士	翰林院散馆,检讨	七品
孔昭虔	进士	翰林院散馆,官至贵州布政使	二品
孔继鸿	进士	官至知县	七品
孔继墤	进士	官至户部主事	六品
孔昭显	进士	官至知县	七品
孔傅钺	进士	官至吏部主事	六品
孔昭慈	进士	官至兵备道	四品
孔昭然	进士	官至知州	五品
孔庆镠	进士	官至贵州按察使	三品

---

① 职官录:卷 95 [Z]. 宣统刻本,218.

姓名	功名	职位	官品（不分正从）
孔庆钰	进士	官至知县	七品
孔宪毂	进士	翰林院散馆，授员外郎	五品
孔昭淶	进士	官至知县	七品
孔继钰	进士	官至知县	七品
孔宪曾	进士	翰林院散馆，授翰林院编修	七品
孔祥霖	进士	官至布政使	二品
孔繁僕	进士	官至知府	四品
孔昭倩	进士	官至候补知县	七品
孔庆墫	进士	官至知县	七品

资料来源：爵秩全览：卷85，光绪刻本；职官录：卷95，宣统刻本；来新夏主编.清代科举人物家传资料汇编［M］.北京：学院出版社，2006；李进莉，潘荣胜编著.清代山东进士［M］.济南：齐鲁书社，2009；王功仁主编.山东省科考名录汇编·清代［M］.北京：华文出版社，2005.

表4　吴县孔氏与南海孔氏进士宦绩

姓名	功名	职位	官品（不分正从）
孔传大	进士	官至知县	七品
孔继勳	进士	翰林院散馆，编修，候补知府	四品
孔广镛	举人	官至刑部郎中，以道员选用	四品
孔广陶	举人	官至郎中	五品
孔昭莱	举人	官至吏部员外郎	五品
以上为南海孔氏，以下为吴县孔氏			
孔昭晋	进士	礼部主事，奉部派往日本考察	六品
孔昭乾	进士	刑部主事，奉部派为英、法游历官	六品

资料来源：缙绅全书：卷82，光绪三十二年，荣禄堂刻本；孔繁文.南海历代进士［M］.//南海衣冠.中山大学出版社，2011；来新夏主编.清代科举人物家传资料汇编［M］.北京：学院出版社，2006；爵秩全览：卷92，宣统二年刻本.

通过以上对孔氏家族内大、中、小三种规模的科举家族成员仕宦状况的分析可知，虽然三类"科举家族"在科举功名和家族规模上存在差异，但就他们个人的宦绩而言，并没有太大的差异与不同，更多的人集中于四品至七品官阶之间，可视为中层官僚。虽然在曲阜孔氏内有官至布政使、按察使者，但并没有人位至封疆大吏，这是职位的提升更多的与个人政绩相关以逐步迁转所至，和他们的曲阜孔裔家族背景联系较少。在文化方面，虽然曲阜孔广森在清代享有盛名，但其他地方的孔氏族人同样进行着学术文化活动，并赢得声望。因此，就宦绩而言，孔氏大宗族内三种模式的"科举家族"，并没有因为家族形态而有太大的差异。

三、"科举家族"与婚姻网络

在科举时代，婚姻网络的构建实际上对男性家族而言具有重要意义，这不仅体现在社会地位的提升，也体现在政治资源的集中和对科举功名的追求方面，诚如韩明士在对江西抚州精英家族研究后所得出的观点①。因此，作为地方精英家族的曲阜孔氏、吴县孔氏、南海孔氏以及天津孔氏等，不仅在婚姻选择上要考量双方政治因素，也需要权衡文化背景和科举功名，从而构建起有利于双方家族稳定发展的婚姻网络。本节仅就孔氏家族婚姻策略中的地域性、"门当户对"理念和功名与地位的交织做出分析，而婚姻网络中直接作用于举业的授业师留待下节探讨。

（一）曲阜孔氏家族的婚姻网络

根据对现有史料的梳理，三种规模的科举家族在婚姻策略上不尽相同。就曲阜孔氏而言，笔者认为在婚姻策略上大致可归纳为两种模式，一种为本支先祖在数代内无承袭衍圣公爵位者。在这一模式下，其婚姻网络更多是由科举功名和宦绩决定的，与家世联系较少，历代所选择婚配的家族与功名情况比较稳定，妻族内部也多有贡举功名持有者且宦绩大体相当。这种模式以孔宪曾一系为代表。另一种模式为本支先祖数代内有承袭衍圣公者且承袭代数不同。如孔宪毅先祖承袭衍圣公一世，孔庆墧先祖承袭衍圣公二世，而孔祥霖先祖承袭衍圣公多达五世。由于衍圣公是清代世袭贵族群体之一，具有无与伦比的影响力和超品爵位，因此衍圣公的联姻模式呈现清代贵族高门的典型特点。但是当脱离衍圣公世系后，本支族人的婚姻策略则会回归普通"科举家族"的联姻策略，

---

① Hymes, Robert. *Statesmen and Gentlemen: The Elite of Fu-Chou Chiang-Hsi, in Northern and Southern Sung* [M]. Cambridge: Cambridge University Press, 1987.

更多地以功名和宦绩作为考量因素。承袭的衍圣公代数越少，则越早以科举功名进行联姻策略的选择依据；而承袭的衍圣公代数越多，则婚姻网络前后落差越大。不过相比吴县孔氏、南海孔氏和天津孔氏，曲阜孔氏的婚姻网络依旧具有优势，很多妻子家族来自全国性的望族，父、兄官职较高，有官至左都御史、布政使者，展现出曲阜孔氏政治与科举互相转换和促进的关系。在婚姻选择的地域策略上，曲阜孔氏兼具地域性和跨地域性特点，这一点也是曲阜孔氏婚姻网络与迁出后的吴县、南海等孔氏家族所不同之处，后者更多与本地望族婚配，构建起地方网络。这一区别体现出曲阜孔氏家族的政治影响力和声望不局限于济宁一地，而是在山东省内和全国均享有无可比拟的声望和政治优势。

具体而言，孔宪曾家族的婚姻网络是本支数代内无承袭衍圣公者的代表，因此孔宪曾一脉更多地凭借科举功名开展联姻选择。从孔传炯至孔宪曾五代人中有3位进士、1位举人，而妻族中有进士2人、贡生2人，双方功名和宦绩大体相当，而孔氏较妻族功名稍优。孔宪曾的高祖孔传炯有进士功名，官至布政使，妻父李时荫具有岁贡功名。曾祖孔继申没有功名，而妻族宦绩较优——妻子苏氏之父苏如轼任职知县，妻兄苏景思官刑部员外郎。祖父孔广禧有举人功名，其妻梅氏的祖父梅珏成是康熙朝进士，翰林院编修，官至都察院左都御史，身后获谥号"文穆"；梅珏成的祖父为梅文鼎，曾受康熙帝和朝中大臣李光地等人赏识，可以说梅氏是安徽宣城地方望族；梅氏之父为乾隆副贡生。实际上孔继申和孔广禧两代，姻亲家族对于维系孔氏本支的声望和地位具有帮助作用，而到孔昭慈、孔宪曾两代，则这种态势凭借连续的进士功名得以扭转。孔昭慈为道光朝进士，其妻杨氏，妻父、兄均为生员功名。孔宪曾本人则娶妻张氏，妻祖父有贡生功名，妻父为进士张荣祝，官至工部郎中，妻叔父辈还有举人1名、生员1名①。孔宪曾家族联姻的妻族地域多以济宁当地望族为主，如苏如轼家族和张荣祝均籍属济宁直隶州，符合清代"科举家族"以地域作为联姻选择的特点②，但同时也有跨地域的选择，如与安徽宣城梅氏联姻。

在本支先祖有一世衍圣公承袭者，以孔宪毅为代表。孔宪毅的太高祖为衍圣公孔毓圻，妻张氏为籍属河北涞水的兵部尚书都察院右副都御史张铉锡之女；

① 来新夏主编. 清代科举人物家传资料汇编：第8册［M］. 北京：学苑出版社，2006：229-238.
② 王学深. 清代福州府科举家族初探——以洪塘鄂里曾氏为中心［J］. 福建师范大学学报（哲学社会科学版），2016（2）：140-150.

继妻叶氏籍属江苏昆山，为太常寺卿叶重华的孙女，山东按察使司副使、分巡济南兵备道叶方恒之女；次妻黄氏籍属大兴，为陕西巡抚都察院右副都御使黄尔性的孙女，福建长汀县知县黄华实之女。以上婚配网络均具有典型的衍圣公贵族高门的婚姻特点。当然，作为全国性的贵族和山东最为著名的望族——曲阜孔氏，特别是直系有衍圣公的婚姻网络，较没有承袭衍圣公的孔氏家族更会超越地域限制，与清朝各地名门望族联姻。虽然孔宪毂的高祖孔传钲并没有承袭衍圣公爵位，也无科举功名，但他依旧能够凭借家世和正一品荫生的特权，与康熙朝名臣东阁大学士、吏部尚书籍属湖北汉阳府的熊赐履联姻，娶其女熊氏为妻。这两代婚姻状况充分体现了在康熙朝崇儒尊理的背景下，曲阜孔氏不仅具有衍圣公的政治声望，而且在婚姻网络上也能多与当时理学名臣联姻的事实，将世袭的家世背景与政治权势进一步紧密结合。

至孔宪毂的曾祖孔继涵一辈则失去了衍圣公光环的荫蔽，取而代之的是在科举功名的方面渐显，实现了以科举功名对政治与社会声望的再复制。孔继涵拥有进士功名，娶山东道监察御史孙绍基之女为妻。祖父孔广闲没有科举功名，娶浙江乌程县知县宋瑞金之女。其父孔昭焜，获举人功名，其妻陶氏的祖父陶澎有贡生功名，妻父陶桄为监生，妻弟陶樑则为嘉庆进士，官至礼部侍郎，而且族中尚有多人拥有官职。陶氏为江苏长洲望族，如陶樑，不仅在朝居高位，而且是乾嘉道时期著名的词人，具有学术上的名望。因此，曲阜孔氏的婚姻网络不仅在科举功名方面相匹配，在声望方面后者也有过之而无不及。孔宪毂本人的婚姻策略同样兼顾本地和跨地域婚姻，孔宪毂所娶妻牛氏，是山东兖州府名士、曾荐举博学宏词科、雍正朝进士牛运震之曾孙女，妻祖父为生员功名，而至妻父一辈科举功名者为贡生 1 人、生员 2 人。孔宪毂的继妻武氏的家族来自陕西，妻曾祖为贡生，祖父辈有举人 1 人、贡生 1 人，妻外祖父冯兆岷为乾隆朝进士①。可以说，以孔宪毂家族为代表，虽然祖上有一代承袭衍圣公者，但由于世系延续不久而较早地失去政治上的优势与特权，较快速地回归到常规化的"科举家族"形态，凭借功名和宦绩，以地域性兼跨区域为原则，交织起自己的婚姻网络。

曲阜孔氏本支直系先祖有二世承袭衍圣公，以孔庆塎为代表。孔庆塎太高高祖为衍圣公孔毓圻，婚姻网络可见孔宪毂一脉所述。太高祖孔传铎同样袭封衍圣公，妻王氏，为保和殿大学士礼部尚书王熙之女，李氏为刑部侍郎李迥之

① 顾廷龙. 清代朱卷集成：第 19 册 [M]. 台北：成文出版社，1992：355-366.

女。这两世由于是衍圣公世系，婚姻同样呈现出与门第严格匹配的高门联姻特点，且孔氏婚娶的对象也都是当时朝中的重要人物。例如，王熙作为汉族大臣为顺治帝所信任，曾代为起草末命，这也展现出曲阜孔氏通过婚姻网络在清初的政治权势的延伸。这一时期，孔氏婚姻网络因衍圣公的影响力和名望展现出超地域性的特点。

在脱离衍圣公世系后，孔庆塎一脉的婚姻网络较之前衰落不少，但依旧维持了典型"科举家族"的特点，其妻族也多有科举功名持有者，宦绩与孔氏相近。孔庆塎的高祖孔继涑和孔继汾均有举人功名，分别娶盐运使王图炳（举人）之女和海宁翰林院编修许焞之女。前者为松江望族王鸿绪家族，后者为海宁地方望族，可见曲阜孔氏这一代还是维持了科举功名、家族声望和宦绩相结合的特点，且同样具有跨地域的特点。曾祖父孔广廉和本生曾祖孔广规二人功名不显，后者仅获贡生功名。孔广廉娶妻李氏，为浙江温处兵备道李琼之女。祖父孔昭芬无科举功名，其联姻策略也一改联姻文官家族的传统，两次和武官家庭的惠氏家族联姻。先娶惠氏，其父职官为世袭轻车都尉，候补参将，而后娶惠氏为总兵惠昌耀之女。孔庆塎的本生祖父虽无科举功名，却娶曲阜县知县李士玉之女，以及两淮盐运使刘运之女，体现了曲阜孔氏与本地政治资源的紧密联系。父孔宪恺有贡生功名，娶单县朱氏。妻父朱世德为举人功名，候补知府加道衔，同辈中还有1人为贡生。① 但从孔庆塎的曾祖辈始至父辈止，孔氏所联姻的妻族的功名和宦绩较孔氏为优，本支孔氏这一时期无进士，举人2人、贡生2人，而妻族成员中进士1人、举人2人、贡生1人。直至孔庆塎获中进士后，这种态势稍有改变。

孔庆塎先娶妻聊城傅氏，妻祖父傅继勋虽仅有贡生功名，但宦绩较显，官至安徽布政使，妻父傅澍也获举人功名，官至内阁侍读，而妻弟傅昉安也同样获有举人功名。继娶周氏，妻祖、父也分别拥有举人和贡生功名。通过以上孔庆塎本支家族的婚姻网络，体现了孔氏族内大型"科举家族"门当户对的婚姻策略。就婚姻网络的地域性而言，在衍圣公世系跨地域性策略后，选择科举功名和宦绩相称的家族成为孔氏婚姻选择的主要考量，打破了济宁的地域限制。虽然在承袭衍圣公二世后，本支孔氏更多地以科举功名维系家族声望，但所婚配的妻族也都是名门，且家族功名和宦绩均比孔氏有过之而无不及，展现出大型科举家族功名和婚姻延续数代的稳定性。

---

① 顾廷龙. 清代朱卷集成：第221册 [M]. 台北：成文出版社，1992：201.

　　家族内五世承袭衍圣公者，当以孔祥霖为例。孔祥霖的先祖孔毓圻、孔传铎、孔继濩、孔广棨、孔昭焕连续五代先后袭封衍圣公，比以上 3 人的政治优势和婚姻高门特点再延续数代。孔毓圻和孔传铎的婚姻网络已在孔庆塎和孔宪毅脉系中述及，孔继濩妻王氏为刑部郎中王克昌之女，孔广棨妻为礼部右侍郎何宗国之女，孔昭焕妻陈氏和程氏分别是文渊阁大学士、工部尚书陈世倌的孙女和吏部右侍郎程巖之女。当本支孔氏族人脱离衍圣公爵位后，孔祥霖一脉则失去了衍圣公的光环，但家族的名望还是将婚姻的成功延续至下一代。曾祖孔宪珪、嗣本生曾祖孔宪均和本生曾祖孔宪堃 3 人均凭借家世拥有恩贡功名，前者娶翰林院编修、高中乾隆乙未科会元的严福之女，依旧可以看出曲阜孔氏在政治与科举功名之间相互转换的特点与促进作用。至孔祥霖祖父一代，科举功名成为维系家族成功的凭借。孔祥霖的本生祖父孔庆钰为道光进士，娶妻李氏为湖北巡抚李封的曾孙女、工部李钤之孙女，妻父也获有廪贡功名，是典型的科举家族间的联姻特点。到其父孔繁渥一代则联姻网络进一步下移，其父虽拥有举人功名，但妻族何氏科举功名不显，虽多人出仕为官，但更多的为州县地方官。至孔祥霖，娶妻宓氏，为候补知县宓遐龄之女，也不见妻族有科举功名记载①。

　　以孔庆塎和孔祥霖两支为例，清晰地展现出曲阜孔氏作为衍圣公后裔科举功名与政治权势的交织，这一特点不仅在上文的本支科举功名方面有所体现，也在本节所述的婚姻网络中再次展现与印证。曲阜孔氏进士群体所联姻的家族中，很多人获有举贡以上功名，而且多为三品官衔以上的上层官僚家庭。这种科举功名的成功和妻族功名与宦绩的连续性，是其他孔氏"科举家族"所不具备的。但是随着"衍圣公"承袭光环的消逝，孔氏家族仅凭科举成功所婚配的妻氏家族呈现出逐渐代际衰减的态势。

　　（二）江苏吴县与广东南海孔氏家族的婚姻网络

　　在了解过大型科举家族曲阜孔氏的婚姻网络后，我们可以再来比较一下中型科举家族的婚姻策略。江苏吴县孔氏的婚姻网络则完全凭借功名与宦绩决定，较少有跨地域婚姻，更多地以本地"门当户对"的家族作为首选对象。这种选择与清朝很多科举家族的策略一致，因无持续性的政治权威，所以这些中等规模的"科举家族"将目光更多投向地方，以功名和婚姻维系双方在地方上的名

---

①　顾廷龙. 清代朱卷集成：第 43 册［M］. 台北：成文出版社，1992：351-361.

望再复制。

吴县孔氏孔昭晋的高祖孔毓义虽为奉祀生，但没有科举功名，所娶施氏为苏州本地康熙朝进士施昭廷之女。本生高祖孔毓智有低级别的监生功名，所娶两位金氏妻子的族中虽有为官者，但科名不显。曾祖孔传升没有功名，而妻子席氏家族也没有功名持有者。本生曾祖孔传洛获举人功名，妻金氏之父仅有监生功名。以上两代孔氏和联姻家族无论在功名和宦绩方面均不突出，充分体现了科举功名是吴县孔氏社会地位上升的重要凭借。

孔昭晋的祖父孔继泉有贡生功名，到这一辈时，其婚姻选择变得较为成功，对于提升本支孔氏在吴县的地位有所帮助。孔继泉所娶顾氏的父亲顾震和叔父顾时雷均有举人功名，是苏州本地望族。在顾氏同辈中还有举人 1 人、监生 1 人，而在侄辈中有举人 2 人，一人为按察使衔署布政使顾肇熙，另一人是任外务部右侍郎的顾肇新。① 孔广源和孔昭晋两代虽有进士功名，但在他们的婚姻网络中，所娶的张氏、柳氏和唐氏家族中均没有举人以上功名持有者，更多的为生员和监生功名，体现了所婚配家族仅为地方业儒之家。作为有同祖父的堂兄弟，孔昭乾虽然比孔昭晋早中进士，但其父孔广渊和孔昭乾本人的婚姻网络与孔昭晋几乎一致，所娶的韩氏与陈氏家族也都是仅有生、监功名持有者。实际上，吴县孔氏家族的婚姻状况从一个侧面也反映出，在孔昭乾和孔昭晋兄弟双双中进士使吴县孔氏一跃成为地方科举名族之前，吴县孔氏的力量相对薄弱，经过家族数代的努力与积淀才最终转化为科举成功，而二人的祖父孔继泉婚姻的成功对于这一支家族的发展当有促进作用。

作为本文所述的另一个中型科举家族，虽然南海孔氏进士朱卷已经湮没不存，但进士孔继勋之孙孔昭仁的乡试朱卷信息同样可以帮助我们还原南海孔氏的婚姻网络。从孔昭仁的朱卷信息看，南海孔氏的婚姻网络同样以本地望族作为婚姻策略，而较少有跨地域婚配者。孔昭仁的曾祖孔传颜有贡生功名，所娶罗氏的家族却没有名望，家族内也无功名获得者，展现出此时南海孔氏尚非地方望族的事实。但随着孔继勋的高中进士，南海孔氏的婚姻状况大为改观。孔继勋娶妻许氏，同为广州本地人，妻族同辈兄弟中有进士 1 人（许祥光）、举人 1 人、贡生 1 人、监生 1 人，体现了妻族许氏的科举成功。其中，宦绩较为突出者为妻弟许祥光，他在中进士后逐渐升迁至广西按察使。父孔广陶有监生功名，富于收藏，在当地颇有名望，娶妻李氏为固始知县李应昌之女。这一时期的南

---

① 顾廷龙. 清代朱卷集成：第 89 册 [M]. 台北：成文出版社，1992：97–102.

海孔氏，因孔继勋、孔广镛、孔广陶在功名、事功上的成功，已经跃升成为当地望族，而婚姻策略的成功也对这一转变有提升作用。孔昭仁本人有举人功名，其妻俞氏家族中同样有举人功名获得者，且宦绩较优，以建昌道署按察使俞文诏和候补道俞文谦为代表，已成为中上层官僚家庭。

（三）直隶天津与湖南长沙孔氏家族的婚姻网络

在了解了曲阜孔氏和吴县孔氏、南海孔氏后，现在将目光投向小型科举家族天津孔氏和业儒家族长沙孔氏。他们的婚姻网络不仅以地域为原则，而且在婚配家族选择方面科举功名也大多并不显著，宦绩则以地方下层官僚为主体。天津孔传勳的祖父孔春熙和父亲孔聚贤（原名孔毓培）二人均没有功名，但考察他们的婚姻网络，则会发现他们妻子的家族功名与宦绩优于孔氏族人，这对于增强天津孔氏在地方的地位有一定帮助。孔传勳的朱卷分别记载了三代孔氏配偶的信息，而每一代孔氏配偶会记述 3~4 代妻族科举功名信息，这对于更好地理解婚姻网络的形成和还原妻族的样貌具有重要帮助。第 66 代孔春熙的妻子陈氏之父为举人，叔伯辈有岁贡生 1 人。陈氏同辈男性有举人 2 人、岁贡 1 人、生员 1 人。陈氏甥侄辈有举人 1 人，有生监功名者 5 人，任职多为地方知县、教谕和教职。第 67 代孔聚贤娶妻李氏，其兄长也享有岁贡功名，任职地方低级别训导等。孔传勳本人所娶娄氏的曾祖有举人功名，而其祖、父辈共 4 人获生、监功名，宦绩较突出者官至知府。① 通过上面陈氏家族的信息可见，孔春熙虽然没有科举功名，但是其妻子陈氏家族连续三代均有举贡以上科举功名，可列入当地"科举家族"之列，妻族的科举功名较孔氏稍显。而李氏和娄氏家族中也都有举贡功名获得者，且妻族男性宦绩轨迹逐渐上升，但以地方官员为主。这一婚姻网络对于提升天津孔氏家族的社会地位，融入地方社会，特别是孔春熙和孔聚贤两代，具有帮助作用。此外，这一婚姻网络对于孔传勳成功考中进士也应起到过促进和推动作用，但天津孔氏家族相较于传统天津社会望族有一定的差距。

在上文叙述长沙孔氏家族的科举功名时，笔者已经提出长沙孔宪教本支科举功名并不显著，尚与"科举家族"这一称谓有一定的差距，其本支祖父孔广熙虽然是圣庙四品执事官，但并没有科举功名。考本支孔氏妻族科举情况则与孔氏类似，同样并不显著。孔宪教本支祖父孔广熙妻李氏之父为监生功名，而

---

① 来新夏. 清代科举人物家传资料汇编第 98 册 [M]. 北京：学苑出版社，2006：199-204.

本生母罗氏之父同样是监生功名，而妻族官职最高的仅为六品衔县丞。由此可见，孔氏父祖两代妻族不仅科举功名不显著，妻族仕宦情况也差强人意，所以也只能称为"业儒家族"。到孔宪教本人这一代，他所娶吴氏的家族则科举功名稍显，这与孔氏本支情况类似，也凸显了社会基层的小型家族同样怀有"门户相对"的婚配理念。吴氏兄长中有举人 1 人、监生 2 人，侄辈中监生 1 人，其兄吴元浩任职河南汝阳武安、襄城知县。就科举功名和仕宦而言，实际上两代举、贡功名与孔宪教本人进士功名相仿，但孔氏和妻族两个脉系所获科举功名均欠缺持续性和稳定性，与曲阜孔氏和吴县孔氏、南海孔氏存在较大落差，与小型科举家族直隶天津孔氏的婚姻网络比较，也存在一定距离。通过以上对小型"科举家族"和"业儒家族"的婚姻网络做分析可知，孔氏科举家族的规模和科举功名的获得情况，与其婚姻关系和妻族科举功名情况呈正相关的关系，不仅功名情况类似，妻族成员的宦绩也与孔氏族人相仿，体现了孔氏家族内部"门当户对"的婚姻理念，更说明了婚姻网络的建立与孔氏家族内部科举功名的关联。

综上所述，曲阜孔氏的婚姻状况展现出大型科举家族的特点，无论本支先祖是否有承袭衍圣公者，其联姻家族在科举功名和宦绩方面均有持续性和稳定性的特点。虽然科举功名在衍圣公光环退却后，同样是曲阜孔氏维系家族成功的重要凭借，但相较江苏吴县和南海孔氏的联姻更多地以科举功名作为决定性因素而言，曲阜孔氏的家世、声望和功名均发挥着影响作用。就联姻和功名的持续性和稳定性而言，曲阜孔氏较吴县和南海孔氏家族为优，也体现出大型科举家族维系的成功。曲阜孔氏因为享有全国性的声望，因此婚姻网络跨地域性特点更为突出，往往超越济宁直隶州和兖州府的范围，在全省和全国进行婚配比地方性科举家族范围更大。

此外，虽然在上文中提及了三种模式下不同地域孔氏自身的宦绩大致相同，随着婚姻网络的形成却导致妻族成员在宦绩上的差异。曲阜孔氏的妻族中存在很多官至三品以上的成员，如大学士、尚书、左都御史、侍郎、布政使和按察使等，甚至在朝廷中具有重要的影响力，但吴县和南海孔氏的婚配因以地方性为原则，因此妻族成员的宦绩也多以地方官为主，其中以州县官和知府、道台官职为主，可视为中层官僚，与曲阜孔氏婚配的上层官僚家庭存在一定差距。再如天津和长沙孔氏，由于本支家族相较于上两种家族规模为小，他们的婚姻网络构建不仅以地方作为着眼点，而且妻族成员的宦绩也多是知县、教谕、训导等地方下层职位。通过不同地域孔氏家族婚姻网络的比较与分析，再次展现出大、中、小型科举家族的差异，而妻族成员的宦绩也以上、中、下层官僚相匹配。这种差异不仅反映在科举功名和宦绩的代际传递上，也体现在婚姻网络的构建和选择策略方面。

四、"科举家族"的学业网络——以授业师群体为例

在上文中，笔者对孔氏大宗族内部的三种科举家族形态按照科举功名、宦绩和婚姻网络三部分做了分析，而本小节以现存朱卷信息中孔氏族人授业师这一群体再做进一步探讨。通过笔者对于孔氏进士授业师群体的梳理发现，三种规模的科举家族的授业师群体都有着较好的科举功名，这对于孔氏族人在"千军万马过独木桥"的层层科举考试体系下，最终杀出重围有很重要的帮助作用。同时，家族内成员和姻亲网络中的族人也有多人是授业师群体汇总的一员，这对于孔氏族人追求举业成功、维系家族功名和政治资源的稳定性具有重要意义。值得注意的是，由于大型科举家族中拥有功名的家族成员和姻亲较多，故授业师中这些成员占比较高，而小型科举家族由于科举功名相对欠缺稳定性，这一比例较低。

首先，在现存的 4 位曲阜孔氏进士的朱卷中共载有明确为授业师者 37 人，其中进士 5 人、举人 11 人、贡生 5 人、生监功名持有者 12 人。这一规模的授业师群体无论从持有的功名上，还是从部分授业师的宦绩上而言，都比下文将要述及的吴县孔氏、南海孔氏进士的授业师群体为优。在授业师这一群体中，孔氏本族族人为授业师者达 7 人，而且很多具有举、贡功名，如孔广电、孔宪谨、孔宪留等，这对于促进整个曲阜孔氏家族在举业上和政治资源上的持续成功具有重要的帮助作用。此外，姻亲网络中的成员作为授业师者 4 人，以孔宪曾岳父具有进士功名的张荣祝和孔祥霖的太表伯举人郑宪铨为代表。姻亲成员作为孔氏成员的授业师，无疑再一次证明了婚姻网络对于孔氏本支家族的促进作用。家族成员和姻亲两者皆为授业师者共 11 人，占总授业师的比例为 29.7%。另外，需要注意的一个现象是，在孔宪毅的授业师中有 3 位是他的"年伯"。换言之，因本支先祖孔继涵和孔昭焜先后考中进士和举人功名，由此所构建起的科举网络也对孔宪毅本人的举业有着帮助作用。这三 3 位年伯中有 1 位进士、2 位举人，由此也可以想见，他们将个人举业成功的经验传授给孔宪毅所带来的帮助作用。

4位曲阜孔氏进士的授业师兹录如下：

孔宪曾的授业师8人，其中进士3人、举人1人、贡生1人、生员3人。授业师中无孔氏族人，姻亲成员为授业师者包括母舅杨金墀、岳父张荣祝。①

孔庆塕的授业师4人，其中进士1人、举人2人、贡生1人。②

孔祥霖的授业师10人，其中举人5人、贡生2人、生员3人。授业师中家族成员5人，分别是孔广电、孔广璞、孔广雷、孔宪留、孔宪璜，其中4人持有举贡功名，姻亲成员1人，为太表伯举人郑宪铨。③

孔宪毂的授业师15人，其中进士1人（翰林）、举人3人、贡生1人、生员6人。家族成员为授业师者2人，分别为孔昭昀和孔广虑，均为生员。姻亲成员1人，为姑丈方世振。年伯3人，举人范承愿、举人尹肇棨、进士刘耀椿（翰林）。

其次，广东南海和江苏吴县的孔氏进士的授业师情况与曲阜孔氏类似，不仅授业功名较显，而且家族和姻亲成员对于他们的高中同样具有推动意义。由于孔继勳的进士朱卷不存，本处以孔昭仁的乡试朱卷信息分析，同样可以展现南海孔氏授业师的情况。南海孔继勳、孔广镛和孔广陶3人不但有科举功名而且从事实业，家族中不仅有科举和政治资源，而且在经济方面较优，这对孔继勳之孙、孔广陶之子孔昭仁在聘请授业师，维系科举功名方面具有重要帮助作用。

具体而言，孔昭仁的授业师共20人，其中19人有科举功名，只有蒋益沣功名不显，但宦绩较为突出。在19位拥有科举功名的授业师中，进士9人（5人为翰林）、举人5人、贡生3人、生监2人，而家族和姻亲占授业师的比例是10%。④ 其中，家族成员为授业师者是咸丰朝进士——作为曲阜孔氏家族成员的孔昭洓，并在授业师上标注"家润周夫子"字样⑤，凸显了二者同族同宗的事实，也由此展现出南海孔氏和曲阜孔氏二者的互动与联系。姻亲成员作为授业师者1人，为孔昭仁的表伯许应骙，时任翰林院左庶子，后官至礼部尚书，再次展现出婚姻网络对于孔氏成员举业的帮助作用。相较于广东南海孔氏而言，

---

① 顾廷龙. 清代朱卷集成：第39册［M］. 台北：成文出版社，1992：311.
② 顾廷龙. 清代朱卷集成：第221册［M］. 台北：成文出版社，1992：202.
③ 顾廷龙. 清代朱卷集成：第43册［M］. 台北：成文出版社，1992：356-358.
④ 来新夏. 清代科举人物家传资料汇编：第70册［M］. 北京：学苑出版社，2006：61-65.
⑤ 来新夏. 清代科举人物家传资料汇编：第70册［M］. 北京：学苑出版社，2006：65.

吴县孔氏的授业师群体规模则较小，现存孔昭乾和孔昭晋二人的授业师记载仅 7 人，其中举人 2 人、贡生 1 人、生员 3 人。特别是孔昭乾，仅有授业师 1 人，为举人赵钧，而孔昭晋的授业师共 6 人，举人 1 人、贡生 1 人、生员 3 人，而族内授业师为拥有举人功名的堂叔孔广钟，族人作为授业师的比例为 14.3%。

作为小型科举家族的代表，天津孔氏孔传勋的授业师规模反而颇为可观。据其朱卷所载，共记录有授业师 15 人，其中进士 5 人、举人 6 人、生员 2 人，而家族成员为授业师者，是拥有生员功名的胞兄孔传时，占授业师的比例为 6.7%①。这一授业师网络从一个侧面可以看出，孔传勋祖上虽然科举功名并不十分显著，但在天津地方还是具有一定的声望和经济基础的，家族可以为孔传勋聘请更多的名师以研习举业从而科举成功。与小型科举家族尚有一定距离的"业儒家族"——湖南孔氏的孔宪教，虽在朱卷信息中载有授业师 62 人，但很多实际上为受知师，且并没有记载他们的功名情况。在授业师中，包括族人 3 人，为孔昭麟、孔昭型和孔广萼，姻亲成员 1 人，为姻丈文德孚。

综上所述，通过探讨三种规模科举家族的授业师群体，可以发现大致有以下两个特点：第一，无论是曲阜孔氏、南海孔氏还是天津孔氏，他们的授业师群体在科举功名和规模方面都较为出色，这也直接作用于授业者身上，为他们的举业成功提供帮助，更从一个侧面展现出各自在地方享有的威望和经济基础。第二，在授业师群体中，本支族人和姻亲是重要组成部分，直接体现了家族科举功名的显著与否和婚姻网络在举业上的促进意义。虽然三种规模的科举家族都有一定比例的族人和姻亲充任授业师，但各自占比不同，越大型的科举家族，族人和姻亲成员占授业师的比例越大；反之，则越小。

结语

本文以"科举家族"概念探析了清代孔氏进士群体，对以曲阜孔氏为代表的大型科举家族，以吴县孔氏和南海孔氏为代表的中型科举家族，以天津孔氏为代表的小型科举家族和以长沙孔氏为代表的"业儒家族"进行了分析。清代孔氏进士群体作为广义上同宗同源的大宗族，呈现了不同形态的科举家族形态，也凸显了孔氏家族的庞大和特殊的社会地位。本文就孔氏大宗族内部的三种科举家族的举业功名、宦绩、婚姻网络与授业师群体构成等内容进行了比较分析，

---

① 来新夏. 清代科举人物家传资料汇编：第 98 册 [M]. 北京：学苑出版社，2006：202-203.

各自展现出了不一样的特点，这是对《清代朱卷集成》中进士家族背景深化研究的一种尝试。

就举业而言，以曲阜孔氏为代表的大型科举家族功名较为显著，家族中世代从事举业和拥有科举功名的族人较多，特别是曲阜孔氏拥有的政治优势也直接转化为科举功名，如上文中所述及的恩贡功名就是典型代表，形成了比较稳定的科举功名代际传递。以吴县孔氏和南海孔氏为代表的中型科举家族在科举功名上代际间较为稳定，家族规模适中，世代从事举业的绝对人数和功名持有者不如曲阜孔氏众多。直隶天津孔氏家族是小型科举家族的代表，不仅家族规模较小，持有功名者人数较少，功名代际稳定性不强，勉强满足科举家族的三个条件。而长沙孔氏家族则为"业儒家族"模式，其家族规模和功名持有状况与天津孔氏尚有一定差距，虽有进士功名持有者，但属于数代业儒的偶发状况。

就宦绩而言，本文所比较、分析的几种科举家族中的成员类似，没有明显差异，以四品至七品官衔居多，符合清代进士群体总体宦绩轨迹，并没有因为作为衍圣公后裔而有所差别。但曲阜孔氏家族中有三品以上职位者，较其他地域孔氏家族为优，不过没有位至封疆大吏者，也展现出虽然家族声望和权势对于科举功名转换有所帮助，但对于仕进的攀升、帮扶作用较少。

就婚姻网络而言，三种规模的科举家族的策略大致相同，均以"门当户对"作为各自家族的婚配原则，只是在妻族的社会地位、宦绩、功名等方面存在着与家族规模的正相关特点。曲阜孔氏家族的婚配家族社会地位较高，妻族成员宦绩很多，为三品以上的上层官僚，同时在科举功名方面具有优势。与之同时，曲阜孔氏在婚姻家族的选择上以兼有地域性和超地域性为特点，既侧重山东地方家族的选择，也会选择很多全国范围内的精英家族进行联姻。这一特点既与曲阜孔氏的声望和地位有关，也与他们功名较显息息相关。吴县孔氏和南海孔氏的婚姻网络构建以地域性为主要原则，以府、州、县作为联姻范围，意图构建和提升本家族在地方的网络与声望。作为中型规模的科举家族，二者的联姻对象家族的功名较为稳定，与吴县孔氏和南海孔氏不相上下，两支妻族的宦绩也以四品至七品的中层官僚为主，符合中等规模科举家族的婚配模式。天津孔氏和长沙孔氏的婚姻网络更加着眼于本州县家族，进行联姻，妻族功名并不突出且缺乏稳定性，而宦绩更多的以知县、县丞、教谕、训导等下层官僚作为主体。总而言之，婚姻网络与家族规模呈现较为一致的波动状况。

就授业师群体而言，曲阜孔氏和其他孔氏家族在功名选择上较为一致，功名持有者占有很高比例，这不仅是家族声望的体现，更与家族经济状况有关，而这些授业师也对促进孔氏族人中举发挥着重要作用。与之同时，通过对授业师群体的分析，也体现出了家族成员和姻亲成员对于本支孔氏族人举业的重要帮助作用。族人和姻亲作为授业师在整个群体中的占比，与科举家族规模呈正相关关系，并依次下降，从曲阜孔氏的占比29.7%，到吴县孔氏的14.3%和南海孔氏的10%，再到天津孔氏的6.7%。

综上所述，通过对清代孔氏进士群体以"科举家族"的视角进行比较分析，有助于我们对于各地孔氏家族的发展形态、迁徙状况和科举流动性问题有更为全面的了解，进而对"科举家族"的规模分类、代际名望的延续与复制、科举功名与政治的交互性等议题有更深刻的认知。

第四章　近代中国社会与文化变迁

晚清中国船难防救法律章程整理

赵国辉①

船舶是航行于水面上的交通工具，船难②抑或防救对象不仅来源于水面，而且尚有水下碍航物体。古代中国近海的"海山"③确曾发挥过航路标志的作用④，亦出现过"潜石覆舟"⑤的船难案例。晚清中国船难主要指西方蒸汽船东来后在海上或港口发生的灾难，已有学者关注到船难与一些重大国际交涉问题的关联。⑥亦有学者从海难史的角度，运用《申报》中有关西籍船难的记录资料，将中西船碰作为诸多船难事故的一种进行考察，为海难史的研究做了有

---

① 赵国辉，男，中国政法大学人文学院历史研究所副教授。

② 晚清之际，西船东来，船舶以蒸汽船为代表，蒸汽船的特点是动力桨在船底，而且船底窄尖。由于重量不同，船底随着排水量的大小深入水下的深浅不同。蒸汽船船难主要包括触礁灾难和船碰事故，故此本文所涉船难及其防救规章所指不包含灾荒的荒政救济部分，救助也是围绕着船舶灾事而采取的行动手段和方法。

③ 指海洋中海平面以下，突出于海底1000米以上的部分，基于山顶到海平面的距离，可将海山分为浅海山、中等海山、深海山三种，0~200米的海山为浅海山，对于船舶，特别是近代既是尖底，动力又在船底的蒸汽船影响最大，如果碰触浅海山的礁石极易发生沉船事故。

④ 明清之际，福州往来于琉球的针路是由沿线的中国海山岛屿名称标志的，并载入各种海防图籍文献，绘入海山沙舆图之内。

⑤ 《资治通鉴》记载："自安南至邕、广，海路多潜石覆舟，静海节度使高骈募工凿之，漕运无滞。"汉唐时期，今北部湾海岸地带船舶航行活跃，但水深多在40米以内，岛礁密布，浅滩绵延，船无论尺寸多大，其必须沿海岸航行，航行的船舶属于沿海船型，类似于早期的地中海航海技术。

⑥ 诸如1871年琉球宫古岛民漂流到中国台湾被杀害，日本借此于1874年出兵中国台湾，造成其后中日交涉的影响最巨，参见赵国辉. 国际法与近代中日台湾事件外交 [M]. 台北：海峡学术出版社，2010. 美国波士顿起锚的"Argonaut"在中国香港附近海域触礁，参见 The North-China Herald. February 3, 1855；郭嘉辉. 清道光前期（1821—1839）广东对海难救助之研究——以欧洲船只、船员为例 [J]. 海洋史研究，2015：02.

益补充。① 另有学者从一些个案及其地域特点探讨过事后救助章程等。② 轮船灾难的防救是一套法治体系，迄今，学界尚未对"碎片式"讨论做过完整的梳理，特别是对船舶与物理对象的关系研究，唯此才能达到真正的船难认知。蒸汽船船难的主要原因除风暴洋流外，还有触礁搁浅以及船体间碰撞等，船难防救体系事前防范则有海下礁石探测以及避碰技术等科学工作，事后对于船难的止损自然包括船体及货物财产救护和生命体救助等内容，借此制定的法律章程也存在逐渐形成以及完善的过程，拙文拟对此略做整理。

---

① 朱思斯. 船难救助与纷争——对中国水域的西籍船难事件的考察（1872—1879）[D]. 上海：华东师范大学硕士论文，2008；*The North-China Daily News*. July 28th, 1866；火船触礁. 申报. 1875 年 5 月 19 日第 2 版；*The North-China Daily News*. November 23th, 1877；各国近事. 大英：轮船触礁. 万国公报（502）. 1878：15. 东洋可士叨架轮船触礁. 申报. 1873 年 11 月 5 日第 2 版；STRANDING OF THE STEAMER "GARONNE". *The North-China Herald and Supreme Court & Consular Gazette*. July 20th, 1878；THE STRANDING OF THE S. S. "HINDOSTAN". *The North-China Daily News*. November 24th, 1879；*The North-China Daily News*. February 19th, 1877；王政莉. 新大明轮惨案 [J]. 文史天地，2009（11）：48-50；郵千明. 普济轮惨案：1918 申温线大海难 [J]. 档案春秋，2012（09）：47-49；姜龙飞. 1948 年的"江亚号"海难 [J]. 春秋，2006（02）：6-9；薛理勇. 福星轮海难追记 [J]. 航海，1995（03）：22；叶剑琳. 近代广东水上救生事业研究（1859—1925）[D]. 长沙：湖南师范大学，2020.

② 赵先昌. 民国轮船航运事故研究 [D]. 济南：山东师范大学，2019；魏姣. 1927—1937 中国轮船航运事故研究 [D]. 南京：南京师范大学，2014；赖正维. 清代琉球船漂风台湾考 [J]. 中国台湾研究，2003（4）；近代东北亚海域海难救助机制的特点及其意义 [J]. Studies of Modern World History，2009：00；汤熙勇. 清代台湾的外籍船难与救助 [M] //中国海洋发展史论文集：第 7 辑下册 [M]. 台北：中国台湾"中研院"中山人文社会科学研究所，1999；孙宏年. 清代中越海难互助及其影响略论（1644—1885）[J]. 南洋问题研究，2001（2）；修斌，臧文文. 清代山东对琉球飘风难民的救助和抚恤 [J]. 中国海洋大学学报（社会科学版），2012（1）；李少雄. 清代中国对琉球遭风船只的抚恤制度及特点 [J]. 海交史研究，1993（1）；周国瑞，陈尚胜. 清光绪年间中朝海事交涉研究（1882—1894）——以海难船只被抢为中心 [J]. 甘肃社会科学，2014（1）；周国瑞. 朝鲜对清、日海难漂流民态度比较研究（1882—1894）[J]. 山西档案，2015（4）；李善洪. 清与朝鲜间"漂民"救助问题管窥——以《同文汇考》中"漂民"文书为中心 [J]. 吉林大学社会科学学报，2015（3）；郭嘉辉. 清道光前期（1821—1839）广东对海难救助之研究——以欧洲船只、船员为例 [J]. 海洋史研究，2015（2）；张侃. 近代海洋秩序变迁与 1876 年《救护遇险船只章程》制定——兼论福建船政局的海难救助行动 [M] //杜继东，吴敏超编. 纪念福建船政创办 150 周年专题研讨会论文集. 北京：中国社会科学出版社，2019：07.

一、防触需要萌生的海图及航标章程

近代某些西方国家无视中国近海历史承续，闯入南海上的海山礁石附近，轮船触礁失事频仍，可收集到的典型案例除《申报》中有关西籍船难的记录外，尚有 1851 年 H. M. screw-ship Reynard（英国皇家螺旋桨推进船雷纳尔德）号在东沙礁附近失事①，1840 年伦敦出版的英文版《亚洲学术杂志》7 月号的杂类报道中有 "The Mars, Gardner, from Ma-nilla to China, is lost on the Prata Shoal; crew saved"。意思是：（船长为）噶德耐的火星号船从马尼拉赴华，在东沙礁失事。②

韩振华列出 1808—1817 年英国人对西沙群岛的三次测量：1808 年，"英人罗斯和莫汉（又译作穆罕）进入我西沙群岛擅自测量"；1815 年，"英船调查者号船主莫汉（又译作穆罕）潜入我中建岛进行测量"；1817 年，"英船发现号船主罗斯潜入我华光礁进行调查"③。王涛撰文的考察帕拉塞尔如何演变成为西沙群岛的过程，在背景中，曾围绕 18 世纪末至 19 世纪初西人在南海的测绘活动展开过讨论，梳理了西人对南海航线的认识与测绘调查的历程。④ 詹姆斯·豪斯伯格曾认为"牛角 Paracels"的范围被夸大，尤其是"牛角 Paracels"南端，实际存在的岛屿很少。准确定位这片航海危险区中的岛礁，有助于在东北季风期，重型货船沿内沟航线安全返航。⑤ 有鉴于此，豪斯伯格指派丹尼尔·罗斯（Daniel Ross）和菲利普·穆罕（Philip Maughan）测量西沙群岛。⑥

马嘎尔尼使团的副使乔治·斯当东（George Staunton）阐述过海中礁石对船舶的危险性："有时候船只沿交趾支那王国航行，其航线介于它的海岸与 Paracels 之间。Paracels 集中分布着众多小岛和岩礁，其形状拖得很长，从北向南约 400 英里，它是有些危险的，航行时须格外小心，否则虽然风平浪静，也会被向东

---

① Alexander G. Findlay. *A Directory for the Narigation of the Pacific Ocean*. p. 1320.

② *The Asiatic Journal and Monthly*. Miscellany, vol. 32, p. 185.

③ 韩振华. 我国南海诸岛史料汇编 [M]. 北京：东方出版社，1988：692.

④ 王涛. 从"牛角 Paracel"转为"西沙群岛 Paracel"——18 世纪末至 19 世纪初西人的南海测绘 [J]. 南京大学学报，2014（5）：35.

⑤ Howard T. Fry. *Alexander Dalrymple* (1737—1808) *and the Expansion of British Trade*. London：Routledge, 2013, p. 254.

⑥ 王涛. 从"牛角 Paracel"转为"西沙群岛 Paracel"——18 世纪末至 19 世纪初西人的南海测绘 [J]. 南京大学学报，2014（5）：44.

的海流，冲向这些礁石。"① 1727 年，亚历山大·汉密尔顿（Alexander Hamilton）在他关于交趾支那的著作中指出："东北风盛行时，南向海流强烈，引航员谨慎地靠近交趾支那海岸航行，以免驶入 Paracels 中。Paracels 由一连串危险的岩礁组成，长约 130 里格，宽 15 里格，两端有众多岛屿。岩礁之间的海流错综复杂，但没有避开危险区域的标识。"② 加布里尔·莱特（Gabriel Wright）的《航海指南》指出："Spectacles 与 Anthony's Girdle 有几块高尖石（Rocky Pyramids），在它们之间航行极其危险，一些浮出水面，其他的在 60 寻或 80 寻水域，逼近船身。"③

由此可知，西方勘测活动中的"危险区域"，显然是容易造成船难的海面下海山礁石及暗沙。为防止船舶触礁沉没，西方国家曾经以"危险区域"为目标，对中国近海海面下的海山礁石及暗沙进行勘测。

房建昌曾对近代西方的南海勘测活动做研究，一些史料已然清晰地梳理出航海志和海图的演变轨迹。南沙群岛以"危险区域"（ Dangerous Ground, Dangerous Grounds，危险地带）的名称出现在早期的英国海图里。④ 1784 年的达尔瑞姆剖⑤的"中国海滩礁列举"，首次对 1685—1784 年间以英国轮船为主测绘的南海诸岛近 80 座滩礁的经纬度和滩礁地理的描述进行了缜密的分析、整理，并且据此出版了有经纬度的海图⑥，此海图成为相当长时期内南中国海航海指南。"中国海滩礁列举"记载了从南到北 6 里格（1 里格约合 3 英里）Pratas' Shoal（东沙礁），往 Pratas Island 东有 3 里格或 4 里格，即东沙附近部分暗礁的

---

① George Staunton. *An Authentic Account of an Embassy from the King of Great Britain to the emperor of China*. London：W. Bul－mer and Co. for G. Nicol, Booksheller to His Majesty, Pall－Mall, 1797, p. 322.

② Alexander Hamilton. *A New Account of the East Indies*, *Being the Observations andRemarks*. Vol. 2, Edinburgh：John Mosman, 1727, p. 210.

③ Gabriel Wright. *A New Nautical Directory for the East-India and China Navigation*, p. 477.

④ 房建昌. 近代南海诸岛海图史略——以英国海军海图官局及日本、美国、法国和德国近代测绘南沙群岛为中心（公元 1685—1949 年）[J]. 海南大学学报（人文社会科学版），2013（4）：21.

⑤ 王涛将其翻译成亚历山大·达尔林普尔，参见王涛. 从"牛角 Paracel"转为"西沙群岛 Paracel"——18 世纪末至 19 世纪初西人的南海测绘 [J]. 南京大学学报，2014（5）：40.

⑥ 房建昌. 近代南海诸岛海图史略——以英国海军海图官局及日本、美国、法国和德国近代测绘南沙群岛为中心（公元 1685—1949 年）[J]. 海南大学学报（人文社会科学版），2013（4）：23.

勘测成果。①

英国关于南中国海自乾隆年间以来的测绘史料和航海志，介绍了霍尔斯布尔格 1821 年绘制的南沙群岛海图，研究了英国海军海图官局及日、美、法、德四国近代测绘的南沙群岛海域，即水文地理调查历史，讲述了 1866 年英国人蒲拉他士漂流东沙群岛、神狐暗沙的过程，描述了英、日 1926 年至 1939 年在南沙群岛即"危险区域"的秘密勘测，以及美、法两国在这一区域的一些秘密水文调查，将 17 世纪以来在行船航海时对南海诸岛各险礁暗沙的经纬度测定落实在海图上。霍尔斯布尔格的海图于 1821 年出版，1859 年修订版印制，1860 年英国海图 2659 号出版，19 世纪 50 年代和 19 世纪 60 年代的勘测和海图也相继发布。

1843—1846 年，英国皇家海军军舰萨玛让（三宝垄）号舰长贝尔彻游历南海，有航海记传世。② 《新译中国江海险要图志》③ 称勘测者为秘尔齐，《中国江海险要图志》使用了他 1840—1845 年对中国沿海进行的测量成果。④ 1863 年，来福门号司令沃德测绘了万安滩、广雅滩、人骏滩和李准滩。《新译中国江海险要图志》称勘测者为总兵华特，《中国江海险要图志》使用了利柴士 1854—1858 年对中国沿海进行的测量成果。1878 年，英国太平洋航海水文地理学家芬德雷的航海指南于伦敦出版，由此，彻底替代了霍尔斯布尔格的航海指南中国海部分。南沙群岛 1808 年至 1928 年之间的多数水文地理信息都是来源于英国，美国以英国的海图进行了重版，日本也重版了英国的海图，如 1900 年的日本皇家帝国海军的 529A 号（IJN chart 529A）海图。⑤

此外，蒸汽船触底礁石是近代航海的主要灾难，在测绘海下暗礁以及制造滩礁海图的基础上，建设航标也是近代防触的主要方法。《天津条约》附约《通商章程善后条约》第十款规定"派人指泊船只及设浮桩、号船、塔表、望楼等

① 房建昌. 近代南海诸岛海图史略——以英国海军海图官局及日本、美国、法国和德国近代测绘南沙群岛为中心（公元 1685—1949 年）[J]. 海南大学学报（人文社会科学版），2013（4）：23-24.

② Edward Belcher. *Narrative of the Voyage of HMS Samarang. During the Years 1843—1846: Employed Surveying the Islands of the Eastern Ar-chipelago*, London, 1848.

③ 英国海军海图官局编. 新译中国江海险要图志：第 2 卷 [M]. 陈寿彭译. 广州：广雅书局，1908.

④ Great Britain. *Hydrographic Dept*, *John William Reed*, *John William King*. The China sea directory, London, 1894, vol. 3, p. 4.

⑤ 房建昌. 近代南海诸岛海图史略——以英国海军海图官局及日本、美国、法国和德国近代测绘南沙群岛为中心（公元 1685—1949 年）[J]. 海南大学学报（人文社会科学版），2013（4）：34.

事。其浮桩、号船、塔表、望楼等经费，在船钞下拨用"①。此条约援引西方利用船钞修建引航设施的办法，在中国沿海、沿江地区也以此为资金，建立灯塔、航标。19 世纪中叶，清代海关由外国人操办的航标管理机构开始引进国外设备、技术和管理办法，在中国沿海、港口和重要水道设置灯塔、灯桩和灯浮标。1860 年年底，赫德向总理衙门申请，以船钞之一成设立专款应航标各项之需，申请立即获准。自 1865 年 1 月 1 日起，各个通商口岸海关均开始按季度拨出一成船钞。通过约章的法律形式，晚清的灯塔建设资金来源被固定下来。

海务税务司下辖沿海北、中、南三段，每段各指派一名关员专司船钞部工作，称之"巡查司"，北段驻芝罘、中段驻上海、南段驻福州。段内通商各口配备理船厅一人，履行船钞部职责并兼海关职责。巡查司在其驻在口岸时，即为该处的理船厅。到 19 世纪 80 年代以后，逐步形成营造司、理船厅和灯塔处 3 个基本机构，一系列的规章制度细化了个人职责。1884 年，海关印发了《新关灯塔灯船诫程》，共 10 卷，其中"灯塔管理条款五卷""灯塔主事人诫程" 96 条、"灯塔帮事人诫程" 8 条、"灯塔理灯各项诫程专款" 15 条、"存用石油专款" 6 条、"灯塔处理各镜与环灯斜回助照之玻璃片专款" 22 条、"沿海各灯处理油漆条规" 42 条，还有一些关于灯塔主事人、帮事人条款的注释及灯塔各种记录表、薄、册等 25 种。② 除此以外，《新关灯塔灯船诫程》还规定：灯塔居所"树木不宜过高""严禁外人寄居""勿别构庐室"，同时，"勿受私贿，勿发兑票""勿出结具保，勿自求升赏"等③。

通过海图演变轨迹的梳理，自然会触及海图创作的动机以及海图的防触功能。为防止船舶触礁沉没，西方国家以"危险区域"为目标，对中国近海海面下海山礁石及暗沙所进行的勘测形成了副产品，此类注明海底礁石位置的海图对于防触的价值是毋庸置疑的。此外，越是靠近海岸，礁石或沙洲对蒸汽船的航行来说越是危险，故此，靠近海岸的航标建设无疑也是蒸汽船防触的有效措施，法律章程既是行为规范，防触措施亦属于法律章程之一。

---

① 王铁崖. 中外旧约章汇编：第二册 [M]. 北京：生活·读书·新知三联书店，1957：118.
② 中国海事局. 中国航标史 [M]. 广州：广州市新闻出版局，2000：270.
③ 中国海事局. 中国航标史 [M]. 广州：广州市新闻出版局，2000：271.

二、防碰需要生发的行船及引水①章程

朱思斯通过梳理《申报》报道，将船难事件做了分类，包括：一遭风、触礁、搁浅；二遭火被焚；三贪利违例；四中西碰船；五难船被劫。1865 年 4 月 6 日（同治四年三月初七），美国旗昌行的湖广轮船"突由观音门进口，由草鞋峡内江经过，奔腾忽至，盐船不及起锚开避，鸣锣知会洋船开走，而洋船不理，竟行一撞而过，将商船撞沉"②。1872 年，罗纳轮船"是日七点半钟时，天色昏暗，黑云弥漫，风猛浪狂，船将至汕头，瞥见前有燎光，急避未及，突与一大轮船相撞"③，法国阿瓦轮船撞沉罗纳轮船一案，"溺死华人四十五人，西班牙人五人，新加坡人四人，共计五十四人，所毁货物暂且不计"④。1872 年，阿拉皮美船因河面宽而两旁水浅，所以由水道中间行驶，不料有华船四只停泊中流，该美船一时难避，遂将华船一只碰坏，顷刻间宛转而沉于水中。1873 年《申报》报道："本月廿三有陈姓之宁波钓船一只赴镇江装米，尚未兑载，停泊三江营铜盆沙地方，突遇太古洋厅之北京轮船驶来，势正猛速，不及相让，遂将钓船拦腰截碎而沉，当时片板无存。"⑤ 1878 年（光绪四年），据盐船商伙何楚材报称："该船运盐抵狮子山对岸沙洲地方停泊，旋备路灯悬挂头桅，以防往来之碍，并生水手巡更，约至戌刻，闻上流轮响，随令水手于船头鸣锣叫唤，然该洋船自上冲下，不听招呼，硬从左面冲来，船遭毁碎，登时船盐两没。"⑥ 1885 年，"流云船驶至离高桥沙五六里，距陈家嘴亦五六里地方，适蓝烟囱轮船出口，流云船因风急浪涌，不及退让被碰撞，烟囱骤裂，而船身亦断，遂即沉下"⑦。还有广为人知的万年青船难——福建船政局所造的第一艘蒸汽机兵商两用船万年青号，于 1887 年 1 月 20 日清晨在上海吴淞口铜沙洋面被英国轮船你泊而号撞沉，死难者达 114 人之多。

胡宁宁列举了两例船碰事件及其纠纷处理结果，一是"布国日本夹板船挂

---

① 引水，又称"领水""领江""领港""引航"，是指由熟悉港内和江河海航道兼具驾驶经验和船舶操纵技能的专业人员，在领水区域内引导船舶出入港口，以保证航行安全的行为。

② 李鸿章. 通商章程成案汇编：第 30 卷, 26. 藏于国家图书馆古籍馆.

③ 申报：第二号，清同治壬申三月二十五日. 1872 年 5 月 2 日：第三版.

④ 申报：第二号，清同治壬申三月二十五日. 1872 年 5 月 2 日：第三版.

⑤ 申报：第四百零五号，清同治癸酉闰六月三十日. 1873 年 8 月 22 日：第二版.

⑥ 李鸿章. 通商章程成案汇编：第 30 卷, 28. 藏于国家图书馆古籍馆.

⑦ 申报：第四千二百九十三号，清光绪十一年二月十四日. 1885 年 3 月 30 日：第三版.

沉穆遇春商船案"。即同治六年（1867）五月十二日，天津广丰船局商义德泰雇船户穆遇春，船载货由沽运津，于四更时分在行抵张达庄河面靠边停泊时，被布国日本夹板船的铁锚钩破，船立时沉没，穆之船所装之客货共该价银二万余两，船置价津钱八千余吊。把预备质银存于天津海关后，布国日本夹板船挂沉穆遇春商船案就此了结。① 二是"英轮海龙号碰沉中国巡船案"。即同治七年八月二十六日酉刻，中方巡船至土城地方，见有火轮船一只由下往上横行而来，巡船随即扰住，与停泊木筏一处躲避，而轮船竟将巡船碰碎漂没，连巡拦、跟役、船户共七人均被沉溺，其中三人由菜船救活，其余四人溺死，此船即系由大沽来津的英轮海龙号。几经交涉，英国轮船以交出洋钱四百元与沉毙人命之家属分领，以算了结。②

从大量撞船事故的教训中，晚清政府与西方国家均感受到，中西船只的行船规则不统一，各自按照规定航行于江海内河，致使整个航运秩序非常混乱，船碰事故也就时有发生。而且，在撞船之后，无统一的章程对事故责任进行鉴定和判罚，加剧了船碰纠纷的升级。1868年，各国通行之《轮篷等船行船免碰章程》为清廷江海关所关注，但是，鉴于该章程仅对轮篷两船进行了规定，并未言及中国船只，总理衙门未准此议。1875年3月，俄国的《海洋内河行船章程》达至天津海关。该章程虽包含《航海船只预防碰撞章程》和《内河行驶船只管驾号令各条》两个部分，但仍未被总理衙门即刻采纳。1876年6月，德国公使又将该国的《行船免碰章程及定罪交易则例》呈至总理衙门。

鉴于俄德章程的内容主要是针对海轮之间在海中碰撞问题的预防，1876年，九江海关根据长江内河航运情况，自行制定了"简明易晓，轮船及华船俱易遵从"之《长江及沿海通商口内，内地船只防备轮船碰撞章程》，并呈报海关总署。九江海关在商议内地船只防备轮船碰撞章程时，形成基本共识，即"今奉饬议章程，果能一律遵行，诚属美举，惟所议中国船，专章似应简明易晓，务期一律遵守。若话语太繁，不独内地驾船穷民愚蠢者多，未能尽悉，抑恐奸刁船户巧于避就"③。由此，根据该海关的实际情况开列出船舶防碰的8项条款。

此原则受到总理衙门的高度重视，1876年，海关总署抄发各口岸，要求所

---

① 胡宁宁. 崇厚对外交涉思想及实践 [D]. 长沙：湖南师范大学，58-59.
② 胡宁宁. 崇厚对外交涉思想及实践 [D]. 长沙：湖南师范大学，59.
③ 李鸿章. 通商约章类纂：六. 3096.

有中国官船和招商局船舶一律遵照执行。① 虽然该章程仅有 8 条，但明确规定了内河船和海船航行应遵守诸如号灯、航行线路的具体规则，划清了碰撞双方的责任，除明确了碰撞后实施救助这一公法义务以外，还规定了侵权船舶方对财产损害的赔偿责任和对人身伤亡事故应赔偿的金额。不难看出，这主要是针对西船外轮碰撞民间木船的应对性措施。

经过各地海关和总理衙门的多次筹议，1880 年 1 月 8 日，清政府颁布了《内港江河行船免碰及救护赔偿审断专章》②，该章程成为中外船舶行船避碰以及碰撞断赔的依据。从具体内容看，此章程分为行船、停船、救护、赔偿、审断五个方面③，共 26 条。这是中国历史上第一个由政府公布的航海法规，对于减少船碰事故有重要意义，也为海难事故的事后诉讼提供了法律依据。参照美、英、德通行的免碰章程，这是从行船、停船、救护、赔偿、审断五个方面进一步完善的免碰章程，也是在中西船难纠纷过程中的应对之策。为避免船难，尚需事先预防船碰事故，清政府渐次借鉴欧美经验，逐步形成防碰章程。1897 年，清政府正式公告颁行《航海避碰章程》。

1843 年签订的《中英五口通商章程：海关税则》，在"进出口雇用引水一款"中规定："每遇英商货船到口准令引水即行带进；迨英商贸易输税全完，欲行回国，亦准引水随时带出，俾免滞延。"④ 此条款规定了中国近代首批开埠港口附近由引航员引导航至泊位的措施。1844 年，中美《五口贸易章程：海关税则》的《望厦条约》中规定："凡合众国民人贸易进口，准其自雇引水……"⑤在中法《五口贸易章程：海关税则》的《黄埔条约》中亦有此项规定："凡佛朗西船驶进五口地方之处，就可自雇引水。"⑥ 1858 年的中英、中美、中法的《天津条约》中均有载明，"英国船只欲进各口，听其雇觅引水之人"⑦ "大合众

---

① 蔡乃煌总纂. 约章分类辑要：卷三十二中下·行船门 [M]. 3289-3296.

② 王彦威. 清季外交史料：卷 18 [M]. 台北：文海出版社，13-18.

③ 王铁崖. 中外旧约章汇编：第一册 [M]. 北京：生活·读书·新知三联书店，1957：462.

④ 王铁崖. 中外旧约章汇编：第一册 [M]. 北京：生活·读书·新知三联书店，1957：40.

⑤ 王铁崖. 中外旧约章汇编：第一册 [M]. 北京：生活·读书·新知三联书店，1957：52.

⑥ 王铁崖. 中外旧约章汇编：第一册 [M]. 北京：生活·读书·新知三联书店，1957：60.

⑦ 王铁崖. 中外旧约章汇编：第一册 [M]. 北京：生活·读书·新知三联书店，1957：100.

国船只进口，准其雇用引水带进……"① "凡大法国船驶进通商各口地方之处，就可自雇引水……"② 随后，德国、丹麦、比利时、意大利和奥地利等国又根据"一体均沾"的原则，取得了与英法美同样的引水特权。自上述条约签订之后，外国商船来华可自行雇用引水员进行靠泊引航。

1855 年 12 月 10 日，驻上海的英国领事罗伯逊、美国领事麦菲和法国领事爱棠，会同上海道兼海关监督联合拟订了一份引航管理章程，这是中国近代史上的第一份正式的引航管理规章，全文共分为八条，其主要内容包括：一、由三国领事来任命一个引航委员会，该委员会由三名至五名船长组成，必要时由一名海军军官参与意见；二、所有想从事引航业的人都必须经过委员会的批准，得到委员会的集体同意后可以得到一份资格证书，并将其存放在领事处来换取引水执照，与中国无条约关系国家的外籍申请人也可将其存于领事处，并获得引水执照；三、引航员在登上船舶之后，须将执照出示给船长阅看，未按规定取得执照的人不得从事引航工作，违者交由其本国领事处依法处置，与中国无条约关系的人若违反此规定则交由中国地方当局处置；四、引水费率以吃水为标准计算：从大戢山开始每英尺 5 元，从灯船起每英尺 4 元，从吴淞外、灯船内任何地点起每英尺 3.5 元，从吴淞至上海每英尺 3 元，出口引航费率与进口引航费率相同。③ 如上章程对引水员的登记、考选和签发执照均做出具体规定。

随着西籍引水员的不断增多，英、法、美三国领事处于 1859 年 12 月 23 日又联合发布了《上海港外籍引航员管理章程》，在 1855 年的章程内容上又增添了许多新的规定。由 3 个国家的船长、保险公司调查员和航运公司经理来组成考试委员会，申请从事引航工作的人通过考试以后，在保险公司交付 250 两银子的保证金后可在领事处领取新执照，持有此执照的引航员不能引领中国船只。得到外国领事处所颁发的引水执照的引水员也开始逐渐走向组织化，于 1860 年 4 月 16 日在上海成立了中国近代第一个专门性的引水员团体——"上海引水公司"，后又在 1863 年陆续成立了"商业引水公司"和"黑球引水公司"。这些经过考试而产生的外籍引水员及其职业性团体的出现，意味着一种新的实践方

---

① 王铁崖. 中外旧约章汇编：第一册 [M]. 北京：生活·读书·新知三联书店，1957：93.

② 王铁崖. 中外旧约章汇编：第一册 [M]. 北京：生活·读书·新知三联书店，1957：107.

③ 徐万民，李恭忠. 中国引航史：附录五 [M]. 北京：人民交通出版社，2001：369.

式正在形成，即引水业正在走向职业化、制度化和组织化。①

海关总税务司的赫德以总理衙门代表身份，与代表各国驻华外交使团的法国公使贝罗内特（Moniséur Bellonet）一起协商，起草了一份《中国引水章程》草案，以中、英、法三国文字并列，呈交总理衙门。1867 年 4 月 26 日，赫德以总税务司的名义，向全国海关系统发布通告，宣布该章程从 1867 年 10 月 1 日开始试行。1867 年制定、试行，并于次年修订、颁行的《中国引水总章》②，不仅在 60 多年里决定了中国引航业的基本框架和运行机制，而且对近现代中国的航运经济、港口发展、军事、国防和外交，皆产生了深远的影响。

在此章程中，海关总税务司对引水员的主管机构、考选机构、从业资格和考选程序，以及引水员的培养方式等均做出详细的规定。主要包括各港口的引航业务和引航员交由理船厅管理③，由外国领事处、商会、理船厅组成考选局，凡是中国人或者与中国订立条约的国家公民均有资格投考，考试合格之后由各关税务司发给引水字据，以及所有轮船进出各口必须请引水引领等内容，在总章下各口可按实际情况定名引水界限和引水费等事宜。"倘有违背总章分章以及不遵理船厅示谕之处，或罚以银两，或暂撤执据，或将执据撤销，皆由理船厅办理。"④《中国引水总章》最后一款规定："凡有夹板船火轮船出进，若该口有请领字据之引水，必须用引水引其进出；若该口有引水之人，而该船不用者，即由理船厅向该经纪代引水局索取引水费，其经费若干应依引船最远之数为断。"⑤ 此即海关规定的所谓"强制引航"。

此章程一经推出，即受到各口攻讦，总税务司不得不会同总理衙门和各国公使商议，对《中国引水章程》再行修改。一年多之后，终于在 1868 年 10 月，总税务司通饬各口税务司颁行新规，即《引水章程专条》。修订后的章程经总理衙门照会英、法、俄、美等国公使，取得他们的同意，最终于 1868 年 11 月 25

---

① 李恭忠. 条约文本与实践：晚清上海港引水权的丧失 [J]. 徐州师范大学学报，2003：10. 29：04.

② 该章程的英文名为 *The Chinese Pilotage Regulations*，后来习惯上将其英文名通称为 *General Regulations of Pilotage*，中文通称为《中国引水总章》。

③ 理船厅，始建于 1865 年，隶属于海关船钞部，负责监管各口灯塔、锚地和船舶停泊、进港事宜。

④ 海关总署编译委员会编. 旧中国海关总税务司署通令选编：第一辑 [M]. 北京：中国海关出版社，2003：45.

⑤ 海关总署编译委员会编. 旧中国海关总税务司署通令选编：第一辑 [M]. 北京：中国海关出版社，2003：46.

日颁行各省执行。① 此章程最重要的变化在于废除了"强制引水"的条款，赫德认为新的章程因此条款被废除而得以简化，并指出"简化之结果是保险公所即可默默从事公众本不愿由海关强制引水之举，而外国官员一经查知新章程并无剥夺其应享有之权利，亦均乐于将大部分引水事务交由理船厅掌管"②。

其后，海关总税务司署又陆续发出若干通令，进一步明确了理船厅对引水的管辖权限。1887 年 7 月 22 日总税务司署发出第 385 号通令，要求理船厅根据引水章程对领有执照之引水人行使处罚权时，应将受处分的人员分为两类，即华人引水和洋人引水。当理船厅决定给予引水人停职或革职处分时，受处罚之人可以上告，如为洋人，可向其国领事处上告；如为华人，则可向海关税务司上告。理船厅只需在考核时，确保即将发给引水执照之人确属合格，确认其合格后，即发给引水执照，以后只需了解引水的引航航线，并报告进港出港情形即可。③

随着蒸汽船广泛用于近代大型工业产品的运输，并且出入于中国被迫开放的商埠港口，港口里繁忙的蒸汽船极易出现碰撞事故，为避免此种船难事故发生，引水或领航成为不可或缺的专业性工作，但是，鉴于此种职业的技术性要求，以及港口和船舶管理部门被以条约形式控制在外籍人手中，浸染着殖民色彩的近代引水规范及其人员管理规章诞生在近代商埠中。

三、止损需要促成的防抢及防征章程

《晚清中英条约关系研究》④ 的第三章下，专门设置了海难救助专题。考据近代清政府与外国缔结的条约得知，19 世纪中叶，清政府在未知《国际海洋法》的境况下，就在与英、美、法以及挪威、瑞典签订的通商贸易条约中，允诺其在临近中国的"海面"或"洋面"内有海难救助和缉盗义务。如 1844 年《中美五口通商章程》第 26 条规定："若合众国商船在中国所辖内洋被盗抢者，中国地方文武官一经闻报，即须严拿强盗。"第 27 条规定："贸易船只若在中国

---

① 光绪朝朱批奏折：光绪二十年三月[M]. 北京：中华书局，1998.

② 海关总署编译委员会编. 旧中国海关总税务司署通令选编：第一辑 [M]. 北京：中国海关出版社，2003：75.

③ 海关总署编译委员会编. 旧中国海关总税务司署通令选编：第一辑 [M]. 北京：中国海关出版社，2003：298.

④ 胡门祥. 晚清中英条约关系研究 [M]. 长沙：湖南人民出版社，2010.

洋面，遭风触礁搁浅，遇盗致有损坏，沿海地方官查知，即应设法拯救，酌加抚恤……"① 同年的《中法五口通商章程》，1847 年中国与瑞典、挪威订立的五口通商章程和 1858 年中英的《天津条约》中也都做了类似的规定。② 虽然在西方列强逼迫下的不平等条约中首次出现如此承诺，但也是清政府通过中外条约法律文件形式，开启了探索海难救助规范的近代前行肇端。

据汤熙勇统计，英、美、法、德等国船只在 1840—1910 年，在中国台湾发生 82 次海难案例；村上卫还梳理出 1843—1910 年的 46 次海难；朱思斯也通过列表将 1870—1879 年的船难做整理。由此可知，西船遇难后的"抢船"情况较为频繁。③ 有学者观察到，"抢船"习俗与"沿海地收益权"④ 和"遭难物占有权"⑤ 观念相关。由于帆船船难后船货无人看管，货物利益成为船难处理的意外收获。西船遇难时，船货基本完好，抢夺价值更具诱惑，救助措施的重要问题是防止或遏制"抢船"情况发生。近代中国海沿岸"抢船"事件发生后，西方国家往往越过属地管辖强行出动军舰和军队进行所谓"征番"。此类案件并非个案，典型的要数 1867 年 3 月 12 日汕头起锚的美国商船"罗妹号"琅峤遇难，以及 1871 年的琉球船在中国台湾岛东南部发生的船难，即所谓"牡丹社事件"。

西籍难船被劫后，引起中西交涉，西国领事处往往要求中国赔偿损失，清廷只得严饬拿办抢劫之人。在与西方针对"抢船"⑥ 以及"征番"⑦ 的纠纷中，

① 王铁崖. 中外旧约章汇编：第一册 [M]. 北京：生活·读书·新知三联书店，1957：55.
② 王铁崖. 中外旧约章汇编：第一册 [M]. 北京：生活·读书·新知三联书店，1957：63，76，103.
③ 汤熙勇. 清代台湾的外籍船难与救助 [M] //中国海洋发展史论文集：第 7 辑下册. 台北："中研院"中山人文社会科学研究所，1999；[日] 村上卫著. 海洋史上的近代中国 [M]. 王诗伦译. 北京：中国社会科学出版社，2016：245-251；朱思斯. 船难救助与纷争——对中国水域的西籍船难事件的考察（1872—1879）[D]. 上海：上海华东师范大学，2008.
④ 许进发. 清季抢船事件与台湾沿海民众风俗 [J]. 台湾风物，2007 (1).
⑤ 林玉茹. 清末北台湾渔村社会的抢船习惯——以《淡新档案》为中心的讨论 [J]. 新史学，2009 (2).
⑥ 清朝木帆船遇难沉没后，船主殒命船货失主，常常成为沿岸民众抢夺的意外收获，官方法律文书将"抢货拆船"，归入"抢夺"类行为，地方文献称为"抢船"。西船东来后，轮船触礁或搁浅遇难时，船货相对比较完整，抢夺收益更大，"抢船"的利益驱动力更加膨胀，此类行为愈加猖獗，更是增加了中外纠纷的数量。
⑦ 西船东来后，西方国家出动军队越过中国主权管辖，直接实施的惩罚中国沿海民众的"抢船"以及伤害难民生命的行为。

清政府逐渐探索，形成船难救助章程，当然救助章程也就更多地浸染了防"抢船"和防"征番"色彩。

1869 年 3 月，英国驻厦门领事翻译并推荐给闽浙总督《英国酬赏救护失事洋船章程》；30 日，闽浙总督将章程抄送给总理衙门，总理衙门认为章程"尚属妥协，堪以引用"，通饬各省沿海府厅州县地方官一体照办。① 丁日昌在江苏巡抚任上曾制定过《救护中外船只遭风搁浅章程》，其中记载的丁日昌在上海道任上的《抚沪公牍》中的《禀办理救援遭风船只》和《示谕救援遭风船只》② 可视为其早期救助章程。③ 1876 年安纳船事件中，丁日昌与闽浙总督文煜奏请制定《救护遇险船只章程》，民国交通铁道部编纂的资料中称其为《闽省救护中外船只章程》④，村上卫从英国领事处的英文报告中将其译为《保护中外船只遭风遇险章程》⑤，《丁日昌集》则记载为《救护船只遇险章程》⑥。此章程较之此前制定的救护章程有所增加，由四条增订为五条。安纳事件之后，清廷批准颁布该章程，丁日昌以《晓谕兵民护救中外船只示》的形式向福建各地颁布告示⑦，后来定格为《救护船只遇险章程》⑧。广东已然在 1870 年制定过《中外船只遭风遇险救护章程》，1876 年年初，总理衙门颁布命令，要求沿海各省仿照福建章程办理。于是，刘坤一根据广东实际情况，由善后局另议一份章程。善后局司道将闽省章程与粤省旧章互相参订，酌议章程五条，内容更为详尽。⑨ 1876 年 6 月，清廷批准福州将军文煜所奏，颁行《救护洋面中外船只遇险章程》，这比国际上订立的《布鲁塞尔海难救助公约》还早 34 年，为中国沿海海难救助提供了法律制度支持，更为防止"抢船"事件设定了规章守则。

---

① 交通史航政编. 酬赏救护失事洋船章程：第 3 册 [M]. 南京：交通铁道部交通史编纂委员会，1931：1268-1269.
② 赵春晨. 丁日昌集 [M]. 上海：上海古籍出版社，2010：302.
③ 赵春晨. 丁日昌集 [M]. 上海：上海古籍出版社，2010：115.
④ 交通史航政编：第 3 册 [M]. 南京：交通铁道部交通史编纂委员会，1931：1269.
⑤ [日] 村上卫. 海洋史上的近代中国 [M]. 王诗伦，译. 北京：中国社会科学出版社，2016：271.
⑥ 赵春晨. 丁日昌集 [M]. 上海：上海古籍出版社，2010：115.
⑦ 赵春晨. 丁日昌集 [M]. 上海：上海古籍出版社，2010：115-824.
⑧ 李继昌. 三沙东澳天后宫清代碑刻群 [J]. 霞浦文史资料：第 26 辑，2010：92-93.
⑨ 刘坤一. 酌拟沿海保险船只章程折（光绪二年九月二十一日）·刘坤一奏疏 1 [M]. 长沙：岳麓书社，2013：443-447.

　　1867年，美国商船罗妹号发生船难①时，兼任中国台湾领事的美国驻厦门领事李仙得与当时的闽浙总督吴棠及闽抚李福泰进行交涉，要求按照中美《天津条约》，严令中国台湾地方官员救出遇害人员，并严行惩处生番②。李仙得和中国台湾官员刘明灯一同南下，9月23日，前进到琅峤。附近庄民和熟番闻信，来到官军营地陈述生番悔罪的态度，并保证以后不会再有杀害船员的行为，请求罢兵。李仙得认为罢兵一事与闽省督府的命令不符，但如生番确已悔罪，可以按照他所列条件作为办结的考虑，一、由十八番酋长卓杞笃亲自向李仙得谢罪，并做不再发生类似行为的保证；二、由琅峤至龟仔角一带的闽粤各庄及熟番具结做上项保证；三、生番交还罗妹号人员尸首赎款及船上物品；四、中国于中国台湾南端建设堡垒，保护过往船员。后又就这些条件加以细释，增为八款③，备文请刘明灯照办。刘明灯接受李仙得的要求，招十八番酋长卓杞笃前来会晤。但李仙得避开清官员，私下里利用通谙中国台湾方言的英商北麒麟，通过当地各庄及熟番头人的关系，于10月10日，李仙得与卓杞笃会见，双方达成如下协议：一、生番对杀害罗妹号船员一事表示悔过，美方不予深究；二、嗣后船员遇风漂至该处登岸，生番妥为救护，移交琅峤地方转送前途；三、船只人员如拟友善登陆生番地方，应举红旗为号；四、生番地区不得设立灯台，

① 1867年3月9日，美国商船罗妹号自汕头驶赴牛庄，当船行驶两日后，突然遭遇飓风，经过长时间的漂泊后，船在中国台湾南端洋面的红头屿附近沉没，船长赫特夫妇及船员等共14人分乘两只舢板，划行17小时，终于在琅峤尾龟仔角鼻山登陆，喘息未定，即被来自附近森林中的番人枪手射杀，仅1名华人水手侥幸逃走，后经商民协助，乘船至打狗报案。

② 清政府将边远地区尚未"德化"之人称作"生番"，已经接受"德化"之人称作"熟番"。

③ 李仙得所提合约八款，后经《万国公报》（卷七，34页）刊载如下：一、和约后，所有前失罗妹商船内物件，限二日内由二府转交敝领事查收。二、前有洋人到琅峤赎回骸骨所费银元若干，着令生番及闽粤头人赎出，交二府转交。三、置炮台于龟仔角高阜处，此台名曰罗妹炮台，并起造官一员兵五百名营房。台内安大炮四门，大炮子二百颗，不时安在台内，每兵配鸟铳一杆，各配药子六十门，其炮台如损坏，责令生番闽粤各头人修茸。营盘口竖大旗一杆，书中华字样，嗣后如有洋人遭风，可赴台内逃难。四、如有洋人遭风逃生，无论生番及闽粤人救之炮台内者，每洋人一名，赏火药五斤，铅板二十五斤。五、凡有嗣后来往船只遭风，仍被生番戕害者，每洋人一名要生番五人偿命，并罚银五百两，闽粤各人如犯者，亦同此罪。六、琅峤应添设文官一员，炮台内设武官一员，文武二员，专责管理生番及闽粤人。七、无论各国商船停泊炮台外，上山打水，台内营兵前去照护。八、和约后，闽粤及生番永远交好和睦，凡有船只遭风，尽力相救，无负前约。参见黄嘉谟. 美国与台湾（1784-1895）[M]. 台北："中央研究院"近代史研究所专刊14. 2004，7：222—223。

但可于熟番区域择地设立。① 李仙得于 10 月 15 日照会刘明灯，略述他与卓杞笃协议的经过内容，声明只求闽粤各庄及熟番头人，具结保证生番不再有类似行为，否则该头人等愿协同抓捕凶手解官惩办，本案即可和平解决。并认龟仔角生番之杀害船员，原属昧于中外条约的规定，此后如果有意遵守条约，其过去罪行自可宽恕，无须惩办，即可撤兵，至于官军在马鞍山设立的临时炮台与营房，则请予以保留，以待商请闽省督府同意后，再在该处建立永久性的炮台，设官派兵驻守，依照条约保护遭风遇难的欧美船员。② 刘明灯对此完全同意，于是双方将历次协议的原则，做成章程十条，并取得当地闽粤各庄及熟番头人的保结。③

1871 年年底，琉球船在中国台湾东南部遇难，1874 年日本出兵"征台"，后来，中日双方谈判，经日本谈判代表大久保修改后的议案内容为：

唯因各国人民有应保护不致受害之处，宜由各国自行设法保全。且以中国台湾生番曾将日本国属民等妄加杀害，日本国本意为该番是问。遂设义举遣兵往彼，向该生番等讨责。今议数条开列于左。

第一，日本国此次所办义举，中国不指以为不是。

第二，所有前经遇害难民之家。中国议给抚恤银款十万两外，又以日本国修道建房及在该处各项费用银四十万两，也议补给。至于该处生番，中国亦宜设法妥为约束，以期永保航客不能再受凶害。

第三，所有此次往中国台湾之举，两国一切来往公文彼此撤回注销，以为将来罢议之据，其所议之据。其所议给银合共五十万两。内将一半先行立为付交，其余一半即应妥立凭单。一俟此项银款付交及凭单给过后，遂将日本在中国台湾之军师立行撤退回国。④

① 黄嘉谟. 美国与台湾（1784-1895）［M］. 台北："中央研究院"近代史研究所专刊 14. 2004，7：217.
② 黄嘉谟. 美国与台湾（1784-1895）［M］. 台北："中央研究院"近代史研究所专刊 14. 2004，7：217-218.
③ 同治朝筹办夷务始末. 卷五四. 28-29.
④ ［日］外务省调查部编纂. 大日本外交文书：第七卷［M］. 东京：日本国际协会，昭和十五（1940）年：210.

此稿经英国公使威妥玛转交给总理衙门①，总署在大久保与威妥玛方案的基础上略做修改，主张赔偿分为两部分，兵费赔偿的说法改为"日本退兵在台地所有修道建房等件，中国愿留自用，准给费银四十万两"。抚恤银是中国古代处理琉球难民事件的惯例，中国在正式本中，将日本所提草稿中的"日本国此次所办义举，中国不指以为不是"，改作"日本国所办，原为保民义举起见"②。10月27日，恭亲王奕䜣等致书大久保，表示："本王大臣等自无不能办理之处"③，于是中日《北京专条》就诞生了。

显然，在中外船难之后的财产及伤人纠纷中，以西方为代表的外国政府，常常以"番人"加害为理由，出兵"征番"，对此，福建等沿海省份为了防止"征番"，除加紧制定救助章程外，还采取了海面巡逻的措施。丁日昌将福建洋面的救护行动区域划分成三段，分工负责，福宁府洋面和海坛镇洋面各为一段，派一艘轮船巡航。福建船政早期所建造的舰船，多部署在各海口，平时担任巡洋缉盗任务，遇海难也执行海难救助。1877年，美国佛兰牌利号夹板船在莆田长屿海面遇风沉没，艺新号管驾许寿山驾船救出韦士客拉等洋人19人，给予饮食并护送到福州。美国领事戴兰那十分感激，"具文致谢"④。同年十一月，刘金狮商船在长乐松下江面冲礁损坏，许寿山救出遇难商人13名，并抢救船只，代为修补。1878年，阜康号载商人由上海至马尾罗星塔江面，将行李银物盘至驳船上。刚刚开卸，暴风突起，驳船顷刻翻覆。许寿山顶风冒雨赶往抢救，救出陈廷隆等7人。1879年，金同生商船装运一批木材和纸张等货物，驶至闽江

---

① 文稿为：惟因各国人民有应保全不致受害之处，宜由各国自行设法保全，且以中国台湾生番曾将日本国属民等妄为加害，日本政府本意为该番是问，遂设义举遣兵往彼，向该生番讨责。今议数条开列于后：一、所有前举，日本国此次所办义举，中国不指言责为不是。二、所有前经遇害难民之家，中国愿给抚恤银十万两外，又愿给日本国修道建房及在该处各项费用银四十万两，亦以补给。至于该处生番，中国亦必宜设法妥为约束，俾免不致再为滋害，以期永保航客不能再受凶害。三、所有此次遣义兵之举，两国一切来往公文，彼此撤回注销，以示和谊示罢议之念。其所议给银合共五十万两，内将一半先行立为交付，其余一办亦即妥立凭单，一俟此项银款付交及凭单给过后，遂将日本在中国台湾之军师立即行撤回国。参见王庆成. 英国起草的"中日北京专条"及与正式本的比较 [J]. 近代史研究，1996（4）：83-84.

② 王庆成. 英国起草的"中日北京专条"及与正式本的比较 [J]. 近代史研究，1996（4）：81.

③ [日] 外务省编纂. 日本外交文书：第七卷 [M]. 312-313.

④ 张作兴主编. 船政文化研究：船政奏议汇编点校辑 [M]. 福州：海潮摄影艺术出版社，2006：160.

口搁浅漏水。许寿山闻信赶往抢救，把该商船拖回港口。同年四月，金裕昌号商船装运杉木 3400 余根，在马祖澳触礁，船将沉没。许寿山驾船"由三沙展轮而下，拖至古镇，该船赖以保存"①。这是中国近代发挥轮船作用，主动执行海难救助的较早记载。当然，所谓的救援，基本上是近岸触礁搁浅的西船，不过，在救护章程的指引下，虽然救援数量以及救护范围有限，但一定程度上也发挥了防止"抢船"、避免西方人"征番"的效果。

结语

晚清中国蒸汽船海难的原因、造成的后果不同于风帆船时代，对此进行的预防和救助手段必定迥异，避免蒸汽船海难形成防触、防碰，以及事后止损一套系统。无论是触，还是碰，抑或损的现象，皆是双主体间相互作用的结果，人的身体成为知觉的直接主体，而且通过人之行为才与物质世界产生同质的关系。晚清的防救章程基本上以中西船难纠纷为肇端，形成于中西防难与防害交涉达成的条约，抑或参考借鉴西方的船难章程而制定，既带有主体间合作的成分，又不可避免地内含着排除西方不法侵害的时代需要，与此同时，面对纠纷进行的协商交涉，主体间的行为互动成为船难关系规范的决定性因素，利益纠纷的实践属性成为船难纠纷解决的关键，双方不得不围绕着人与船难的关系进行描述，由此，船难纠纷案件得以解决，条约商谈又生成中西国家主体间船难防救的规范，以及主体间水上行船秩序，甚至使主体间行为关系有了规则和秩序的支持。

---

① 张作兴主编. 船政文化研究: 船政奏议汇编点校辑 [M]. 福州: 海潮摄影艺术出版社, 2006: 160.

京官与外任：吴大澂家书简释

李文君①

近期发现的吴大澂致其弟吴大衡家书 9 通，未引起学界的注意。这些家书作于光绪九年至十九年（1883—1893）之间，内容主要涉及吴大澂在广东、河南、湖南等地的政务情况，吴大衡的翰林生涯，吴氏家事及友朋情况等。这些家书对研究吴氏兄弟与同僚的关系，吴大衡屡次无缘外放乡试考官、吴氏家族的经济状况，江南士人的社会生活等，都有一定的意义。现以书写年代为序，将其整理，并进行简单考释，以惠学林。

一、吴氏兄弟简况

寄信人吴大澂（1835—1902），江苏吴县（今苏州）人，字止敬，号清卿、愙斋，同治三年（1864）举人，同治七年进士，先后任翰林院编修、陕甘学政、广东巡抚、河东河道总督、湖南巡抚等职。吴氏精篆书，擅绘画，撰有金石学与古文字学著作多种，是晚清著名的金石学者。吴大澂共兄弟三人，兄长吴大根（1833—1899），号培卿，咸丰三年（1853）考中秀才，后再未参加乡试。因两位弟弟在外任职，他留在苏州老家照顾吴母，曾捐纳员外郎衔分部主事。吴大澂行二，收信人吴大衡行三。

吴大衡（1837—1896），字正之，号谊卿、运斋，过继给其三叔吴滨为嗣子。同治三年（1864）与吴大澂一起中举，但会试之途则没有吴大澂顺利，直至光绪三年（1877），年届不惑的吴大衡才得中二甲第 47 名进士，并入选为翰林院庶吉士。光绪六年庶吉士散馆，授他翰林院编修。光绪八年四月二十日，张之洞上《胪举贤才折》，推荐了吴氏兄弟，说太仆寺卿吴大澂"多才而沉厚，精密而耐劳，勇于任事，长于用人，赈务边防，卓著成效。大抵事事能破常格，

---

① 李文君，男，故宫博物院故宫学研究所研究馆员。

而步步皆占稳著，可谓全才。数年后边事大定，使治腹地，必有异政"。翰林院编修吴大衡则"事理通达，才力精练，于吏事、洋务阅历甚深，兼有权略，可以备司道之任"①。同年十二月初三日，张佩纶也上《敬举人才折》，称赞吴大衡"习于吏事，有干济才，洞达精明"，与吴大澂"同有时名，其坚果朴拙微不逮兄，而开敏爽朗、神峰峻拔则过之。虽历俸稍浅，而阅世已深。年逾四十，未可限以常资，遏其锐气。可否恳恩存记，以道府简放，俾收治效"②。虽有两位清流宿将的大力举荐，但吴大衡并未受到重用。光绪十年七月，经新任两广总督张之洞奏调，在苏休假的吴大衡赴广东差遣委用。③ 光绪十年七月廿八日，在致吴大根的家书中，吴大澂说："运斋赴粤后，惟盼其早得一缺，便有立脚地步。若以一京官浮沉宦海，不进不退，亦觉无谓耳。"④不过，吴大衡在广州过得并不如意。光绪十三年二月，吴大澂出任广东巡抚，⑤ 为回避起见，吴大衡重新回京任职。光绪十五年秋，吴大衡以"养亲"为名，携眷返回苏州。在光绪十五年八月十四日致表弟汪鸣銮的信中，吴大澂说："运斋举室南归，少年英锐之气已消磨殆尽，年未六十，衰态渐形。培兄（吴大根）亦劝其出都，郁郁居此，殊不相宜。同馆人多放差，固难得京察，亦不易向隅者，不止运斋一人。"⑥ 光绪十六年，吴母去世，吴大衡在籍守制。光绪十六年五月十八日，两江总督曾国荃与江苏巡抚刚毅上折奏请褒奖江苏地区参与春赈的有关人员，其中就包括在籍绅士翰林院编修吴大衡，分部主事吴大根。⑦ 光绪二十年，经吴大澂出资两千两，吴大衡捐纳为候选知府，分发直隶候补。光绪二十年六月廿八日，吴大澂在致吴大根的家书中说："迭接运斋来书，知郎亭（汪鸣銮）代捐知府，用去二千金。由仁昌汇苏，若须报捐指省，必得另为筹借。昨已电致杏

① 苑书义，孙华峰，李秉新. 张之洞全集［M］. 石家庄：河北人民出版社，1998：89.
② 《清代诗文集汇编》编委会. 清代诗文集汇编：第768册［M］. 上海：上海古籍出版社，2010：265-266.
③ 中国第一历史档案馆. 光绪宣统两朝上谕档：第10册［M］. 桂林：广西师范大学出版社，1996：210.
④ 李文君. 苏州与关外：吴大澂未刊家书简释［J］. 苏州科技大学学报，2020（5）：59.
⑤ 顾廷龙. 顾廷龙全集·著作卷：吴愙斋年谱·严九能年谱［M］. 上海：上海辞书出版社，2016：239.
⑥ 李文君. 吴大澂致汪鸣銮信札考释［C］//朱诚如，徐凯. 明清论丛：第20辑. 北京：故宫出版社，2021：364.
⑦ 中国第一历史档案馆. 光绪宣统两朝上谕档：第16册［M］. 桂林：广西师范大学出版社，1996：176.

苏（盛宣怀），代借两竿（两千两），由弟处归还。"① 光绪二十年五月七日，因参与编撰的《平定陕甘新疆"回匪"方略》（320卷）、《平定云南"回匪"方略》（50卷）、《平定贵州"苗匪"纪略》（40卷）告成，翰林院编修候选知府吴大衡免选知府，以道员分发省份补用。② 吴大衡遂以补用道员的身份，分发直隶，进入李鸿章幕府，在甲午战争中帮办军务。光绪二十二年年底，吴大衡因病去世。

综观吴大衡的仕途，可谓是一生坎坷，早年应试不第，后来仕途不顺，大半时间以幕员为生，先后入过福建按察使兼布政使潘霨、江苏巡抚吴元炳、两广总督张之洞、江苏布政史邓华熙、江苏巡抚奎俊、直隶总督李鸿章等人的幕府。《吴县志》中的吴大衡本传也说他"自弱冠后，历佐大僚幕府，凡章奏案牍，援笔立就。李文忠、潘文勤、张文襄皆倚重之。倭氛不靖，在直隶襄军务，忧劳成疾，乞假归，旋卒"③。因是之故，学界对吴大衡亦鲜有关注。

关于吴大澂致吴大衡的家书，目前还未有人做专门的研究，对吴大衡其人，也仅有王天然、马楠的《书张幼樵与吴谊卿手简十函后》一文进行了研究，该文梳理了北京师范大学图书馆所藏光绪十六年至光绪二十年（1890—1894）张佩纶致吴大衡信札10通。④ 本文所引用的9通家书，对我们了解吴大衡其人，对我们了解以吴家为代表的江南士大夫家庭的内部关系，均有积极的意义。

二、家书简释

写这些家书时，吴氏兄弟，一位是在京的翰林院编修，一位是外任的封疆大吏。吴大澂的宦游足迹，遍及陕甘、吉林、南粤、中原、湖湘诸处，吴大衡则主要是在京城任职或在苏州家居。这9通家书，基本都是吴大澂从各地寄往北京或苏州的。吴大澂做事认真，为人精细，即便是寻常家书，也都慎重对待，每封家书都留下了详细的月份与日期落款，这就为考释提供了极大的便利。为

① 白谦慎. 晚清官员收藏活动研究：以吴大澂及其友人为中心［M］. 桂林：广西师范大学出版社，2019：227.
② 中国第一历史档案馆. 光绪宣统两朝上谕档：第20册［M］. 桂林：广西师范大学出版社，1996：277.
③ 曹允源，李根源. 民国吴县志［M］//江苏古籍出版社编选. 中国地方志集成·江苏府县志：辑12. 南京：江苏古籍出版社，1991：122.
④ 王天然，马楠. 书张幼樵与吴谊卿手简十函后［C］//北京大学国学研究院. 版本目录学研究：第五辑. 北京：北京大学出版社，2014：737-744.

醒目起见，根据内容，给每通家书拟了小标题。

（一）协防天津

> 运斋主人如手：初四日到津，知吾弟已于月朔南旋，不胜怅怅。姜明交到手书并董师、文卿各信，均已领悉。来津之旨，本系听候征调，并无帮办海防之说，现已具折请示，初九必有明文。如有粤东之行，二十前必抵沪也。敝部人不多而军火甚足，且多利器，足当万人敌矣。手复叩问加餐，兄大澂顿首，十月初八日卯刻。①

此信为吴湖帆的表兄陈子清先生的旧藏，作于光绪九年（1883）十月初八日，主要通报奉调南下的情况。因法国与清朝藩属国越南发生摩擦，光绪九年八月二十二日，在吉林帮办三边事务的吴大澂接到谕旨，要其抽调所练精锐兵马，"航海来津，以备调遣"②。九月二十日吴大澂离开吉林省城，九月二十五日抵达营口，十月初二日从营口乘船，初三日到达大沽口，初四日到达天津。③ 此时，在京任翰林院编修的吴大衡，在十月初一刚刚离开天津，经海路返回苏州，兄弟俩未能在天津谋面。董师，指董恂，同治七年（1868）吴大澂会试中式时，董恂为副考官。④ 文卿，指洪钧，同治七年状元，吴大澂同年。十月初六日，吴大澂上奏（具折请示），拟带所部赴广东（粤东）协防，并愿以偏师进扎越南，朝廷以广东已有彭玉麟调湘军前往布置，命令吴部留在直隶，部署于乐亭一带，协防北洋，拱卫京师。⑤ 此次吴大澂南下，带领在吉林编练的马步军 3500 人。光绪七年，吴大澂创办了吉林机器局生产军械，⑥，为军队提供了充足的装备，再加上部分从西洋采购的枪炮（利器），吴大澂所部可谓兵精粮足。对此，吴氏

---

① 雅昌艺术网：https：//auction. hosane. com/hosane - home - server/web/auction _ detail/5210010.

② 顾廷龙. 顾廷龙全集·著作卷：吴窓斋年谱·严九能年谱 [M]. 上海：上海辞书出版社，2016：180.

③ 顾廷龙. 顾廷龙全集·著作卷：吴窓斋年谱·严九能年谱 [M]. 上海：上海辞书出版社，2016：181.

④ 翁同龢. 翁同龢日记 [M]. 翁万戈编，翁以钧校订. 上海：上海辞书出版社，2020：623.

⑤ 顾廷龙. 顾廷龙全集·著作卷：吴窓斋年谱·严九能年谱 [M]. 上海：上海辞书出版社，2016：181-182.

⑥ 李文君. 从吴大澂致宋春鳌信札看吉林机器局的筹建 [J]. 通化师范学院学报，2020（9）：75-84.

的自矜之意溢于言表。

　　(二) 广东政事

　　　　运斋主人如手：前月交折差带去一缄，又交票庄汇去名世之数，未知节前能到否？考差以后，未得手书，想吃梦之局应接不暇耶！云贵试差，吾乡有绚堂发轫，气象甚好，只盼弟则备而不用耳。郑工仅占三百余丈，恐以后更难措手，伏汛即在转瞬，如何能有合龙之望。粤省水灾，民间元气大伤，幸水退尚速，大半皆可补种也。手复敬颂辑福，兄大澂顿首，四月廿四日。

　　　　昨交日升昌续汇五百金，节后想可汇到，然去安圃二百，德宝一款，所余无几矣。前月汇款，尚未接到收条。慈幼堂捐，只好秋间再寄。或亟须用，则向源丰润挪之。达公奏法领事一片，并未钞咨，硕卿皆阻之，故亦不怪兄也。达公以黄霸不责聋丞故事，意在回护。鄙意司道大员，形同木偶，岂可久恋。至今会稿未定，然往来道达，硕卿已疲于奔走，不能不稍通融，但令赶紧医治，则意在言外矣。否则硕卿必大遭怪，亦不了之局。①

　　此信作于光绪十四年（1888）四月廿四日，主要讲述广东的政情。吴大澂时任广东巡抚，吴大衡在京任翰林院编修，管理镶白旗官学事务。② 端午节前，吴大澂通过票庄（钱号）汇款五百两（名世之数）给在京的吴大衡。本年为乡试之年，吴大澂希望弟弟能有机会被外放为乡试考官。吃梦之局，本指未放榜之前，与试举子聚饮，等揭榜之后，再由考中者结账之事；此处指京中有望被外放为乡试考官的翰林人等一起宴饮，待乡试考官任命结束以后，再由成功外放者结账一事。绚堂，指庞鸿文，江苏常熟人，庞钟璐之子，光绪二年进士，光绪十一年，以翰林院编修的身份出任云南乡试正考官。③ 吴大澂希望弟弟能继续同属苏州府的庞鸿文的好运气，最不济也能外放为云南或贵州的考官。郑

────────────────

① 本文所引的吴大澂家书，除第 1 通与第 7 通之外，其余 7 通均来自雅昌艺术网，网址：https://auction.artron.net/paimai-art5040912065/，下文引用的信札，不再一一注明出处。与这 7 通家书在一起的，还有吴大澂致吴大衡之子吴本齐信札 2 通，容另文再释。

② 李军. 愙斋公家书 [C] //上海图书馆历史文献研究所. 历史文献：第 21 辑. 上海：上海古籍出版社，2019：87.

③ 翁同龢. 翁同龢日记 [M]. 翁万戈编，翁以钧校订. 上海：上海辞书出版社，2020：2241.

工，指黄河在郑州决口之事。吴大澂此时感叹郑工的不易，他自己也没料到，七月初十日，朝廷会让他署理河东河道总督，去处理郑工治河之事。① 本年三月初，广东境内的惠州、东莞等处遭遇水灾，巡抚吴大澂亲自乘船前往灾区，查验灾情，赈济灾民。②

安圃，指张人骏，张佩纶之侄，吴大澂会试同年。德宝，指德宝斋，京城琉璃厂古玩店。同治八年（1869）正月初十日，翁同龢闻厂肆"古董铺德宝家有杨氏所藏帖，遂诣之，携汉碑数种，皆康熙中拓本，为之狂喜"③。此时德宝斋掌柜名李诚甫，吴大澂曾委托其收购古玉。④ 慈幼堂，吴大澂参与创建的慈善赈济机构，位于北京宣武门外的铁老鹳庙，创建于同治十一年。⑤ 日升昌与源丰润均为当时的著名票号。达公，指两广总督张之洞。硕卿，指吴景萱，江苏吴县人，时任广州府通判，光绪十四年十月，补韶州知府，⑥ 光绪十五年，又调回广州任职。⑦ 达公奏法领事，指光绪十三年十一月二十四日，张之洞上折，参奏法国驻广州领事白藻泰（Bézaure），言其任意奴役殴打中国派遣的保护领事馆的军士张文辉等人，建议总理衙门照会法国公使，维护中国体面。⑧ 张之洞上此折，名誉上在回护属下，其实是他对外主张强硬，一贯不屑直接与西洋使节正面接触的反映。⑨张之洞上折之前，并未知会巡抚吴大澂（会稿），以至吴大澂产生"形同木偶"的不快。吴景萱作为广州府通判，负责广州的治安，与此事有牵连，吴景萱奔走于吴大澂与张之洞之间，希望将此事低调处理。黄霸不责聋丞一典，出自《汉书·循吏传》，借指总督张之洞厚待回护属下。

---

① 顾廷龙. 顾廷龙全集·著作卷：吴愙斋年谱·严九能年谱 [M]. 上海：上海辞书出版社，2016：253.

② 顾廷龙. 顾廷龙全集·著作卷：吴愙斋年谱·严九能年谱 [M]. 上海：上海辞书出版社，2016：250-251.

③ 翁同龢. 翁同龢日记 [M]. 翁万戈编，翁以钧校订. 上海：上海辞书出版社，2020：701.

④ 李文君. 吴大澂致杨秉信信札考释 [J]. 文博丛刊，2021（1）：101.

⑤ 顾廷龙. 顾廷龙全集·著作卷：吴愙斋年谱·严九能年谱 [M]. 上海：上海辞书出版社，2016：78.

⑥ 赵德馨. 张之洞全集：第2册 [M]. 武汉：武汉出版社，2008：143-144.

⑦ 赵德馨. 张之洞全集：第2册 [M]. 武汉：武汉出版社，2008：218.

⑧ 赵德馨. 张之洞全集：第2册 [M]. 武汉：武汉出版社，2008：47-48.

⑨ 陈晓平. 张之洞对三任法国驻粤领事的强硬外交 [DB/OL]. （2021-09-27）[2022-04-02]. https：//baijiahao. baidu. com/s？id=17120185626439177720&wfr=spider&for=pc.

（三）盼弟外放

运斋主人如手：邢贵带去一函，谅早鉴及。月之初九日接三月十二日手书，十九日贡差带回三月廿七日手书并郑盦师所书匾额，尚不嫌大。兹有复谢一函，乞饬送去。考差想必得意，郑师必与阅卷之列。五、六两月星轺过于辛苦，盼望佳音在八月朔也。清秘堂差，在同馆中望若神仙，欲得京察一等者，求之不可得。吾主人得一近省考官，以博亲欢，若学政则终年辛苦，仆仆道途，五十以后人，似非所宜，不足歆羡也。兄入夏以来，脚气时发时愈。天气燥热则两眼昏眩，故灯下阅牍甚为费力，或留之次早补阅。黎明盥洗后，神清气爽，精力较足，顷刻即了。公事从无积压之件，所积压者，手复之书翰耳。此间科场供应事宜，向归广粮厅承办，硕卿则游刃有余，今年必可核实开报，无益之费可省也。手泐敬颂轺福，兄大澂顿首，五月十二日。

此信作于光绪十四年（1888）五月十二日，内容紧接上一封信的内容，希望吴大衡能被外放为乡试考官。郑盦师，指潘祖荫，与吴大澂同好金石之学。翰林外放考官，需经考试选拔，潘祖荫参与阅卷，吴大澂希望弟弟能顺利胜出。清代乡试，一般在八月举行，外放考官时，依照距离京城的远近，按时段公布。因要给考官赶到乡试省份留出足够的时间，最先公布的，是路途最远的云贵、两广等省的乡试考官，最后公布的，是山西、山东、河南与顺天的乡试考官。吴大澂希望弟弟不要被选为"五、六两月"公布的边远省份考官，那样千里迢迢，太过辛苦；希望吴大衡能就近获任，最好是顺天乡试考官（一般在八月初才公布）。翰林外任，除考官之外，还有学政一途。但学政一任三年，且需轮流到所辖各府州组织生员考试，常年在外奔波，非常辛苦，吴大衡此时已 51 岁，对他来说，学政远不如乡试考官有吸引力。清秘堂，翰林院的雅称，在京官中以清贵知名。京察，对京官的考核，每三年一次，一等为考核优秀者，获京察一等之人，可优先获得外放。乡试科场的后勤供应，例归地方督抚负责，由负责广东地区粮食仓储、运输等事宜的广粮厅承办，广粮厅的负责人正是吴景萱，这让巡抚吴大澂很是放心，不用再担心属下乘机虚报冒领之事。因迫切希望吴大衡能外放考官，此信与前信结尾以"轺福"，下一信以"轺祺"祝福吴大衡，轺是外出使者乘坐的车，借指吴大衡能获外任。

（四）通报病情

运斋主人如手：五月廿五日接四月十九日手书，藉悉一一。考差得意，必有佳音，近省典试尚有可望。近来电报不甚灵捷，粤中得信较迟也。兄自五月中旬以后，湿热下注，痔患与脾泄相纠缠，亦不服药。见客一两班，必偃卧憩息。出门拜客，则甚惬懒，力实有所不逮也。如交秋以后能稍健，适则监临入闱，尚可振作精神，力除积弊。柳门须月底方可旋省。手复叩颂韶祺，兄大澂顿首，六月十一日。

此信作于光绪十四年（1888）六月十一日，内容紧接上一封信的内容，主要是通报吴大澂的身体状况。写此信的六月初，边远省份的乡试考官已任命完毕，吴大衡落选，吴大澂希望吴大衡能外放为邻近京师的山西、陕西等省份的乡试考官。吴大澂在六月廿四日给吴大根的信中说："试差只有数省未放，关中士子与吾苏缘分最深，未知运斋能得否？"① 但最终，吴大衡未能入选。从前信及此信中可知，因广州气候湿热，吴氏除了患有脚气、眩晕等症状之外，还有严重的痔患（痔疮）与脾泄。吴大澂在六月廿四日给吴大根的信中陈述："弟望前患泄泻，服药不甚效。偶以芙蓉膏（鸦片）试一二次，脾泄即愈，有升提消导之功，但不敢常服耳。"②作为巡抚，八月乡试时须"监临入闱"，以示郑重。但因接到调令，七月十八日，吴氏即交卸广东巡抚之印，北上开封任职。八月的广东乡试，已与他无关了。柳门，指汪鸣銮，吴大澂的姨表弟，时任广东学政，在全省各府州巡回组织考试，在六月底方可返回省城广州。

（五）郑工合龙

运斋主人如手：折弁回工，带到手书，藉悉一一。此间工作稍一松劲，又将疲过年关。兄特下一札，将各员薪水截至年底，各局津贴公费截至腊月望日为止，不准再给，以杜其冀悻之心。又因西坝夜工不如东坝之认真，彬卿毅然自任下半夜督工（六十六岁老翁，精力如此，令人敬佩），从此日有起色。恰好赶至十四五门占盘压坚实，十六祭河后，十七八两昼夜正边两坝同时合龙，十九日闭气金门，内外均已结冰，俨如锁钥。昨日捷报已

① 李军. 愙斋公家书［C］//上海图书馆历史文献研究所. 历史文献：第21辑. 上海：上海古籍出版社，2019：99.
② 李军. 愙斋公家书［C］//上海图书馆历史文献研究所. 历史文献：第21辑. 上海：上海古籍出版社，2019：99.

发，拟于廿四五移驻省城公馆矣。匆匆泐贺年禧，兄大澂顿首，嘉平廿一日卯刻。

此信作于光绪十四年（1888）腊月廿一日，主要谈郑工治河事宜。当时，吴大澂在郑州黄河工地，吴大衡在京。在出任河督以后，吴大澂亲自到治河一线坐镇，并请李鸿章帮忙采购赛门德士（水泥），用于筑坝。① 为抓住黄河枯水期，日夜施工，赶在年底之前使大坝合龙，不惜采取停发治河人员薪水与津贴的措施。在同一天写给大学士阎敬铭的信中，吴大澂也说："郑工两坝自冬月初旬添作夜工，大澂亲住坝头，日夕严催，如课蒙童，不令诵声停歇，始得于腊月望前将门占盘压坚实，十六日沉玉祭河，十七八两日合龙，幸免隕越。"②彬卿，指潘骏文，安徽泾县人，吴大澂到任以后，派朱寿镛总办东坝事宜，潘骏文总办西坝事宜。③ 黄河合龙以后，腊月廿日，吴大澂向朝廷报告喜讯，并在年前离开河工一线，返回河督衙门所在地开封过年。

（六）河工善后

运斋主人如手：前交折弁带去一缄，又由日升昌汇去四百八十金（内有含英阁鬲价八十），计已先后达览。兄于十六日出省，查看南岸先筑各挑坝及三厅善后要工，并由上南河之上游，历民埝以至广武山下。询之土人云：三十年来此山塌去八九里，故河势愈趋愈南，近年南溜圈注不移，险工迭出，皆广武山逐渐裹塌之故。因与豹翁商酌，即于善后工款内拨银十余万两，奏派陆梧山总办坝工，于广武山下添筑五六十丈大坝一道，外抛碎石数千方，必可挑溜外移，以后民埝借此保护，南岸各厅险要工段，必可稍松。此探源办法，而文章在题目之外。豹翁极以为是，尚无越畔之嫌也。冯叔惠解部饭，须于月杪月初起程，目前水部当无更动动局。郇亭未到京而官已升转，可喜可贺。内人于廿四日由苏动身，计二月望前可到。胜之不日入都应试矣。手泐敬颂辑福，兄大澂顿首，正月廿三日。

前派振之、楚卿同解部饭银四万两，外有四千解费（实在需费无多），

---

① 顾廷龙. 顾廷龙全集·著作卷：吴愙斋年谱·严九能年谱 [M]. 上海：上海辞书出版社，2016：255-256.

② 冯雷，王洪军. 阎敬铭友朋书札 [M]. 南京：凤凰出版社，2021：392.

③ 顾廷龙. 顾廷龙全集·著作卷：吴愙斋年谱·严九能年谱 [M]. 上海：上海辞书出版社，2016：254.

楚卿应得二千，望嘱振之留出，交吾弟代存源丰润，除还前款外，余可留作引见之资，所短无几也。叔平师已归道山，前开炭敬，改作奠分。伯申同年亦作古，久病竟不能支。拟于前款内匀出一分送钱子密，吾弟酌之。李竹朋之子携有黄小松所画《嵩麓访碑图》二十余开，在京索售，约需二百余金，询之德宝，嘱为代留。

此信作于光绪十五年（1889）正月二十三日，主要谈黄河郑工善后事宜。吴大澂时在开封，吴大衡在京。吴大澂通过日升昌汇款至京，除给吴大衡的银两外，还包括在琉璃厂含英阁购买青铜鬲的钱。吴大澂在正月十六日离开开封，沿着黄河南岸向西考察，在走到荥阳县境内的广武山时，从当地耆老口中得悉因河水冲刷，致使山体不断垮塌、黄河不断南移的情况。吴大澂遂与河南巡抚倪文蔚（豹翁）商量，得到倪氏的支持之后，吴氏利用治河剩余之款十万两，派陆襄钺（梧山）带人在此修筑大坝，以保护民埝（保护村庄田地的小土堤）。冯叔惠，指冯光元，江苏阳湖（今常州）人，光绪二年（1876）举人，吴大澂派其押解工部（水部）的饭食银进京，于正月底或二月初启程。郎亭，指汪鸣銮，本年正月，任广东学政期满的汪鸣銮还未返京，就已升任工部左侍郎。光绪十四年十一月，吴大澂派出戈什哈（护卫）田玉泉，跟随陶俶南一起赴苏州，迎接家眷北上。[①] 吴大澂的夫人陆氏，于正月廿四日离开苏州，在二月十八日到达开封。[②] 吴大衡的夫人陆氏，是吴大澂夫人的亲妹妹。本年是会试之年，苏州籍的王同愈（胜之）进京应试，并得中进士。甲午战争中，王同愈追随吴大澂，在辽南参加对日作战。因光绪帝大婚，本年又开恩科乡试，吴大澂希望吴大衡能被外派为考官，故在信尾以"轺福"祝颂。在本年五月廿四日致吴大根的信中，吴大澂再次提及吴大衡外放考差之事："运斋今年盼望得差之意，较去年稍淡，无心插柳之成荫，天下事往往如此。若得豫省试差，亦是佳话，恐不能如此凑巧耳。"[③]

　　振之，指陆保善，江苏吴县人，吴大澂与吴大衡的妻弟，一直在吴大澂幕

① 李军. 愙斋公家书［C］//上海图书馆历史文献研究所. 历史文献：第21辑. 上海：上海古籍出版社，2019：101.

② 李军. 愙斋公家书［C］//上海图书馆历史文献研究所. 历史文献：第21辑. 上海：上海古籍出版社，2019：102.

③ 李军. 愙斋公家书［C］//上海图书馆历史文献研究所. 历史文献：第21辑. 上海：上海古籍出版社，2019：103.

府任职。光绪末年，任直隶望都知县。① 楚卿，指吴立达，湖北江夏人。部饭银，指地方督抚为户部等官员提供的养廉银与饭食费用。引见之资，指捐纳官员的费用。叔平师，指温葆深，江苏上元（今南京）人，吴大澂的书院肄业师②，吴大衡的受知师③。作为督抚，逢年节须向京中大员及师友馈赠炭敬或冰敬，因温葆深已去世，给他准备的一份炭敬，改成奠分（赙金）送给其家属。伯申，指冯光勋，冯光元之兄，与吴大澂均为同治七年进士，于光绪十四年（1888）十一月在京病逝。④ 钱子密，指钱应溥。李竹朋，指李佐贤，山东利津人，精于金石与书画鉴赏。黄小松，指金石学者黄易。《嵩麓（洛）访碑图》为黄易的名作，吴大澂一直想入手，但此图于光绪十五年四月二十二日被武进人费念慈以高价购得。⑤ 光绪十六年，吴大澂丁忧回籍，才得以向移居苏州的费念慈借观此图，并进行临摹。⑥ 德宝，指琉璃厂古玩铺德宝斋。

（七）解银进京

> 运斋主人如手：折差韩礼道带去一缄，计月内当可达览。水部水利银除去另案各工分案办理，不归大工外，计共应解银二万七千两，已派沈韵松、陶仲平如由委员，按站押解，须六月二十边到京，诚恐。⑦

此札下半部不完整，为陈子清先生的旧藏。从押解水利银入京的情况判断，应作于光绪十五年（1889）。此时，吴大澂任河道总督，吴大衡在翰林院任职。从上一封信可知，光绪十四年年底，在吴大澂的主持之下，黄河郑工合龙。因筹办得力，河工合龙之后，尚余工程款（水利银）六十余万两，吴大澂派人陆续将其分批解送到京，归还工部（水部）。⑧ 此批的押解委员为沈韵松与陶仲平，预计于光绪十五年六月二十日左右到京。韵松，指沈庚垚，江苏川沙（今

① 王德乾，崔莲峰. 民国望都县志 [M]. 台北：成文出版社，1968：365.
② 来新夏. 清代科举人物家传资料汇编：第99册 [M]. 北京：学苑出版社，2006：155.
③ 来新夏. 清代科举人物家传资料汇编：第10册 [M]. 北京：学苑出版社，2006：488.
④ 翁同龢. 翁同龢日记 [M]. 翁万戈编，翁以钧校订. 上海：上海辞书出版社，2020：2282.
⑤ 白谦慎. 吴大澂和他的拓工 [M]. 北京：海豚出版社，2013：17-18.
⑥ 陈郁. 吴大澂琐论 [M]. 上海：上海人民出版社，2019：130-136.
⑦ 雅昌艺术网：https：//auction. hosane. com/hosane-home-server/web/auction_detail/5210012.
⑧ 顾廷龙. 顾廷龙全集·著作卷：吴愙斋年谱·严九能年谱 [M]. 上海：上海辞书出版社，2016：263.

上海）人，长期在吴大澂幕府任职，后由吴氏推荐，随山东巡抚张曜办理河工。① 陶仲平，指陶惟坦，周庄（今昆山）人，咸丰十年，苏州城陷，吴大澂一家曾在周庄陶家避难。后陶惟坦从吴大澂"受学，始终相随，之豫之粤，之辽之湘"②，一直在吴大澂幕府任职。

（八）初任湘抚

　　运斋三弟如手：前月十六日大兄由湘启程，正值下车伊始，诸务蝟集，刻不得闲，未获附寄一书，想晤时必可详悉近状也。遥想摽梅迨吉，喜气盈门，朋酒笙歌，纷纭杂遝，不知如何忙碌。六、七两女无日不念七姊，兄告以赵姊夫明年必与七姊同来湘署，两女喜不可言。想家中肆筵设席，亦必念及远人也。兄一月以来，公事粗有头绪，加膏火以惠士林，广善举以恤嫠妇，增月课以济贫员，奏请复设长夫为整顿防营之计，均已次第举行。士民均各翕然，文武绅士情谊殷殷，王一梧山长尤为可敬可佩。刘毅斋有痰疾，尚未来城，仅通一函而已。楚卿叔公事精细，笔墨亦畅达，三八收呈，次日必批出，从无如此之勤快，大得其指臂之助。兄不收拦舆白呈，讼棍无所施其技，因张任收呈太溢，颇长习风，不能不力矫其弊也。前月出有衡山丁忧署缺，而正任调署他邑，到官未久，仍须酌量委署。顷与藩司商，委椒坡署理，谆嘱其勤理词讼，约束家丁。听其议论，阅历颇深，精神尚能贯注，或不致偾事也。兹因折差之便，泐布数行，奉贺大喜，并问加餐。兄大澂顿首，重阳日。茶邮送贺礼一分，函附上。

　　此信作于光绪十八年（1892）九月九日，主要谈吴大澂新上任湖南巡抚后的政务情况。时吴大澂在长沙，吴大衡在苏州。本年吴大澂丁忧期满，进京觐见，闰六月十二日，获授湖南巡抚。吴大澂七月十五日离京南下③，廿四日行抵上海，与提前从苏州到达的吴大根（大兄）夫妇在此会齐，一起乘轮船，沿江而上，于八月初七日抵达长沙。④ 吴大根夫妇在长沙过罢中秋节后，于八月十六日离开长沙，启程返苏。吴大衡留在苏州，准备给女儿（七姊）完婚。吴

① 张怀恭，张铭. 清勤果公张曜年谱［M］. 杭州：浙江古籍出版社，2009：201.
② 吴大澂. 愙斋诗存前言［M］. 印晓峰点校. 上海：华东师范大学出版社，2009：3.
③ 李军. 愙斋公家书［C］//上海图书馆历史文献研究所. 历史文献：第21辑. 上海：上海古籍出版社，2019：105.
④ 李文君. 吴大澂致翁同龢信札考释［J］. 江苏理工学院学报，2021（1）：28.

大衡共有四女，其第四女许给道员衔江苏候补知府浙江鄞县人赵立诚之子赵家艺①，即信中的赵姊夫。赵立诚在沪上以经商起家，赵家艺是其幼子，早年留学日本，后加入同盟会，曾资助孙中山先生的革命活动。② 吴大澂共有一子六女，夫人陆氏生一子四女，妾陈氏生二女。吴大澂的子女一起排行，除长女及子吴本孝早殇外，陆夫人所出的次女嫁嘉定廖寿丰之子廖世荫，三女嫁吴县潘遵祁之子潘睦先，四女嫁南皮张之洞之子张仁颋；妾陈氏所出的五女吴本娴，嫁项城袁世凯之子袁克定，六女吴本静，嫁吴江费延釐之子费树蔚。此处所说的六、七两女，即吴本娴与吴本静，此时还未成年，随吴大澂居于长沙。

　　吴大澂到湖南后，从兴教育、办慈善、整吏治、复长夫四个方面开展工作。教育方面，主要是对湖南几座书院的支持。光绪十八年九月，吴氏致湖广总督张之洞的书信云："前月亲课孝廉书院，倍给膏火。因念岳麓、求忠、城南三书院，诸生膏火太薄。自八月为始，一律加倍给发，统计每年不过五千余金，即使无款可筹，当可勉力捐廉。"③ 慈善方面，主要是保节堂等慈善机构的开办。光绪十八年十二月廿八日，吴氏致邵友濂的信中说："弟到湘三月有余，心力所能尽者，不敢不勉。前过育婴堂，知堂内房屋半为节妇借居，殊非久计。因于城北贤良祠隙地创建保节堂，可容节妇一百四十人，年内计可竣工。"④ 整顿吏治方面，主要是在长沙设立课吏馆，定期对各类州县官员进行考核，以别愚贤。⑤ 长夫，指为做好后勤保障，湘军长期征用的民夫。随着西北战事的平息，湘军大量裁撤，随营的长夫亦分批遣散。吴大澂到任后，建议适当恢复旧制，每名长夫每月的口粮银只需二两一钱，就足可使他们糊口，免得这些人被裹挟进哥老会中，成为社会不稳定因素。⑥ 以上这些施政措施，即信中所言的"加膏火以惠士林，广善举以恤嫠妇，增月课以济贫员，奏请复设长夫为整顿防营之计"。对吴氏的这些举措，湖广总督张之洞给予了高度评价，他在光绪十八年年底写给吴大澂的信中说："旌节莅湘不及三月，已颂声大作矣。课吏，吏颂；

---

① 吴大概. 皋庑吴氏家乘：卷 6 [M]. 1881：11.

② 王静. 辛亥记忆在宁波 [J]. 文化交流，2011 (8)：32-34.

③ 顾廷龙. 顾廷龙全集·著作卷：吴愙斋年谱·严九能年谱 [M]. 上海：上海辞书出版社，2016：294-295.

④ 李静. 吴大澂致盛宣怀信札考释 [J]. 收藏家，2017 (11)：5-6.

⑤ 顾廷龙. 顾廷龙全集·著作卷：吴愙斋年谱·严九能年谱 [M]. 上海：上海辞书出版社，2016：296.

⑥ 中国第一历史档案馆. 光绪朝朱批奏折：第 59 辑 [M]. 北京：中华书局，1996：436.

恤士，士颂；复长夫，军颂；办会匪，民颂。以后事事迎刃而解，深为欣慰。设施之明快简爽，尤所佩服。"① 王一梧，指王先谦，长沙人，曾任国子监祭酒，时任城南书院山长，是湖南士绅领袖。刘毅斋，指刘锦棠，湘乡人，湘军名将，曾任新疆巡抚，时在籍养病。楚卿叔，指吴立达，时在吴氏幕府，负责刑名事宜，因办事精细、笔墨畅达，不拖延条陈批答，行政效率高，吴氏对其颇为倚重。张任，指前任湖南巡抚张煦。与张煦鼓励"讼棍"不同，吴大澂不接受拦轿越级上访者的条呈。椒坡，指潘介繁，江苏吴县人，咸丰二年（1852）举人，潘祖荫族兄，曾任湖北麻城知县②，署理湖南茶陵知州③。此时因衡山县知县出缺，吴大澂与湖南布政史何枢协商后，派潘介繁暂为署理。同治八年（1869）十二月时，吴大衡欲入福建按察使潘霨的幕府，吴大澂就曾找潘介繁作为保人，从中说项。④ 茶邨，指顾潞，江苏元和（今苏州）人，精于绘事，时在长沙吴大澂幕府任职⑤，吴大衡嫁女，顾潞送礼致贺。

（九）汇寄银两

运斋三弟如晤：前日交蔚盛长汇去银六百两，约计四月初必可汇到。兹又支得养廉银两，续寄苏漕平银四百两到苏，乞叩察收。兄定于十八日出省矣，手泐即问加餐，兄大澂顿首，三月望日。

此信作于光绪十九年（1893）三月十五日，主要谈汇寄银两之事。吴大澂时在湖南巡抚任上，吴大衡在苏州。蔚盛长，票号名。漕平银，当时政府征收北运漕米折色时称量银两的标准。吴大澂在同日寄吴大根的信中说："四月以前，养廉公费提出千金，寄运斋嫁女之资。五、六、七、八月又可省出千金，为小女（第四女）制备嫁衣，无须动用存款也。"⑥ 看来，信中提及前后两次汇

---

① 顾廷龙. 顾廷龙全集·著作卷：吴愙斋年谱·严九能年谱 [M]. 上海：上海辞书出版社，2016：296.

② 英启，邓琛. 光绪黄州府志 [M]//江苏古籍出版社编选. 中国地方志集成·湖北府县志辑 14. 南京：江苏古籍出版社，2001：418.

③ 曹允源，李根源. 民国吴县志 [M]//江苏古籍出版社编选. 中国地方志集成·江苏府县志辑 11. 南京：江苏古籍出版社，1991：186.

④ 吴大澂. 吴大澂日记 [M]. 李军，整理. 北京：中华书局，2020：129.

⑤ 李文君. 吴大澂致顾潞信札考释：兼说怡园画社 [C]// 苏州博物馆编. 苏州文博论丛 2021：第 12 辑. 北京：文物出版社，2022：64-70.

⑥ 李军. 愙斋公家书 [C]//上海图书馆历史文献研究所. 历史文献：第 21 辑. 上海：上海古籍出版社，2019：108.

寄的一千两，是为吴大衡准备的嫁女之资。三月十八日，吴大澂离开长沙，赶赴湘南的衡州、永州等处检阅营伍，于四月初八日才返回长沙。①

结语

本文所引 9 通书信，因是家书，可坦诚直言，不必顾忌，所以保存了一些珍贵的历史细节。如第二封家书中反映出的围绕参奏法国驻广州总领事白藻泰，广东巡抚吴大澂与两广总督张之洞意见相左，甚至产生了不愉快一事，就是难得一见的材料。不过，读完这些家书，给人印象最深的有两件事，一是吴大澂不断给弟弟汇款，甚至侄女出嫁的费用亦由吴大澂来代为预备；二是吴大澂不断希望弟弟能外放为乡试考官。

吴大澂官至督抚，是地方大员，养廉银收入相当可观，除给苏州的兄长吴大根汇寄之外，亦可不间断地接济在翰林院任职的弟弟。与地方官的收入相比，京官，特别是翰林们的生活相当清苦，这也是吴大澂不断接济弟弟的原因。

吴大衡与吴大澂同年中举，中进士比吴大澂晚了整整 10 年。与吴大澂的仕途一路青云，宦迹遍布大江南北、长城内外相比，吴大衡主要在京城与苏州活动。从光绪六年（1880）庶吉士散馆，授翰林院编修开始，到光绪二十年捐资候补知府为止，吴大衡在翰林院度过了 14 载的清贵生涯。清秘堂的差事固然清贵无比，但生活过于清苦，若能外放考官，不但有为国求贤的莫大荣耀，还有相当可观的经济收入，名利双收，也是理想的选择。在家书中，吴大澂一再用"韬福""韬祺"祝愿兄弟，就是希望其能早日外放试差。在光绪八年二月十九日写给吴大根的家书中，吴大澂就说："运斋时有书来，考差之期不远矣。"光绪九年二月初八日家书中又说："运斋屡膺密荐，声望渐隆，礼闱分校，必可开桃李之门，或有机缘，绣衣出使，亦未可知也。"② 可是，遗憾的是，在此期间，吴大衡仕途坎坷，一直在原地踏步，始终未能外放乡试考官。其实，在晚清，因军功、捐纳出身的官员大量出现，在一定程度上挤占了科第出身之人的官职份额，清代晚期翰林官员出路困难成为常态③，吴大衡只是其中的普通一位而已。

---

① 李军. 愙斋公家书［C］//上海图书馆历史文献研究所. 历史文献：第 21 辑. 上海：上海古籍出版社，2019：108.
② 李文君. 苏州与关外：吴大澂未刊家书简释［J］. 苏州科技大学学报（社会科学版），2020（5）：57.
③ 夏卫东. 论清代翰林官的出路问题［J］. 石油大学学报（社会科学版），2003（6）：67-71.

　　总的看来，吴大澂的 9 通家书，内容丰富，涵盖了晚清官场与社会的方方面面。这些家书对研究京官与外任官员的经济情况、吴氏兄弟与同僚的关系、都中士大夫热衷收藏、江南士人的社会生活等，都有一定的意义。

晚清重庆城的中英"版权"诉讼案浅析

——以巴县档案为中心

惠 科①

19 世纪中叶以来，面对内忧外患、国势阽危的时局，清政府行革新之举。以传播新知、培植新型人才为特征的文教改革成为社会变革的重要内容之一。受此影响，国内对承载西学、西艺的图书需求大增，书籍商业化生产的民营书铺也大量出现。西书的出版基本以在华的外国出版机构为主。在利益的驱使下，国人翻印、盗卖洋人出版之书的情形时有发生，由于清朝专门的著作保护法尚未形成，遂酿成事端，引发华洋诉讼。本文不揣鄙陋，在立足清末国内外局势发生重大变化的前提下，通过对四川省档案馆藏巴县档案的深入解读，多视角分析长江上游的经济中心、开埠城市重庆在 20 世纪初期发生的一起华洋"版权"诉讼案。大致涉及案件的发生、涉案双方的责任、案件的审判方式，以及介入案情的多方势力的影响等问题。尽管本案属于地方性事件，但自有其特殊的意涵。希冀借多元的考察梳理案件交织着的复杂关系，以管窥影响近代中国地方司法实践的变迁，不仅是西方直接干预的结果，同时也深受国家现代化目标追求的影响。

一、版权问题及纠纷案的发生

随着印刷术的日臻完善，书籍出版事业得到发展，版权问题也随之而来。中国人对版权的认识由来已久。清人叶德辉指出："书籍翻版，宋以来即有禁例。"②《宋会要》明确记载了宋元祐五年（1090）官府禁止翻刻的书目种类。

---

① 惠科，男，四川外国语大学马克思主义学院副教授。
② 叶德辉. 书林清话 [M]. 北京：中华书局，1999：36.

对于违令行为，官府制定了相应的惩处措施："违者徒二年，告者赏缗钱十万。"①

可叹的是，宋至清几百年间，中国的版权意识并未在制度层面上有实质性突破。如时人所评："今观中国之士终身著述而书无资刊印，即数世不出。苟出矣，而坊间翻板同时发卖。殚力于已，而授利于人……每见书肆所卖之书，其首页间有'翻刻必究'字样，而从未闻以翻刻书籍肇成讼祸者。岂本有例禁，而后世虚应故事，遂不之论耶。"② 虽有"例禁"，受"金钱"的影响，翻刻之风盛行，著书之人深受其害，以致常有"从未闻以翻刻书籍肇成讼祸者"的事件发生。反观西人的版权制度，在 18 世纪已确立、生效。版权保护首先是在英国取得实质性进展。1695 年开始，英国的书商们连年向国会提交版权保护方案的提案，待到 1710 年通过了世界上第一部现代意义的版权法——《鼓励知识法》，从而保障出版者的权益不受侵犯。③ 此后，欧洲各国纷纷确立、出台了类似的版权法律。

清末，西学东渐，西方各国在华的活动，除了利用枪炮、商贸等手段试图控制中国经济命脉外，还广泛开展文教活动，其中创设书局、发行图书是他们改变华人价值观的重要方式。美国传教士林乐知曾说："介绍西学，决难囿于讲坛，徒恃口舌，必须利用文字，凭借印刷，方能广布深入，传之久远。"④ 同时，随着国内新式学堂的广泛倡办，对西书的需求量陡增，中外双方就此领域发生了深刻"互动"。然，由于中外在版权意识及制度层面的差距，围绕书籍印刷、出版、售卖频生龃龉，遂构成了近代中国司法诉讼的一个重要面向。

1903 年 11 月 13 日，华西圣教书局人员到重庆城的宏道堂、信古堂、金山堂购买了《泰西新史揽要》和《时事新论》书各三套。隔天，厢坊的捕差来到三家书铺，称《泰西新史揽要》和《时事新论》是上海广学会（以下简称"广学会"）出版的书籍，有版权保护，禁止他人翻刻，责令书商们交出翻刻书籍的板片。三家书商皆告知捕差无板可交。鉴于双方各执一词，事情很快闹到了公堂。

---

① 宋会要辑稿（第 14 册 刑法二）[M]. 刘琳、刁忠民等，校点. 上海：上海古籍出版社，2014：8304.
② 译文·论著书 [M] //皇朝经世文统编（第 6 卷）. 光绪辛丑年上海宝善斋石印版，国家图书馆藏.
③ 肖东发、于文，主编. 中外出版史 [M]. 北京：中国人民大学出版社，2010：222-223.
④ 顾卫民. 基督教与近代中国社会 [M]. 上海：上海人民出版社，1996：221.

11 月 16 日，巴县衙门传唤书商们到堂。书商向知县具禀，称《泰西新史揽要》和《时事新论》两书是从他地贩来，自己不曾翻刻，所以无板可交，并非有意违抗命令。刚赴任的知县傅松龄对此做出判决，主要内容是：首先，强调"泰西各国所出各种书籍禁止翻刻，曾经迭次示禁"，表明了政府对此类问题秉持的态度。其次，针对本案而言，傅知县意识到，书商否认有翻刻行为，咬定是从其他地方买来贩卖。但是，从何处贩卖来？贩卖数量又有多少？众多相关问题，书商并未说明。① 语焉不详的情况下，无法进一步查核，案件的审理受影响。加上涉案的广学会或者华西圣教书局对此未再投以任何关注，案件也就随之搁置。

直到 1905 年，巴县衙门收到来自川东道台的札文，这场冲突才开始重新进入司法场域。

二、多方势力介入下的案件审理与裁断

何以搁置一年有余的案件再次进入审判的场域，并最终演变为一场情形特殊的、跨地域的中外诉讼案呢？答案可从 1905 年 7 月，上海广学会呈递给英国驻成都的总领事葛福的禀文中发现。兹列广学会禀文如下：

> 忆自□瞬将两载，翻刊本会之书者日甚一日，或私改书名缩小抽印，或独抒己见妄为增削，且若辈意在敛钱，错谬在处在所不计。其贻误后辈实非浅鲜。至翻印书籍例所严禁。本会之所以迟迟不发者，职事冗不暇之故。近者各属友人纷纷函致本会，谓翻印广学会之书不乏人，若本会再不设法阻止，后此其何以堪。闻重庆府内状元桥街有宏道堂，擅将本会出版之《时事新论》《泰西新史揽要》翻刊，并在该铺购有此二书作证，且刻该书封面刊有"上海广学会铸版"等字，现在尚存敝处。查西例所载，凡著（著）有新著，非但不准他人翻印，且不许他国人民翻印。曩者本会在上海设立时，曾经立案保护所有版权，乃该堂竟敢违妄翻，故步其后尘者所在皆是，以致本会各属代派纷纷将书退交本会，据云本会之书是处均有，似不必令其代派等语。禀请追究，不啻本会之名誉扫地，即生涯亦有不堪设想者，务乞代为严究，以保本会之名誉而维利权。②

---

① 四川省档案馆藏《清代巴县衙门档案》[B]. 档号 6—6—2345.
② 四川省档案馆藏《清代巴县衙门档案》[B]. 档号 6—6—2345.

之所以长段引用原文，主要是借此可窥案件再次进入司法实践的缘由以及相当程度上瞥见广学会的态度。分析下来，这段话传递出以下几方面的重要信息：第一，时隔一年的旧案再次引发关注，源于有人将"翻印"的消息告知了广学会，并把所谓"翻印"证据——《时事新论》《泰西新史揽要》两书一并交给了广学会。结合前文，可以断定华西圣教书局是消息的传递者；第二，广学会援引西方相关法律，强调版权保护，作为维护自身利益的依据；第三，为了进一步争取利权，广学会指出他们在设会初期就经立案保障出版活动；第四，广学会不直接派人到重庆来参与案件的审理，而是全权委托给英国领事，也就意味着公堂上不会出现原告的身影。由此可看出，本案具有一定的复杂性和特殊性，对地方审判机构而言，势必是一次挑战。

上海广学会是近代中国一个著名的西方出版机构。1887年由英、美籍的传教士在上海设立，以出版书籍和期刊为主。如其所言，光绪二十二年（1896），他们就曾借助领事的权威，保护该局所出书籍的版权，最终转呈上海道台在《万国公报》上刊布告示，俾使周知：

> 钦命二品顶戴江南分巡苏松太兵备道兼办机器制造局刘为出示谕禁事：本年十二月十八日接美总领事佑来函：据本国林教士禀，《中东战纪本末》暨《文学兴国策》计订十本，倩图书集成局刊印行世，曾登告白，无论何人，不得翻印，如违禀究。兹尚有《中东战纪本末》续编两本（续编改作四卷），一并行世。近闻有书贾翻刻，冀图渔利，请饬查示禁等由。到道除函复并分行外，合行出示谕禁。为此示仰书贾坊铺人等，一体知悉。……自示之后切勿再将前书出售，致干究罚。切切。特示。①

本案中英国葛领事收到广学会禀请后，直接照会了四川总督锡良，要求出示禁令，杜绝此类事件的发生。同时要求札饬重庆地方政府"彻底查究"，以此警示当地商人。锡总督查核后，下发公文到巴县，责令"该县即便速传书铺宏道堂主查禁，一面出示晓谕各铺户遵照，仍将办理缘由报查"②。

1905年8月2日，知县傅松龄派差役陈海、吴芳传唤涉案的书商到案，"以凭察讯"。然而到了8月6日，渝城书帮的负责人傅善成、杨宏道、傅焕文等人

---

① 严禁翻印新书籍告示 [N]. 万国公报, 1897 (97).
② 四川省档案馆藏《清代巴县衙门档案》[B]. 档号 6—6—2345.

就来到县衙"甘结",以求销案。在递交衙门的呈文中,他们做出保证:"嗣若查有翻刻此板,首等家即书肆中有翻刻此板者,首等均干咎戾。……中间不虚,甘结是实。"为了进一步缓和紧张关系,书帮首士在"具恳状"中强调,城内书坊从来不敢翻印新著,至于本次发现的西人书籍,经管事刘玉成查实并非翻印,也无翻板可交。为了避免再招祸端,书铺将剩余的"书籍"都已焚毁,以此恪遵衙门的命令。① 书帮的"保证"侧重强调未从事翻印活动的事实,想以此淡化涉案书商的责任,便于减轻衙门对他们的惩处。至于盗卖西人图书的问题则避而不谈,未做任何说明。

对傅知县而言,单凭书帮的说辞不足以定案,更何况案件涉及洋人。故而,不禁疑惑书帮的"出场"意义?事实上,书帮责任人的出现是一个重要信号,值得我们关注。随着城市工商业的发展,各种同业行会不断涌现,比如,书坊贸易,出现了书帮一类的工商业行会团体,在垄断贸易,维护行业利益方面发挥重要作用。行会成员如果有涉嫌作奸犯科之事,被提讯到官府,书帮其他成员往往会采取各种办法奔走营救。② 本案则是相关现象的典型反映。回归到本案,要想窥探书帮的出场意义,还得结合涉案人员的相关活动来认识。

8月7日,涉案的黄见轩(贩卖《泰西新史揽要》《时事新论》的书商)到公堂接受审讯。在陈情状词中,他对书铺的日常经营,西人书籍的来源,及重庆城的售卖情形等与案件有关的种种信息进行了简要说明。

总结起来,黄的状词表明他遵守书业规定,从不"擅翻板片",从事的是"打兑发售"的经营。事实上,这种转手生意产生风险的概率很大。另外,他强调"新史"和"新论"是从"湖南省兑来之书",且经他人证实没有翻刻的行为。至于售卖行为,他指出城内其他书铺也有销售,只是未被发现而已。

结合黄见轩的供词,再回头看傅善成等书帮人员的行为,可以推测他们提供的"帮助",实际包含了自保的意图。书帮借由"黄见轩案",利用行会的力量,通过和衙门的"沟通",减少衙门对此类案件的注意力,以此规避售卖洋人书籍的法律惩处。参考黄见轩的供词和书帮们的请求,衙门很快做出了判决意见。判决书在内容上,呈现出司法机构与行业团体的一种深入的互动、合作关系。

通过厘清案情,傅知县判定尽管黄见轩没有翻刻西书,但存在售卖行为,

---

① 四川省档案馆藏《清代巴县衙门档案》[B]. 档号6—6—2345.
② 陈宝良. 中国的社与会(增订本)[M]. 北京:中国人民大学出版社,2011:237.

对于正常的市场秩序是有损害的，且加剧了衙门的"负担"，作为责任方理应受到惩处。至于如何责罚？费解的是，衙门不是援引律例进行处罚，而是将惩处权交由书帮的董事。待书帮示罚后，衙门再出示禁令，以为配合，从而来禁止此类行为的发生。

具体来看，书帮被赋予惩处权后，对黄见轩处以罚银30两的责罚。因此时的中国并未形成、制定与版权保护相关的法令，书帮提出的罚银方式，应是遵照时下的"书业向规"进行的。衙门最后认可并采纳了书帮的责罚方式。8月20日，傅知县致函英国驻重庆领事罗三乐，告知案件的原委以及审断的结果：

> 当经签传宏道堂即黄见轩到案讯。据供称光绪二十九年曾经贩卖过《时事新论》《泰西新史揽要》两书，后闻禁卖，当时已将所剩两书焚毁，未敢再卖，实无翻刻情事等语。敝县覆查该书铺先年贩售"新论""新史"两书属实，嗣闻禁卖，已经焚毁，确无翻刻情事。此等著作新书自应禁止翻刻，以保利权。须由敝县再行示禁。惟宏道堂于二十九年曾经卖过"新论""新史"，究属不合，拟断罚宏道堂出银三十元，作为敝县劝工局寒衣之用，以示儆戒。特先函达，即希赐复。并颂日祉。①

移文透露出衙门与涉案书商、书帮保持了一致的意见，即认可渝城书商并未从事翻刻活动。如此，与外国人聚焦的"西例所载，凡着（著）有新著，非但不准他人翻印，且不许他国人民翻印"的叙事相背离，可以说是一种避免冲突扩大化的策略。事实上，未经他人允许，贩卖盗版书籍同样须负法律责任。英国领事或者上海广学会对最终的审判结果未提出任何异议，或因不满而再次致函要求重新审理。从后续案件的走向来看，英人接受了这样的裁断结果。

嗣后，重庆知府转发了川东道对渝城商民发布的禁令告示：

> 查广学会既有版权，各书铺自不得将该会所着（著）之书翻刻，应由各该道出示晓谕，所属书贾人等一体知悉。嗣后切勿翻刊该会曾经立案自撰、自译书籍，致违禁例，而干查究。除分行外，合亟札饬。札到该道即便遵照，毋违此札等因。奉此，合行出示谕禁。为此，札仰府属商贾人等一体遵照，嗣后毋得擅将广学会自撰、自译各项书籍违禁翻刊，缩小抽印，

---

① 四川省档案馆藏《清代巴县衙门档案》[B]. 档号6—6—2345.

致干查究。毋违，特示。

右谕通知。①

"通知"以一种惯常的叙述方式警告国人翻刊外国人的出版作品是违背禁令的，要求恪守本分，以免招致祸端，引起动荡。

9月1日，县衙收到重庆府发来的札文，饬"再撰拟告示，札发谕禁"，"将告示转发各属，照缮多张，分发城乡市镇张贴晓谕"。9月3日，县衙又接到川东道的札文，责令"该县仍随时查禁各书坊，不得再有翻印广学会书籍情事，饬各详办理"。到9月7日，傅知县向川东道台详禀了在辖区城乡市镇各地遍贴晓谕，"一体周知"的行为。张贴的告示覆盖了重庆城乡绝大部分地区。告示中还特意开列了一张禁止翻刊的外国人著作的书单，以英、日两国的出版物为主。

推演至此，这起看似简单且责任明晰的诉讼案件，不论从案件发展、审理方式、裁断结果，还是各方态度来看，都表现得不同寻常，出现了诸多令人意想不到，或者说情理之外的现象。

首先，原告上海广学会在没弄清事实——重庆书商是否存在翻印行为——的前提下就轻启讼端，后经确认并不存在，即触及司法中的诬告行为，而中国的地方司法机构对此并未追究其责任。其次，商会组织被赋予治罪权，负责案件的裁断；地方审判机构却扮演配合的角色。最后，从处罚的结果来看，原告的损失没有得到赔偿，反倒出现迎合地方利益而牺牲洋人利权的现象，而洋人对此并未提出异议或不满。

诸多的不合理、不寻常现象出现在本案中，除了从传统司法语境中寻找答案外，面临新的社会环境、新的涉案主体，笔者认为更应把它放在近代中国这个大变局、大变革的历史脉络中加以考察、分析，方能窥见不同的时代特征和社会面貌，进而更接近案件的原貌。

三、"现代国家话语"与"中外妥协背景"影响下的地方司法实践

清朝末年，朝廷开启了一系列革旧图新的运动，尤其是试图匡大厦之将倾的十年"新政"，涉及社会各个方面，对当时的中国社会发展、变迁产生了多种效应。审思这些活动的意义，实际并不囿于一隅，各领域的变革都是相互浸染、

---

① 四川省档案馆藏《清代巴县衙门档案》[B]. 档号6—6—2345.

交叉影响的，就本文考察的地方司法问题来看，实则深受实业浪潮和兴学活动的作用。

（一）"实业救国"思潮影响下商业组织对司法实践的深度干预

甲午一役，中国败于蕞尔小国日本，空前的民族危机笼罩华夏。有识之士认为积贫积弱是导致中国战败、落后的根源，疾呼商业的发展，强调"国非富不强，富非实业不张"①。同时要求改善政商关系，消弭官商间的隔膜，"官商一气，力顾利权"②。面对内忧外患的困局及朝野上下发展实业的一致呼吁，清廷逐渐改变重农抑商政策，重视经济的发展。如庚子新政中，明确"通商惠工，为古今经国之要政"，要求"加意讲求"③，鼓励发展民族工商业。在国家政策的引导下，商业机构纷纷建立，商业活动广泛开展，全国逐渐形成发展工商、实业救国的思潮。

重庆城上演的这一起"版权"纠纷案始于光绪二十九年，即西历 1903 年，巧合的是，这一年清政府筹设了负责统一管理全国农工商路矿事务的中央机构——商部，"其地位列在各部之前，仅次于外务部"④。商部成立后，一系列重商、奖商的政策、措施纷纷出台。众多经济法规的制定、实施，对近代中国工商业的发展无疑有着促进作用。同时，级别不等的商人组织也因受政府的倡导而成立，进一步推动了工商业的发展。如各省成立商务局、地方成立商会。1904 年的《商会简明章程》规定，"保护商业，开通商情为一定之宗旨"，要求"凡属商务繁富之区，不论系会垣，系城埠，宜设立商务总会。而于商务稍次之地，设立分会，仍旧省分隶于商务总会。如直隶之天津、山东之烟台、江苏之上海、湖北之汉口、四川之重庆、广东之广州、福建之厦门，均作为应设总会之处"⑤。1904 年 10 月，在地方政府和各商帮的合力下，富商大贾为主体的重庆总商会正式成立。⑥ 重庆的其他商业帮会、组织亦很快得到一定发展。

这些在官府鼓励下成立的地方商业组织为"通商情""保商利"，较广泛地介入了各种商业活动中，也包括商业冲突、矛盾问题的处理。如重庆的商人组

① ［清］张謇. 张謇全集（第 3 卷）［M］. 南京：江苏古籍出版社，1994：761.
② 上海市工商业联合会、复旦大学历史系，编. 上海总商会组织史资料汇编（上）［M］. 上海：上海古籍出版社，2004：37.
③ 朱寿朋，编. 光绪朝东华录［M］. 北京：中华书局，1958：5013.
④ 朱英. 晚清经济政策与改革措施［M］. 武汉：华中师范大学出版社，1996：261.
⑤ 奏定商会简明章程［J］. 东方杂志，1904（1）.
⑥ 周勇，主编. 重庆通史（第 1 册）［M］. 重庆：重庆出版社，2014：458.

织参照《商会简明章程》"凡华商遇有纠葛，可赴商会告知，总理定期邀集各董，秉公理论，即的行剖断"① 的条款，制定了保护本地商人的章程，其中就涉及参与地方商业纠纷问题的调处。② 本案中渝城书业组织的负责人介入诉讼案的审理，甚至得到衙门允准提供判决意见，且作为最终的审判意见的现象，体现的便是书帮处理商业纠纷的职能或者说权力。其现实意义在于能更多地维护本地商人的利益。当然，这也从侧面反映了近代商会组织力量的不断壮大，且具有相当的独立性，代表民间力量给政府施加影响，传统的政商关系发生着变化。

综上，本案中渝城的同业组织介入华洋诉讼案件的司法实践，结合时代语境分析，文章认为这与近代中国"实业救国"浪潮的影响关系很大。在整个社会"厚商力""重商战"的氛围下，商人的地位不断拔高，权利也得以扩张。作为商人利益的代表，主动、广泛地参与商业的相关活动，包括司法问题。而官府对他们的认可和配合，一方面是响应国家的重商思想，另一方面是出于地方秩序的维护。毫无疑问，这两方面都需要地方商人的支持。换言之，清末商业力量的快速成长，既离不开行政力量的"助力"，又对行政力量形成挑战，两者关系变得更为复杂。最后，如前文所述，清末西书的翻刻、售卖现象，不仅关系经济、法律问题，同时也是国人在文化教育领域变革的重要映射。

（二）"创设学堂，培植人才"政策对案件审理的影响

清末中国历千年未有之奇变，迭遭内忧外患，国势陵夷。如何力挽狂澜？革新传统文化、造就新式人才不啻为重要之举。所谓新式人才是指"接受过近代教育的知识分子，或者具有近代知识结构和新的思想观念，从事一定的近代文化活动的脑力劳动者"③。传统的知识体系无法培植出"以济时艰"的新式人才，因此不得不诉诸海外，引进西学，创办新式学堂。

中国近代的文化教育事业始于 19 世纪 60 年代的洋务运动，经过戊戌维新的发展，到清末"新政"达到高峰，进入"学战"时代，"求才"成为新政的首要事务。四川近代教育从 1902 年倡始，在 1903 年开办，到 1910 年，全省各

---

① 奏定商会简明章程 [J]. 东方杂志，1904（1）.
② 周勇，主编. 重庆通史（第1册）[M]. 重庆：重庆出版社，2014：458.
③ 郑师渠，编. 中国文化通史（晚清卷）[M]. 北京：北京师范大学出版社，2009：16.

类新式学校达到 11387 所。① 创设新式学堂、传播新知、启迪民智，前提是要引进新知。作为承载新知的各类西学书籍，包括教科书，在新式学堂不断涌现的国内，满足人们对西学书籍的需求成为急迫的问题。有学者统计，在清末中国，西书出版机构有 100 多家，早期以外国机构为主。② 例如，本案的原告上海广学会的宗旨就是编译出版书刊，介绍西方文化。据不完全统计，从 1887 年到 1900 年，广学会共计出版书籍 176 种；到 1911 年，共出版 461 种，非宗教类书籍约有 238 种，占总数的 51.63%。最著名的属《泰西新史揽要》和《中东战纪本末》。③ 以与本案关系密切的《泰西新史揽要》为例，其内容上着重叙述欧洲各国在 19 世纪的社会文明发展进程，"以西方各国的近代化改革为例，说明强盛之道并非与生俱来，而在于弃旧图新、勇于变革"④。就畅销程度而言，据统计，可能有 100 万册盗印本在中国流传。⑤

当西书成为实现国家教育"现代化"的重要媒介后，国内文化消费市场得到推动，投身西书的出版、售卖行业的人不断增加，负面效应也随之产生。最为常见的问题，即针对畅销的西书，国内书贾们翻印、盗卖窃利之举日益频繁。"盗版书"之所以猖獗，即便到今天，原因无外乎两者：一是价格问题；一是文化供求问题。这两个问题在清末重庆都存在。本案中宏道堂、正蒙社、广益书局等书铺的负责人在呈递给道台的禀文中明确言道："现新学孔亟教科书，内地綦辑无几，专恃石铅印售，不惟价昂且难普给。"出于启迪民智，"实行教育有裨"的目的，书商们提出希望道台照会各国领事，简蒙类书籍"坊刻在数年数月前者，应请从宽免究，藉示体恤"的建议⑥。

细究书商们的禀请，在陈述"价格"和"普及"问题的基础上，特别从"国家""教育""民智"的角度出发，比较隐晦地论说了翻印西书，特别是启蒙类教科书的现实性和合理性。要言之，此时对"版权"问题的思考，人们选择从国家发展的角度，而不是从法律的视野。这样的现象，不能单一地将其归结为书商为逃避法律惩处所玩弄的伎俩，实则也是深受大环境的影响所致。

---

① 王笛. 清末"新政"与四川近代教育的兴起 [J]. 四川大学学报（哲学社会科学版），1985（2）：100.

② 熊月之. 西学东渐与晚清社会 [M]. 上海：上海人民出版社，1994：475.

③ 熊月之. 西学东渐与晚清社会 [M]. 上海：上海人民出版社，1994：553-554.

④ 麦肯齐. 泰西新史揽要 [M]. 李提摩太、蔡尔康，译. 上海：上海书店出版社，2002：1.

⑤ 许美德，等. 中外比较教育史 [M]. 朱维铮等，译. 上海：上海人民出版社，1990：62.

⑥ 四川省档案馆藏《清代巴县衙门档案》[B]. 档号6—6—2345.

联系国际背景，这一时期发生了美、日等国要求中国加入版权同盟的事件，清廷对此事议论纷腾。以学管大臣的张百熙为代表的一干大臣表示了极大的反对。他们指出："现在中国振兴教育，研究学问，势必广译东西书，方足以开民智。……今日中国，学堂甫立，才有萌芽，无端一线生机，又被遏绝……论各国之有版权会，原系公例，但今日施之中国，殊属无谓。使我国多译数种西书，将来风气大开，则中外各种商务自当日进，西书亦立见畅行。"因此强调"不立版权，其益更大"①。

西书在华的翻译、翻印、售卖，从客观上讲，有利于知识和技术的传播、扩张。如果确定版权问题，形成知识垄断，那将直接影响近代西学引进的力度，对"新政"的实施造成阻碍，从国家"公利"角度来讲万不可行。故张百熙的意见实际上代表了大多数人的态度。朝廷的倾向自然成为社会的主要思潮，影响国人对此问题的认识。所以，涉案的书商懂得利用有利的"环境"为自己辩护，争取减轻责罚。而作为政策的实际执行者，州县官员也深谙其中的利害关系，在处理这起华洋版权纠纷时，态度、方式也比较缓和，对被告书商处罚力度不大，文书中称"略罚""薄罚"，而且还将惩处的办法交给行业组织来议决。试想对书商的责罚过重，势必影响到渝城的西书售卖，进而影响新式人才的培植，于国家政策的贯彻不利。另外，从官员的个人利益来看，若地方的改革进程缓慢，政绩考核会受到直接影响，难免遭受朝廷的责罚。故而，不论从"公"还是"私"的角度来看，都在一定程度上解释了巴县衙门在本案审理态度上的"温和性"和审断方式的"独特性"。

（三）避免纠纷演变为中外冲突是中英双方的共同选择

"重庆书商黄见轩翻刊上海广学会书籍"的消息，作为原告的广学会只是听说，在未经核实的前提下贸然提出呈控，后又经证实不存在翻刻行为。审视广学会的做法，涉及"诬告"罪的嫌疑。然而，巴县衙门并未追究广学会的司法责任，反倒是高效率地展开了对渝城涉案书商的审讯。原因何在？

首先看"诬告"问题，学界有一种声音，认为清代"诬告"是一种常见的司法现象；县衙视为常态，也就熟视无睹了。那这样的结论是否也适用于本案呢？文章认为，既有研究多探讨的是华人间的诉讼案件，而本案中涉及诬告行为的是洋人，如果采纳相同的解释体系难以让人信服，也难看出案件的时代特

---

① 苑书义，孙华峰，李秉新，主编. 张之洞全集·电牍（第 11 册）[M]. 石家庄：河北人民出版社，1998：8943.

征和中外区别，故而笔者认为需要结合具体情境分析衙门对洋人诬告行为采取"无视"态度的原因。

文章认为最主要的原因是涉外案件不同于民间户婚田土一类的"细故"，稍有不慎就会由司法问题演变为国家间交涉问题，作为最基层的官员自然无法承担如此责任。对华洋诉讼深有体会的姚之鹤在其编写的《华洋诉讼案例汇编》中强调："勿混华洋诉讼为交涉，诉讼为两国国民相互之事，而交涉为两国政府交涉之事。"① 故而，巴县衙门作为诉讼案的直接审理、裁决者，面对这类背后隐含着莫大风险的涉外案件，不敢过多追究洋人的司法责任，特别是本案华人还是作为被告的形象出现。三任巴县县令的循吏国璋就曾因中外纠纷问题，遭到革职的处罚。②

因此，我们看到尽管巴县衙门弄清了案件的来龙去脉，却并未对广学会的"诬告"行为有任何深究，反倒是按照英国领事的要求，提讯并处分了渝城书商，同时将审理过程及处分结果以致函的方式告知领事，咨询其意见，反倒呈现出迎合洋人的行为。这种"迎合"行为，更多的是地方政府的一种"妥协"策略，以此尽快销案，平息冲突。此类现象在清末中国并不少见。

另外，还有一处启人疑窦的地方，即从英国方面来看，英国领事对于审断结果没有提出任何异议和驳诘。法理上讲，广学会的合法权益的确遭受到了侵蚀，黄见轩理应赔偿其损失，因他存在盗卖广学会书籍的违法行为。案件的最终走向是被告接受罚银的责罚，而银两不用于补偿广学会，最后是投入地方的实业中。面对看似英国胜诉，实则牺牲英人利益的结局，英领事竟选择不继续追究，采取了默认的态度。这又是什么原因？

考察英国领事的异常态度，应与领事站在英国国家利益的角度来处理这起纠纷有关。其出发点是防止华洋纠纷演变为中外武力冲突，进而威胁到英国在重庆的商业利益。众所周知，清末重庆的华洋冲突，特别是教案问题，以案件高发、后果严重、影响深远为特征，数次惊动中央朝廷。既是对清政府统治秩序的挑战，也是外国政府不愿看到的。所以，就本案而言，相较广学会的"个人"利益，整个大英帝国在华的权益才是英国领事首要考虑的问题。因此，案件中体现出英国领事对地方司法环境的妥协态度，实则是为了缓和中外矛盾，减少摩擦，从而更好地在渝展开经济活动。

---

① 姚之鹤，编. 华洋诉讼例案汇编（上）[M]. 上海：商务印书馆，1915：9.
② 四川省档案馆藏《清代巴县衙门档案》[B]. 档号 6—6—0019.

简言之，本案的审理、了结，并非完全以法律为准绳，而是各种关系、利益综合考量、博弈的结果，折射出中外诉讼的复杂面貌。具体而言，中英双方对案件的审理及最终审断结果的承认与采纳，看似存在诸多不合理之处，实则是双方为了尽力规避更大风险，做出的共同选择或者说是相互妥协的结果。

四、小结

综合而论，文章从一个微观的个案入手，考察了近代中国涉外案件在地方司法实践中的复杂性和特殊性。详言之，透过这起所谓华洋"版权"纠纷案的检视，发现案件的解释并非仅停留在司法层面，背后折射出国家政治、经济、文化、外交与地方法律运作演变的复杂互动态势。这也强调地方发生的各类事件、活动，其意义并不完全限于区域内部，作为国家治理的重要一环，其"一举一动"是与整个政局变化密切相关的。所以对地方性事件的关注，应该置于"国家"的宏达叙述脉络中，突破区域性的意义。同样，这起案件也折射出近代中国社会发展变迁的痕迹。准此，在史学研究中，个案的探索并非总是落入"碎片化"陷阱的担忧，只要把握住时代背景，怀抱宏大的研究视野，进行多维度的阐释和结构性思考，同样能发现深刻的历史内涵，且可以细化历史研究，既见树叶，又见森林。这应该是个案研究对整体史学发展的一个贡献。

【本文初稿曾在 2020 年中国政法大学人文学院历史研究所主办的"第四届近代法律与社会转型学术研讨会"上宣读，感谢与会专家、学者的批评指正。】
文章原刊于《重庆师范大学学报（社会科学版）》2021 年第 2 期，目前的稿件在刊文上有所增删、修改。